捧 读

触及身心的阅读

明朝那些小事儿

金陵琐事

（明）周晖 著　何殇 译

中国友谊出版公司

图书在版编目（CIP）数据

明朝那些小事儿：金陵琐事 / （明）周晖著；何殇

译 . — 北京：中国友谊出版公司，2021.1

ISBN 978-7-5057-5010-4

Ⅰ . ①明… Ⅱ . ①周… ②何… Ⅲ . ①南京－地方史

－史料－明代 Ⅳ . ① K295.31

中国版本图书馆 CIP 数据核字 (2020) 第 195191 号

书名	明朝那些小事儿：金陵琐事
作者	（明）周晖
译者	何殇
出版	中国友谊出版公司
发行	中国友谊出版公司
经销	新华书店
印刷	天津创先河普业印刷有限公司
规格	880×1230 毫米　32 开
	14.5 印张　359 千字
版次	2021 年 1 月第 1 版
印次	2021 年 1 月第 1 次印刷
书号	ISBN 978-7-5057-5010-4
定价	49.00 元
地址	北京市朝阳区西坝河南里 17 号楼
邮编	100028
电话	（010）64678009

目 录

第一卷

1

第二卷

第三卷

3

第四卷

附：《金陵琐事》点校版

第一卷

第四卷

我有几卷《尚白斋客谈》，其中内容如春兰秋菊，芬芳各异；箕星毕宿，各有千秋，都是我从客人处听闻后记录下来的。每逢风雨飘摇之夜，我就拿出来翻阅赏玩，姑且是为消除虞卿般的穷困愁苦，破除韩非子般的孤独愤慨，慰藉阮籍般的穷途恸哭，规避嵇康般的白眼际遇，保持李太白般的傲骨铮铮吧。平常我都把它们珍藏在内室里，从未给外人看过，也不忍心废弃。

偶然的机会，我一个麻城的朋友王元祯借去抄录了一遍。抄完后，他对我说："你这个人懒惰成性，这么好的东西居然闲置在家里。你既不愿把它修改成书，又苦于家里贫困不能出资印刷刊行，为什么不转赠给我呢？我一定把你这些笔记编在其他书里，这样你的名字也不至于被埋没。"

我笑了笑，没有回答，却在内心思量，既然已经同意让人把笔记拿去抄录了，我怎么还会不答应让它刊印行世呢？

因为我的修养还未能完全合乎天理道义，做不到像圣人一样淡泊名利，于是我选出其中关于金陵的部分，编成四卷，取名为《琐事》，其中不过都是些国修正史未来得及收，地方史志没有备录的琐碎细微之事。这些小事恰好与我的一隅之见相契合，我才提笔记下来。如果有言过其实的过甚之辞，或者是空穴来风的无稽之谈，我绝对不敢收录。

唐末蜀人孙光宪在《北梦琐言》里嘲笑晚唐诗人唐求"诗思游历不出二百里"，我听了也感到很羞愧。唉，恐怕此生我都只是个金陵人而已啊。

万历三十八年（1610）谷雨

鸣岩山人周晖吉父撰

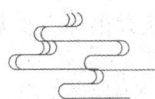

第一卷

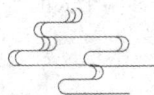

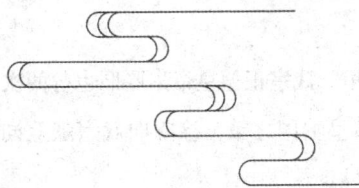

三老

明太祖朱元璋初到金陵时，听说当地人秦原之、周良卿和丘某三位先生德高望重，就对他们以礼相待，将他们请入宫中，向他们讨教治国和用人之道，并尊称其为"三老"。

秦原之向太祖皇帝举荐了静诚先生。

静诚先生姓陈名遇，字中行。太祖皇帝曾御笔亲书，敬称他为"中行先生"，把他当成像辅佐商汤的伊尹、辅佐周武王的吕尚和诸葛孔明这样治国安邦的辅弼人物对待。太祖皇帝每次向他询问军国大事，他给出的策略都能让太祖称心如意。太祖屡次想给他封官，他却始终不接受。

太祖皇帝的这种行为堪称德行典范，中行先生的为人也堪称金陵人品典范。

秦原之既能慧眼识得中行的贤能，又能向太祖举荐他，而中行先生的所作所为，也没有辜负他的举荐。仅此一件事，就可见秦原之被太祖尊称为"老"，当之无愧。

可惜周良卿和丘某两个人的所作所为史上都没有记录，也无从考证。

天子幸布衣家

太祖朱元璋曾三次亲自前往陈遇家里。武宗正德皇帝朱厚照也曾两次亲临戏曲名家徐霖家中。陈遇向太祖奉呈治国之策，徐霖向武宗献上词曲技艺。陈遇和徐霖两人都是寻常老百姓。

春联

太祖朱元璋曾亲笔书写春联，赐给大明朝开国第一功臣、中山王徐达。

一副对联为："始余起兵于濠上，先崇捧日之心；逮兹定鼎于江南，遂作擎天之柱。"这二十六个字，是太祖皇帝以吴王的身份，写在初次封徐达为信国公的诰命书里的。

还有一副对联写道："破虏平蛮，功贯古今人第一；出将入相，才兼文武世无双。"

指挥陪宴

太祖朱元璋举行科举考试，选拔天下人才，在应天府衙的大堂内宴请前来参加考试的举子。朱元璋对应天府尹下令说："龙江右卫和应天府相邻，指挥使必须陪同出席宴会。"

从此以后，每年的科举考试都以此为惯例，并一直沿袭了下来。

前身

据说，中山王徐达是三国名将关羽关云长转世，太祖朱元璋赐给他的位于大功坊内的宅第，就是前朝关帝庙所在的地基。

徐达的第七代子孙徐鹏举出生前，他的母亲梦见南宋抗金名将岳飞对她说："我一生辛劳艰难，为权贵奸佞所害，今世暂且投生在你家，享受几十年安闲富贵吧。"随后他的母亲就生下了他。因为这个梦，家人就以岳飞的字——鹏举，给他取了名。

徐鹏举继嗣魏国公爵位长达五十二年。

署书

太祖朱元璋定都金陵后，把金陵所有的宫殿楼阁、行政部门、各级衙门，钦命修建的寺庙、道观，以及诸多牌楼匾额的题字，都指派给当朝大书法家詹希源书写。

碧峰寺以高僧金碧峰的名字命名。金碧峰即释宝金，生于乾州永寿。他六岁时在云寂寺落发为僧，并修习多年，深谙佛法精要，擅长阴阳术数。世人称他为"文殊化身"。元至正八年（1348）冬，他被顺帝孛儿只斤·妥懽帖睦尔召见。明洪武元年（1368），太祖朱元璋即位，诏请金碧峰到南京修建碧峰寺，以供他居住。碧峰寺的匾额"碧峰禅寺"四个大字是由乡中老人主事黄谦先生题写的。

大报恩寺本是东吴孙权所建的建初寺，有"江南第一寺"之称，历经千年，屡废屡建，寺名也数次更替，有过长干寺、天禧寺等名。明永乐年间（1403—1424），成祖朱棣为了纪念太祖朱元璋和马皇后，重建这座寺院。"大报恩寺"四个大字是由乡里老先生朱孔阳题写的。

佘村玉皇观的墙壁上题写着"松庵"两个隶书大字，笔迹奇特不凡，是南宋最后一个状元、义乌人王龙泽所题写的。

石头山石头城里有一面许公牌坊，上面的"会元"两个字是由"江东三才子"之一的戏曲名家徐霖题写的。

天界寺与灵谷寺和大报恩寺并称为三大寺，明洪武二十一年（1388）遭火焚，后由太祖朱元璋出钱，在城南凤山重建。寺庙里面的"万松庵"三个大字是嘉靖十一年（1532）的进士王问王仲山所书。

ᕙ 形势

说起金陵的地理形势，郑晓（号淡泉）指出这里的山势松散而不聚合，江水直流而不回转，绝非帝王统御天下之地。他还认为，金陵既没出过状元，也没有人阁为相的人，是因为这里世世代代享有爵位的老贵族太多，把本来就不多的好运势都夺走了。

我原先非常赞同他的说法。但得知万历十七年（1589）的状元焦竑和万历二十三年（1595）的状元朱之蕃都是金陵人后，我才知道不应该太相信读书人的言论。

ᕙ 耻入乡贤

三百年来，死后能够入乡贤祠的金陵人有：中行先生陈遇、丹阳县男孙炎、太常寺丞杜环、文渊阁大学士张益、太常少卿王一居、国子监祭酒李时勉、金陵礼部尚书童轩、吏部尚书倪岳、南都吟社成员诗人贺确、都察院右副都御史陈镐、广东提学陈钦、工部主事何遵、工部尚书刘麟、太子少保梁材、金陵刑部尚书顾璘、金陵户部尚书周金、监察御史邵清、总兵王以旐、吏部验封司郎中王銮、国子监祭酒殷迈、金陵尚宝司卿许谷、举人沈九思、礼部郎中李逢阳、太常寺博士杨希淳。

成化年间（1465—1487）任金陵给事中的王徽，为人倔强耿直，大节不夺，他上书参劾宦官牛玉时，言辞十分激烈。众多宦官向宪宗皇帝朱见深进言，要对他处以极刑，全凭阁老文达公李贤维护保全，最后他只是被贬到贵州普安任州判。王徽临终之前，他告诫儿子王韦（字钦佩）说："我（死后）不配进入乡贤祠啊！"

所以，他的牌位至今尚未进入乡贤祠。

泉品

万历二年（1574）腊月初一，我的好朋友盛时泰（字仲交）冒着大雪来到我的尚白斋中。恰好我有好茶，于是取干净的雪煮水，泡茶招待他。

一泡茶过后，我们都意犹未尽。我又让人去秦淮河畔的凤凰泉和瓦官泉打来泉水，继续煎煮泡茶。盛时泰喝了茶后赞不绝口，乘兴说起城内外所有可以泡茶的优质泉水。

我立即怂恿他说："我们为什么不把这些泉都走访一遍，写进书里，传给后来人呢？"

于是，我和盛时泰遍访金陵名泉，把鸡鸣山泉、国子监内国学泉和附近的城隍庙泉、府学玉兔泉、凤凰泉、城南门西的骁骑卫仓泉、冶城的忠孝泉、祈泽寺龙泉、摄山白乳泉、品外泉、珍珠泉、牛首山的龙王泉、虎跑泉、太初泉、雨花台的甘露泉、高座寺茶泉、净明寺玉华泉、城北幕府山上崇化寺的梅花水、方山上的八卦泉与葛仙翁丹井、静海寺里的狮子泉、江宁上庄宫氏泉、德恩寺义井、栖霞山衡阳寺的龙女泉，共二十四处名泉全都品味之后，一一做出评价，再整理成册，取名为《金陵泉品》。

近些日子，我又出访了不少好泉，如谢公墩的铁库井、铁塔寺仓的百丈泉、铁作坊的金沙井、武学井、石头城下水、清凉寺对山的莲花井、凤台门外的焦婆井、留守左卫仓井（鹿苑寺井），且都随身带茶去一一尝过。可惜仲交兄不在，没能跟他一起喝，听不到他的赞誉。

秦将白起

正德年间（1506—1521），金陵守备太监傅容傅紫泉在安德门外的山口修建永宁寺，因为要举办祭梁仪式，杀了一头猪，却发现猪肚子上隐隐写着"秦将白起"四个红字。

傅紫泉感慨说："这是白将军啊！"于是只好把猪埋了。

太初诗帖

户部官员李远庵，字元任。一次，他出差到浙江催运漕粮，公务结束后，即将北上回京时与诗人孙一元（字太初）相约在西湖上话别，孙太初写了一首诗送给他。

苦竹泠泠莎雨青，秋风别我钓鱼汀。

好持使节朝天去，莫道江湖有客星。

北固云回山历历，洪河龙斗浪冥冥。

眼中经济须公等，殿上夔龙有典刑。

孙太初在诗后附赠言说："这首送别的拙作，我自己觉得并不比古人写得差，是向知己表明我的心迹，并非泛泛的客套送别诗，恳请先生明了我的情谊。我本是山野之人，穿着不够体面，不太方便进城，我们就在此握手告别吧。离别真是让人伤感。"

他又附言说："我的字写得不够好，最高就是这个水准了，你看诗就好，不用太在意字。"

空同跋太初诗

李远庵出版了一本孙太初的诗集，拿给前七子的领袖李梦阳（号空同）看。李梦阳读完，对孙太初大加赞赏，动笔写了一篇后记。

仙草每年都会枯萎，云鹤最终也会死去。虽然丛生的草木高低不同，叶子形状大小各异，但闻到它的芬芳，就知道不是凡间的花草；听见云鹤悦耳的啼鸣，就知道它是仙界的禽鸟。唉，有这样识大义的人，能和我一起谈论孙太初的诗吗？可惜孙太初已

经去世好几年了。李远庵先生把他的诗拿给我欣赏，为此我才把
这些话写在诗集后面。

嘉靖二年（1523）夏日四月

空同山人李梦阳

《秋林歌》

王韬，字钦晦，是王钦佩的族弟，他在开封经商，和空同先生李梦阳
交好。李梦阳曾写了一首绝句赠给王韬。

> 王郎口谈金虎文，
> 自称师是紫阳君。
> 挂帆明日忽南去，
> 影落龙江五色云。

这首诗现在被收录在李梦阳的个人诗集里。

另外还有四章《秋林歌》，是李梦阳为王韬的父亲秋林老先生祝寿所
作，没有收录在诗集中。现在录在这里：

一

> 山人食黄精，老步觉转健。
> 秋行林径深，风起落叶满。

二

露寒山尽脱，乃松林独青。

劚根获龟蛇，看看皆白苓。

三

采苓煮白石，发黑颜复赤。

秋清中林坐，傍有鹤一只。

四

白石浸寒潭，清冽鉴毛发。

甘菊垂时花，翁来弄秋月。

元峰问数

安徽新安人汪龙跟一位神异的和尚学会了算命之术，效果非常灵验。

"青词宰相"袁炜（号元峰）当政时，把一粒白色的围棋子寄给南京吏部尚书王三渠，托他转交给汪龙，测算自己生儿子的事。

汪龙接过棋子说："白，是北；棋子是子。这应该是北京的当权者问子嗣的事吧。"接着又道，"可是这粒棋子，既非木，也非石，经烈火焚烧而成，没有一丝一毫的生机，所以他绝不可能生儿子。如果用相生相克的原理解析，这位大人把自己的棋子从棋盘里取出来，象征了终局，恐怕用不了多久，他就要失去官位了。"

果然，没过几个月，袁元峰就在任上去世了。

聚宝奇石

翰林院编修、中书舍人朱孟辨在聚宝山（雨花台）得到三方石料，他把这三方石料制成三块奇石，分别取名为山玄肤、玉芝朵、断云角。

赵孟頫的外孙、自号"黄鹤山樵"的著名画家王蒙，为这三块石头作了画，还特意写了一篇铭文。曾被明太祖朱元璋誉为"开国文臣之首"的太史公宋濂，也为这三块奇石写过铭文。

根据宋濂所写的铭文，可得知这三块石头的形态大致如下：

山玄肤黑中带白，类似黑色皮肤，中间藏着白色，手感温润。

玉芝朵的外形如一朵灵芝，内质如坚玉，像经过九阳真火的淬炼，上面有翠霞之晕。

断云角则是鬼斧神工之作，宛如云断了一角，携带着蛟龙般的气魄。

典祀

文毅公倪岳当初任礼部尚书时，朝廷派遣他去福州祭祀金阙真人和玉阙真人。

这两位真人，一位名为徐知证，另一位名为徐知谔，是五代时吴国权臣徐温之子。因这两人曾经率兵进入福建，平定盗匪祸乱，且不扰民，福建的父老乡亲对他们感恩戴德，给他们建了生祠供奉。

永乐十五年（1417），成祖朱棣染病，用了许多医药均无效，有人进谏说，向两位真君祭祀祈祷，可以使身体康复。朱棣尝试祭祀后，身体竟然真的痊愈了。于是他下令改建庙宇，命令相关部门在春秋两季多次祭祀，并下旨加封两位真君为"金阙真人"和"玉阙真人"。

倪岳上书朝廷说："徐知证和徐知谔是唐朝叛臣徐温的后人，对他们的祭祀庆典，我不能随便提议废除。但这只是普通的时令祭祀罢了，属于太常寺官员的职能，怎么能让我一个礼部尚书、朝廷最高级别的祭祀长官去呢？"

朝廷批准了他的建言，从此祭祀金阙真人和玉阙真人的活动就按他说的执行了。

阴消祸孽

周金（号约庵）担任户科都给事中时，右都督马昂把自己的妹妹送入后宫为妃。可是朝野风传，他妹妹在入宫时，已怀有身孕。周金上疏请武宗皇帝朱厚照下旨，把马昂的妹妹打发回家，并治马昂欺君之罪。

最终，武宗皇帝虽然没有治马昂的罪，但是把马昂的妹妹逐出了宫。此次能将皇室血脉的灾祸消解于未然，全靠周金一封奏疏。

针灸

有一个叫谢芳的留守卫指挥，长得身材高大，皮肤白皙。但他却徒有其表，小时候没有好好学习，大字不识几个。

兵部武选郎中按照惯例来探望官员，看见谢芳仪表堂堂，想提拔他执掌留守卫，就拿粉笔在墙上写了"针灸"两个字让他认，谢芳回答是"铁多"。

兵部武选郎中一笑了之，最终也没有用他。

梅花水洗研

焦山隐士郭第，字次甫，自号五游子。

有一次，他在金陵市场上淘到一方南唐时期的老砚台。他对别人说，这个砚台不能用普通的水清洗，还专程去城北幕府山上的崇化寺用梅花水清洗砚台，后来又带着砚台去了杭州，用西湖水清洗。

看来郭次甫不仅喜欢奇怪的东西，性格也极其怪异。

念珠

御史郑石邨名濂，对母亲极为孝顺。

有一次，他去三茅山上香，向上天祈祷保佑母亲长寿。焚香敬天后，刚走出大殿，他就从地上捡到一串念珠，一共有一百零八颗珠子。他欣喜地说："看来我母亲的寿数，与这串念珠数量相当啊。"

回家后，他把念珠用盒子装好，供在佛龛上。过了几个月再看，念珠竟然被老鼠毁坏了十七颗。

后来，郑濂的母亲九十一岁去世，寿数与那串念珠所余的珠子数量正好相符。

浇坟

诗人孙太初死后，他的好友刘麟（字元瑞）和龙霓（字致仁）两位先生主持治丧，将他的遗体安葬于湖州城南的道场山中，正是他生前隐居的挂瓢堂附近。

后来有一天，大雪纷飞，刘元瑞忽然无比想念好友太初。于是，他戴上棕毛大帽，穿一袭红衣，骑一头瘦驴，让老仆人提了一壶酒，来到孙太初的墓前。他给坟头上浇一杯，自己饮一杯，直到把酒喝完，才放声痛哭着离去。

修省疏

倪岳（号青溪）在弘治十二年（1499）任金陵兵部尚书参赞，既秉持公正，又通达事理，明于应变，不随便生气，也不随意附和。在他的治理下，金陵城百废俱兴，军队与百姓之间彼此信赖，相互尊重，互相约束，不敢违法乱纪。一时间，金陵城安定平和，社会秩序良好。

一次，清宁宫发生火灾，倪岳上奏疏请求皇帝朱祐樘修身反省，主张提倡儒家正道学术，广开官民言路，缩减宗教法事，节约朝廷开支，管束皇室宗亲，惩罚欺瞒官员，赈济穷苦百姓，全面考核官员政绩，疏理积压政务，严格挑选将领，节制任命官职，审慎赏赐功劳，停止繁重徭役，罢免奸佞贪官，任用忠直之士，慎用刑罚牢狱等二十八项建议。朱祐樘采纳了这些建议，并嘉赏了倪岳。

自作墓志

卢璧（号玉田）、黄甲（号蛰南）和杨希淳（号太岳）三个人都亲自草拟了自己的墓志，表明自己无论生前还是身后，都保持不请求他人的正派作风和通达的人生态度。

尚书二十三人

吏部尚书（大冢宰）有：张铭善、周时中、偰斯、曹义、倪岳。

户部尚书（大司农）有：梁材、王昞、吴文度、周金。

礼部尚书（大宗伯）有：倪谦、邹干、童轩。

兵部尚书（大司马）有：齐泰、胡汝砺、王敞、王以旂。

刑部尚书（大司寇）有：周祯、端木复初、周瑄、张瑄、顾璘。

工部尚书（大司空）有：陈恭、刘麟。

他们都是金陵籍贯，共二十三人。

入阁一人

金陵城能够入文渊阁（内阁）的人，只有张益一个。他于正统十四年（1449）入阁，同年跟随英宗朱祁镇的御驾出征，殉国于土木堡，谥号文僖。

咏十六楼集句

李泰，字叔通，号仙源，河南鹿邑人，于洪武三十年（1397）中进士夏榜三甲第五名。他博学多才，通晓天文学，曾执掌钦天监，后来加入钦天监的户籍。

李泰有两本诗集，都是集古人诗句重新拼合成诗的集句诗，其中有赞咏"十六楼"的诗如下：

南市楼

纳纳乾坤大，南楼纵目初。

规模三代远，风物六朝余。

耆旧何人在，登临适自娱。

皇恩涵远近，莫共酒杯疏。

北市楼

危楼高百尺，极目乱红妆。

乐饮过三爵，遐观纳八荒。

市声春浩浩，树色晓苍苍。

饮伴更相送，归轩锦绣香。

集贤楼

迢迢出半空，画列地图雄。

鱼水千年庆，车书万国同。

长歌尽落日，妙舞向春风。

今古神州地，康衢一望通。

乐民楼

江城如画里，迢递起朱楼。
白日催人老，青樽喜客留。
百年从万事，一醉解千愁。
帝德尧同大，洪恩被九州。

讴歌楼

西北高楼好，闲宜雨后过。
凭栏红日早，回首白云多。
广槛停箫鼓，深江净绮罗。
千金不计意，醉坐合声歌。

鼓腹楼

翼翼四檐外，居人有万家。
盘空斋屡荐，舞破日初斜。
小酌知谁共，新诗取自夸。
圣图天广大，烂醉慰年华。

清江楼

涵虚混太清，时转遍云声。
湖雁双双起，渔舟个个轻。
世情何远近，人事省将迎。

谈笑逢诸老，终身愿太平。

石城楼
翠袖拂尘埃，烦襟出九垓。
清光依日月，逸兴走风雷。
鸿雁几时到，江湖万里开。
文章成锦绣，临咏日盘回。

来宾楼
地拥金陵势，烟花象外幽。
九天开秘祉，八极念怀柔。
造化钟神秀，乾坤属远猷。
吾皇垂拱治，不待治书求。

重译楼
使节犹频入，登临气尚雄。
江山留胜迹，天地荷成功。
干羽三苗格，车书万里同。
圣朝多雨露，樽俎日相从。

澹烟楼
久坐惜芳尘，莺花不弃贫。
关心悲地隔，有酒纵天真。
不问黄金尽，应惭白发新。

登临聊极目，紫陌万家春。

轻粉楼

郡楼闲纵目，风度锦屏开。
玉腕擅红袖，琼卮泛绿醅。
参差凌倒景，迢递绝浮埃。
今日狂歌客，新诗且细裁。

鹤鸣楼

翠把凭阑外，楼高不倦登。
抑扬如有诉，凄切可堪听。
白日移歌袖，青天扫画屏。
古来形胜处，重到忆曾经。

醉仙楼

自得逍遥趣，乾坤独倚楼。
天笼平野迥，江入大荒流。
待弃人间事，来为物外游。
蓬莱自有路，云雨梦悠悠。

梅妍楼

天地开华国，招邀屡有期。
风烟归逸兴，钟鼓乐清时。
对酒惜余景，逢人诵旧诗。

平生无限意，莫信笛中吹。

　　翠柳楼
白帻岸江皋，开筵近鸟巢。
交疏青眼少，歌罢彩云消。
落日明孤塔，青山见六朝。
平生爱高兴，回首兴滔滔。

　　著名诗人胡应麟（字元瑞）编写的《艺林学山》中说道："永乐中期，晏振之在《金陵春夕》诗中写'花月春江十四楼'，当时的人大都不知道此事。洪武中期，在南京城内外，修建了来宾、重译、清江、石城、鹤鸣、醉仙、乐民、集贤、讴歌、鼓腹、轻烟、淡粉、梅妍、翠柳等十四座大酒楼，均为官妓之所在。这是因为当时还没有禁止官员招妓。"

　　胡应麟说："近来流传十四楼的说法，可以当作写诗的素材。"

　　按理说金陵原本有十六楼，如今却叫作十四楼，遗落了南市、北市两座楼，不知道是为什么。不过，如今其他楼全都毁弃了，唯有南市楼留了下来。

十景

　　我的朋友盛仲交从大城山里给我寄来杂忆诗十首，邀我唱和，并约我前往游玩。

　　这十首诗的题目分别是：《祈泽寺龙泉》《天宁寺流水》《玉皇观松

林》《龙泉庵石壁》《云居寺古松》《朝真观桧径》《宫氏泉大竹》《虎洞庵奇石》《天印山龙池》《东山寺蔷薇》。

每个题目都是一处美景，而这十处美景都被世人所忽略，只有仲交兄自己发掘了它们的美。

ᔐ 见御史不起身

御史李熙（字师文，号饮虹）家住门西饮虹桥南边。在他每天去衙门的路上有一家铁作坊，所有的铁匠在他路过时都低着头专心干活儿，没有一个人起身对他致敬。

李饮虹是一个古板的人，觉得铁匠没规矩，心里怪他们无礼。他越想越生气，就把这件事告诉了中城御史，请他严厉惩戒那些铁匠。

中城御史很给他面子，立即下发拘捕令，把铁匠们都抓起来盘问情况，还要追究他们目无朝廷命官的罪责。

铁匠们辩诉说："我们见到当官的不站起来致敬这个习惯已经沿袭好些年了。当年倪谦尚书大人家就在铁作坊内，他曾亲口嘱咐我们，不需要起身迎接他，因为这样会耽误我们干活。我们这样说，不是和李老爷狡辩，而是被倪尚书误导了。今天我们被法办，以后再也不敢了。"

中城御史把情况告诉了李熙，还对他说："听了铁匠们的话，我自己都羞愧难当啊。"

⤳ 家若悬磬

顾琇（字英玉，号横泾）从河南按察副使位上罢退后回到家里，看到自己家里像悬挂的磬一般四壁光滑，一无所有。

有客人来访，他就跑去邻居家里借火；没有器具煮茶温酒，他只好用酒杯代替。

⤳ 守备厅坐次

正统（1436—1449）中期，南京守备厅的座次是按世袭襄城伯李隆在正中，户部尚书、太子少保黄福在左侧的次序排列的。不过，李隆出于礼让，选择了与黄福左右对坐。

黄福去世后，兵部侍郎徐琦坐在左侧。

襄城伯李隆去世后，丰城侯李贤接替了他的位置，但徐琦升任兵部尚书后仍坐在左侧。

金陵中军都督、协同守备赵伦坐在左侧下方，后来他被革职，由靖远伯王骥接任他的职位。徐琦为兵部尚书担任总督，与丰城侯在左右正坐。

靖远伯王骥升迁后坐在左侧。宁远伯任礼接替丰城侯，仍坐在右侧。

靖远伯王骥返回朝廷后，徐琦尚书接替了他的位置。兵部侍郎杜宁推徐尚书与宁远伯任礼左右正坐。

右都御史张大人只负责监督操练军队，却不参与金陵守备的事，下了教场，与徐琦尚书左右正坐，张都御史在左侧。赵伦都督仍旧坐在原来的地方。户部尚书张凤调来之后，在右侧稍偏一些的位置正坐。

户部尚书张凤去世后，张都御史升为兵部尚书参赞，在右侧正坐。

宁远伯任礼告老还乡，平江伯陈豫接替了他的位置，与张尚书左右正坐。

平江伯陈豫离职，张尚书也辞官。魏国公徐显宗替代了平江伯的位置，独自在正中坐。协同守备掌金陵中军都督府事、镇远侯顾兴祖在右侧稍偏位置正坐。兵部尚书参赞萧维祯坐在镇远侯左侧。

魏国公、镇远侯都去世后，尚书萧维祯独自正坐在右侧。

成国公朱仪代魏国公后，按照魏国公的方式独自居中正坐。新任兵部尚书李宾调来之后，则依照前任萧尚书的方式坐。都督马良坐在右侧上方。

待李尚书和马都督均返回朝廷，兵部尚书程信调来之后，则按照李尚书的方式坐。后来添设了泰宁侯陈经，其与程信尚书左右正坐，泰宁侯在左。

泰宁侯被贬去管理漕运后，定西侯蒋琬代他的位置，也按照他的方式坐。后来程尚书离开吏部，崔尚书坐在了他的位置。崔尚书离开后，左都御史王恕调来，后升任兵部尚书，按照前任兵部尚书的方式坐。

定西侯返回朝廷后，新宁伯谭祐接替他，一切如旧。

王尚书任巡抚后，新任兵部尚书薛远接替了他的位置，也按王尚书的方式坐。

新宁伯返回朝廷后，太子太保、丰城侯李勇接替他，还像新宁伯一样坐。

薛尚书辞官回家后，新任尚书陈俊也依照他的方式坐。

以后所有的守备参赞座次大致相同，仅增加了守备太监坐在首席位置。协同守备都是有爵位的公侯伯爵，所以是上坐，都督就坐在侧面。

武职袭替

南京的武职官员最为贫苦，去北京继承爵位，因为囊中羞涩，要借钱才能出门。欠下的债务，他们只能用自己的俸禄来偿还，因此，有些官员好多年都吃不到自己的俸禄。还有一些人因为借不到钱，一辈子都无法去继承爵位，祖宗以汗马功劳换来的爵位也就此被废弃，是不是太可惜了些？

我个人以为，各省武将受封的确应该进京，但镇守南京的军人是不是可以就在本地核查其功绩的大小、升迁的次序以及他的军事能力呢？如果只需要向北京报送公文，奏请朝廷同意就可以继承官职爵位，多么方便快捷，简直是天大的好事！

本朝初年，总小旗想要升职必须要到北京进行并枪比试。兵部尚书邝埜奏请改在南京兵部，让各省都司合并在一起比试。但是，没考中的人第二年仍然要去北京。谭纶又奏请第二年的笔试也一并改在南京。这两条先例记录在《兵部武选司条例》里，如果有需求可以援引请示。

澹园先生焦竑向选拔官员卢梦麟讲了这件事，卢梦麟欣然答应，并准备按此行事。当时，吏部曾尚书管理南京军部，他也很认同这个提议，但恰逢他要回家省亲，这事就没有落实，目前还只是备案状态。

招募不如土着

嘉靖（1522—1566）中期，倭寇作乱，朝廷招募义乌、江阴、靖江和崇明等地的人入伍当兵，花费了巨大的财力，然而这些人专门在金陵做违法乱纪的事。

悟斋先生吴时来亲眼看见这种情形，于是上奏朝廷，请求把这些士兵全部裁汰遣返。

万历二十年（1592）发生倭乱，日本太阁丰臣秀吉调动军队，渡海侵略朝鲜，虽然还没有对中国造成丝毫伤害，但兵部尚书和提督操江仍然四处招募士兵。一时之间，那些不法之徒成群结队前来，想加入军队。

万历二十六年（1598），北军部需要调两千人前往旅顺驻守，只好又重新把被遣返的士兵召集起来。军队从旅顺回来后，人数增加了一倍。当时工部负责造房屋、制衣甲，户部和兵部负责发放粮饷，花费巨大，可是地方上的百姓却没有得到些许好处。

那些人聚集在城外，一到晚上便成群结队地强闯民宅，劫掠财物，侮辱妇女。居民中有些资产的人都迁到了城内居住，那些盗贼竟然尾随而至。

当权者明知此事却不肯遣散这些人，理由有两个。

其中一个理由是，没有遣散他们的依据。顾冲庵曾说过，训练军队的目的是消除兵祸。只有督促军队勤加训练，严格赏罚，淘汰老弱病残，对违法乱纪者必以军法处置，有死亡者不再补充，兵祸才能渐渐消除。怎么能说没有依据遣散这些为恶的人呢？

另外一个理由是，如果把这些人遣散了，万一地方上有军情，谁来支援应对？然而当权者却不知道这些以讨伐贼寇为名的士兵，不但不讨贼，反而日日当贼。这就是俗话说的"放虎自卫"。

正所谓：招募不如土著，古人早就有过详细的论述。南京城内难道就没有骁勇善战的人吗？如果觉得南京人不懂如何抗击倭寇，可以派出一两千人去浙江，从抗倭前线大军里，选出一二十个精英训练他们。这样一教十，十教百，百教千，用不了几年，人人都是能打胜仗的战士。而且，招募本地人能够节省费用，这算其一；本地人有父母家室，经常见面有所顾念和留恋，这算其二；他们在自己出生长大的地方，到处都是老街坊邻居，顾及面子，不敢胡作非为，此为其三。如果有军情则手持兵器为军人，若无战事就自己干自己的事，多么稳妥方便。

当权者如果同意这种做法，为南京城造福，胜造九级浮屠啊。

⌇ 城门锁钥

正德十四年（1519）六月十四日，宁王朱宸濠在南昌谋反，很快就率领船队挥师东下，意图控制南京。

负责南京防卫的是后来被誉为"晋中三杰"之一的参赞机务乔宇（字希大，号白岩）。他积极为迎战做准备，在很短的时间内就布置了防御。随后，他率领各部官员敬天发誓，要死守南京城。按照他的布置，除了每个城门口都安排有文武高官外，城里还埋伏下了两支军队，以防发生不测。

宁王朱宸濠派了三百死士潜伏进南京城，隐藏在鼓楼街上一个包工头的家里做内应，伺机行动。南京城的守备太监刘琅私下与朱宸濠有勾结。

乔宇抓住包工头审讯，套出了这些计谋，将城内的死士以及所有和宁王勾结的人陆续抓捕，在江岸边砍头示众。叛贼的计划因此受阻。

在此之前，乔宇听闻朱宸濠谋反的计划，他知道都指挥金事杨锐是个有能力的人，这件事只有他才能平息。乔宇与李巡抚商量后，让杨锐暂代安庆守备。临走之前，他对杨锐说："安庆在金陵的南边，上游紧挨着朱宸濠作乱兴兵的江西，他们有什么阴谋，你肯定能率先获知，有任何消息要马上告知我。另外，叛贼攻打南京之前，必然会先进攻安庆，如果反贼攻城，你必须死守城池不失。"

没过多久，叛军果然进攻安庆，杨锐不负所托，击退了叛军。等到武宗皇帝朱厚照以平叛为由自封"镇国公"，于八月开始南巡时，叛乱早已被平定了。南京的文武百官来朝拜皇帝，皇帝下旨要求众人穿军服拜见。乔宇说，无论在南京还是北京，朝廷的礼节应该一致，不应该有区别。于是，他穿着朝服率众官员正常面圣。

当时，左都督江彬依仗皇帝对自己的宠溺，把持大权，气焰熏天。他统帅辽东、大同等四镇军士数万，屯兵京城，心怀不轨，乔宇以自己的宏大气度让其服从。江彬想构陷乔宇，让人搜罗他的黑材料，但却一无所获。

一天晚上，江彬以皇帝的名义索要城门钥匙，所有人都惊慌失措，不知道该怎么办。都督府向乔宇报告，乔宇说："守备的职责就是防止意外发生，城门钥匙谁敢要？谁又敢给？就算真是皇帝的意思，又怎么样？"都督府以乔宇的话拒绝交出钥匙，此事最终平息。

江彬每天假传圣旨提各种要求，甚至一天要提几十个。乔宇接到旨意自然要求面见皇帝，江彬的诡计无法得逞，南京城得以安定平静。

皇帝出游了好些日子，乔宇发动各级官员，再三上书请求皇帝銮驾回朝，皇帝的仪仗队这才动身从扬州返回。

时至今日，江南的老百姓还对乔宇的功德赞不绝口。

三人协力

正德皇帝朱厚照南巡时,乔宇担任南京参赞机务官;寇天叙任应天府丞,当时应天府尹职位暂缺,就由寇天叙掌印;太监王伟担任内守备。三人志同道合,齐心协力,坚守正道,绝不屈服,护卫了南京太平无事。要不然,必定会有许多预料不到的灾祸发生。

乔宇是山西太原人,寇天叙是山西榆次人,两人是老乡。寇天叙身材高大魁梧,眼睛有些近视,每天戴着一顶小帽子,穿着贴身衣物坐堂,除了朝廷供应的钱粮,从不随意支用。每当左都督江彬派人来要东西,他就假装很忙不见面。若是来人直接到堂上找他,他就起身大喊着"钦差大人"哭穷道:"南京百姓穷困,仓库里既没钱也没粮,也没办法向百姓摊派,您看我身为府丞,只穿着贴身衣服办公,就是随时等着被革职查办呢。"

来人没办法,只好如实回去禀报。每次江彬派人来,寇天叙都是同一番答复。江彬知道没办法说动他,就再也不来了。

比试

正德皇帝朱厚照在金陵时,左都督江彬率领的守边士兵一个个身材魁梧,孔武有力,武艺高强,是镇守西北的精锐人才。

金陵参赞乔宇从南方军队的教练里选了一百来个个子矮小但精明强悍的,每天和江彬约到校场里比试。南方人动作轻快敏捷,那些北方人粗笨不灵活,还没来得及动手,就被南方小个子击中软肋,或者撞到腰胯,很快就被打倒在地，无法动弹。

经过一段时间的比试，江彬受了打击，特别灰心丧气，他原本包藏的祸心，被暗暗消磨去了二三分。

不道磁石事

有一次，我去好友盛仲交的苍润轩，和几个写文章的朋友一起观摩黄庭坚所写的《阿房宫赋》旧拓碑帖。

仲交说："黄庭坚这书法笔势飞腾舒展，有金石相撞散发的铿锵之意。杜牧的文章精巧细致，可唯独没有提到阿房宫的北阙门是用磁石建造这件事，十分遗憾啊。"

直趋金陵

宣德元年（1426）八月，从汉王被贬为庶人的朱高煦在乐安州谋反。

乐安知州朱恒曾力劝朱高煦出兵直接攻打南京，可是叛军里有很多人议论说朱恒是南京人，他这是为自己和家族图谋好处，不能听他的。

不知道朱恒是南京哪一个地方的人，竟然能出这样的计策。如果当时朱高煦听了他的话，如今的国家还真说不准是什么样呢。

梦征

郑沙村有个叫郑河的人，他在当秀才时，曾梦到一首绝句：

城里青山城外楼，

夜凉明月五更头。

何时了却心头事，

重把青蚨换酒筹。

郑河在嘉靖二十三年（1544）中了三甲进士，位列第三甲第一百三十五名。朝廷委派他到湖南岳州府担任一名正七品、掌管司法的推官。

他到岳州后，闲暇之余四处观赏美景。一天，他见到"城里青山，城外楼阁"这样的景观，忽然想起自己梦到的诗句，不寒而栗，心里惴惴不安，觉得自己的命运大概会像诗中那样凄凉，以至于郁闷成疾，赴任当年就去世了。

疏用"无主"字

南京有些贫穷的家庭，因为亲人去世了买不起墓地，就采用火葬。甘泉先生湛若水担任礼部尚书时，想改变这种风俗。

他在城门外选了多处空地，计划设立官方墓地漏泽园，用于埋葬那些因贫困而买不起墓地的死者或是无人认领的尸体。为此，他派遣千户王某带着自己写的奏章去向朝廷请示。

千户跪着向甘泉先生提建议："听说大人在奏疏里有'以无主之地，葬无主之人'这两句，恐怕'无主'这两个字不能给皇上看见。"

甘泉先生心里一惊，马上意识到问题。溥天之下，莫非王土；率土之滨，莫非王臣。怎么能说"无主"呢？他赶紧说："的确是我用词不慎啊！"于是他马上重写奏章，换了一种说法。

瓮中黑气

有个叫万表的秀才，他家住在水西门外上新河南岸。

一天夜里，他梦见一个人，气质神情特别像吕洞宾，从地里缓缓钻出来，整理了一下衣服说："我被困在这里已经五百多年了。"

天亮后，万表挖土筑墙，挖到八九尺的深度时发现有两个陶瓮紧紧扣在一起。打开后，只见瓮里有一团黑色的烟气缓缓地升到半空中，和他在梦里见到的情景一模一样。

不知道是仙人、鬼魂，还是妖怪呢？

《非非子》

徐天赐是徐达的第六代子孙、世袭魏国公徐奎璧的弟弟。他的宅邸在大功坊里面，后面与应天府学相连接，之间不能再扩充一寸空地。为此，徐天赐与京兆尹蒋大人、督学赵大人谋划后，又收买了在府学读书、家里颇有权势的秀才任芳等一些人，商定要以府学尊经阁后面的私人土地换学校右边的空地。

一个叫周膏的秀才写了一篇《非非子》贴在学校墙上，文中夸张地说，孔夫子穷困潦倒，门下弟子竟然要卖地，言语之间直指府学在任官员置换府学土地的行为。

督学赵大人听说后，担心换地的事闹大了遭受社会舆论的谴责，于是就把换地的想法打消了。

周膏是南京刑部尚书周瑄的儿子，博学多才有声望。他阻止徐天赐买卖府学土地的行为，得到了全社会的赞誉。

陶隐居《瘗鹤铭》一证

苏州大石山人顾元庆写了一篇《瘗鹤铭考》，引用了宋朝黄长睿、张子厚、刘无言、曹士冕、邵公元、马子严和当朝都玄敬的说法，判断为南朝梁陶弘景所写。他的评述和论证无比确切，鉴定和赏析非常细致，但是仍然少一条论据。

宋朝李石的《续博物志》里写道："陶隐居的书法很神妙，世上所传的《画板帖》和镇江焦山西麓崖壁下的《瘗鹤铭》都是他的遗墨。"大石山人为何不引用这条当作论据呢？

我在隆庆二年（1568）春天游览焦山，在山崖崩塌的乱石之间拓到十六个字，后来被我的朋友宋国儒不小心打碎了一个"也"字，直到现在我还觉得惋惜。

宦官重谏臣

嘉靖（1522—1566）末年，南京皇城守门太监高刚在正堂中挂了一副对联："海无波涛，海瑞之功不浅；林有梁栋，林润之泽居多。"他这样做是表达自己对海瑞和林润两位大人敢言直言的钦佩之情。

举朝皆妇人

海瑞担任应天巡抚时，性格古怪偏激之过分，经常让人无话可说。

有官员上疏弹劾他，他就写奏疏为自己辩驳，说"满朝都是优柔懦弱、无所作为的女人"。

内阁首辅李春芳（号石麓）散朝回家后，正好一位从扬州来的贡生来访。贡生以前和李春芳在一起学习过，关系比较亲近。李春芳对他说："刚才见海瑞的奏疏里，指责满朝文武都是女人，那我岂不是一个老女人吗？真是让人太羞愧了。"

贡生说："如果还能感觉到羞愧，那就说明你还有几分男子气概。"

李春芳听后良久沉默不语。

清苦回恨

御史陈海楼的家人用不值钱的红票向老百姓买米，出的价钱还只是市价的一半。其实，这都是官宦人家长期形成的坏习惯，老百姓对此敢怒不敢言。

正好一个米商家里有位秀才，名叫何敬卿，拿着红票到都察院击鼓，起诉到都御史海瑞面前。海瑞正提倡严苛，听说此事后勃然大怒，要严惩陈海楼。幸亏其他御史都为陈海楼求情，解释说这是过去形成的惯例，这才免于重责。但海瑞仍下令让差役打了陈海楼家人三十板子，罢免了他的差役职务，还让他戴上枷锁，跪在陈海楼的衙门口示众，实际是为了羞辱陈海楼。

金陵六部和都察院、理藩院二衙门、各府州县官员听到消息，无不畏惧，再也不敢违法索拿市场上买卖的物件。陈海楼的官声也因此受了损害，对海瑞恨之入骨。

等到海瑞去世，陈海楼和其他御史一起进入他家的内室，亲眼看见海瑞家中的贫寒，简直比普通穷苦人家里还要穷。陈海楼这才说："如此情状，彻底消除了我对他的怨恨啊。"

🐍 执照

秀才何敬卿把御史陈海楼告到海瑞面前，又担心别的御史找机会用其他事中伤报复自己，就向海瑞求一个官方的文字凭证。

海瑞哈哈大笑说："在御史眼里，朝廷下发的诏书都是废话，怎么会把我海瑞的一纸执照放在眼里？我见你这秀才还有点胆量和志气，想不到也是畏首畏尾的，怎么能干成事呢？"就把何敬卿赶走了。

刚峰宦囊

都御史海瑞在朝廷为官员提供的住宅里去世,他的同乡在金陵做官的只有户部郎中苏民怀一个人。苏民怀给海瑞整理遗物,盘点财产,只有竹笼里的八两俸禄银钱,半匹麻布,几件旧衣服。哪里都找不到这样的都御史了吧?

刑部郎中王世贞评价说:"不怕死,不爱钱,不结党。"这九个字道尽了海瑞的一生。有些人就算得到千言万语的夸耀奉承之词,也不能超过这九个字的评价啊。

生平奇事

陈芹(字子野)对我说:"以前我游览天台山刚好逢中秋,就在石桥上赏月。这座天然石桥横跨两座山,势极雄奇险峻,是天台山的胜景。到游览雁荡山时,是九月九日重阳佳节,我便在山顶上采菊。在名山之间游览,刚好是节日,又是大晴天,这绝对算得上生平的奇异幸事。不可多得啊!"

一钱觅酒

陈藻,字子文,号苍厓。他家里穷困,却嗜酒如命。

有一天,他兜里只剩下一个铜子,饭都不吃,却买了酒喝。他作诗自嘲说："苍厓先生屡绝粮，一钱犹自买琼浆。家人笑我多颠倒，不疗饥肠疗渴肠。"

二仙自写像

很多人画周颠仙人和张三丰真人的画像，不过大家应该都不知道，周颠在皇城五凤楼上画了一幅自画像，张三丰在南京临淮侯家里也画了一幅自己的画像。

判断食料

梁材（号俭庵）在广西担任左布政时，整天坐堂工作从不消遣。凡是下属官员每日用的食材都有个标准，不能买太多，而且必须通过他的审核。

右布政林大人有一天想多买几斤猪肉，却被梁材给减了一半。林大人非常生气，对梁材说："你管好你自己就行，你管不了我。"骂骂咧咧进了后衙。

梁材听见了，并没有做出任何举动。

第二天，林大人专门过来找他谢罪说："以后我也不多买了。"

尚书异命

梁材担任户部尚书时，有一天，嘉靖皇帝朱厚熜让人把刑部尚书的大印送给梁材，命令他到刑部去审问三件疑难案件。梁材到了刑部，当天就把这三件疑难案子审断清楚了。

后来又逢吏部官员考核，朱厚熜又让他去一起监考，坐在吏部尚书左边。一共考核了三百多位官员，梁材都考核得清清楚楚，没有丝毫差错。所有官员和读书人都对他非常佩服，也都很敬重他。

朱厚熜让户部尚书去参与刑部和吏部的工作，这都是突破常规的做法。

邵士廉属对

佥事邵士廉童年时就天资颖悟聪敏，有人向他提问，他马上就能对答，尤其擅长对对联。

某年除夕，宦官李致远家里燃放烟花爆竹，邵士廉跑去看热闹。李致远看见他，就给他出了个上联："岁除爆竹惊残腊。"邵士廉马上就对出下联："正旦传梅报早春。"特别工整契合，李致远大为赞赏。

霍公重邵静庵

邵静庵在广西担任按察司佥事时，自请辞去官职回家赋闲。

礼部尚书渭厓先生霍韬原来从未和他见过面，却经常派人来慰问。正好有官办寺庙被抄没财产，霍尚书命贺掌教把财产登记造册后赠送给邵静庵，给他当作书院的运营费用。邵静庵认为官家的东西不该要，找了个理由婉拒了。

恰好庆祝丰收的乡饮酒礼将要举办，霍尚书认为邵静庵行为庄重正直，进退有原则，派主管部门诚恳邀请他来当作乡饮酒礼上的首席贵宾。邵静庵不愿意去，急切地要谢绝，主管的官员实在没办法，最后只能强硬地把他带过去出席。

🦐 微之交情

方宗显，字微之，与景旸（字伯时）在道馆里一起研习科考的学业。两人关系特别亲密，衣服可以换着穿，吃饭也在一起吃。虽然过得很清苦，但双方相处得非常融洽而欢快。后来景旸中了一甲进士，担任中允，而方宗显落第，只是一个普通百姓。

景旸守孝期满返回金陵复职时，方宗显和他同船结伴而行。到了真州境内，景旸染上瘟疫去世，方宗显亲自料理入殓殡葬事宜，痛不欲生如失去亲兄弟。至今，他们两人的情谊在乡野之间仍有口皆碑，在读书人里也被传为佳话。

🦐 前溪失仪

正德皇帝朱厚照在南京行宫，众官员上朝参拜时，景旸（号前溪）担任国子监的司业，也就是副长官。景旸个子虽小，但肚子很大，几乎无法俯身行礼，非常有失朝堂礼仪。

左都督江彬大声问："那第 × 排的第 × 个人，是哪个衙门的官员？如果是司业，这样不合礼仪，应该拿下法办了。"

金陵参赞乔宇马上回答："他是国子监的长官。"这才没有追究。乔宇这么说，是出于一时的权宜之计，保持了朝廷对待学务官员的宽容大量。

东晋明帝皇后庾文君曾评价侍中刘劭说："此人适合在皇帝身边"，乔宇也属于这种人。

子昂题画

我跟着马少虹欣赏了司马西虹所藏的所有书画。只有南宋无住庵主梵隆禅师所画的一卷《圆泽三生公案》，笔法高远古雅，不流俗韵。

自宋元以来，在这卷画卷上题诗的有二十多人，但都是一派胡言。只有赵孟頫先生题有一首绝句："川上清风非有着，松间明月本无尘。不知二子缘何事，苦恋前身与后身。"这首诗见识超凡脱俗，远远超过其他所有评论者。

开门望月

万历七年（1579）秋天，南京湖熟地区的两个农民挖树根当柴火，挖出了一瓮银子。打开看，每锭银子上都有"开门望月"四个字，不知道有什么说法。

三墓

相传，三国东吴鲁肃的墓在上新河南岸的稻田里。距离现在的江水不远，当地农民耕田播种时都特别留神，不敢破坏。按说这片稻田在东吴时期还是河道，不应该有墓。所有的郡县志里都没有记载鲁肃的墓葬，或许当地人的话不假。

东晋谢玄的墓葬在魏国公徐俌的西园里，凤游堂的后面。在修建这个园子时，工人挖土挖出墓碑，大家知道这是谢玄的墓，于是就掩埋了。出了园子，往东南不到五十步有一个谢玄庙，庙里立着一块石碑，上面是金陵吏部右侍郎罗玘写的铭文。

北宋学者程俱孙的墓葬在清凉寺后山东北处的空地上。嘉靖（1522—1566）初年，连绵的雨水引发地陷，地面露出了朱红色的棺材，有人看了墓碑，才知道是程俱孙的墓葬，乡里的人便用土把它掩埋了。

梁检校，管尚书

户部尚书梁材为官一向廉洁正派，刚正不阿。他辞官回家后，门前冷落车马稀，与普通贫穷老百姓没区别。

同时期，低级官员检校管子山也辞职回来了。他们两家都在武定桥，南北相对而住。

管子山回家后修建房子，购置地田产，会见亲友，门庭若市，非常热闹。

人们反过来称呼他们为"管尚书，梁检校"。

钞不可妄得

邵士廉还是个秀才时，偶然见门前地上有一张纸钞，就悄悄捡起来，发现只是一片荷叶。忽而有过路人捡起来，却是真的纸钞。邵士廉就想，一张纸钞，不值多少钱，竟然都不能非分得到，何况是老百姓的血汗钱呢？

后来他进入政坛，职务直至佥事，对外面的诱惑都能克制意志，保持廉洁，除了固定的俸禄以外，分毫都不多占。南京人至今都在称颂他。

惊忧致病

许绅医而优则仕，官职一直当至工部尚书，主管太医院的事务。

嘉靖二十年（1541），翊坤宫发生宫女刺杀皇帝的事，皇帝朱厚熜受了伤，非常危险，生死就在顷刻之间。

许绅不得已，用大黄、桃仁、红花等药材配了一副下血药。他当时心中对自己说："要是没效果，我只有自尽了。"

担惊受怕地过了好几个小时，皇帝的咽喉间总算发出了声音，吐出一大摊淤血，随后便清醒了。许绅的职务也由正五品擢升到正二品的工部尚书。但是许绅因为感到后怕，自此心神不宁，没过几个月就去世了。

许绅是南京人。

诸葛钱

赵雪岩太守本是四川人，迁居到了南京。顾孝直讲过他的一件奇事。

赵雪岩因事乘船前往泸州，途中遇到了大风无法前行。被迫停船几天后，船上的柴火不够了，于是派仆人上山打柴。

仆人对这一带不熟悉，无意间爬到了人迹罕至的险峻山顶，发现一只被土埋住一半的铁船，里面堆满了钱币，钱币上有的没字，有的赫然写着"诸葛之宝"。仆人顾不上打柴，取了数箩筐钱币下山。仆人刚离开山顶，就传来一声巨响，只见埋着铁船的这座山与旁边的山合在了一起，铁船也消失得无影无踪。

赵雪岩一行人继续沿江前进一两日，途中见岸边人头攒动，热闹非凡。于是他们停船打探为何聚集了这么多人，原来是附近的居民要建铸诸葛亮的铜像，正在募捐需要的铜。

赵雪岩十分惊讶，赶忙把仆人带回来的铜钱都施舍了出去，最终孔明像顺利铸成。

诸葛枕

裕民坊一个百姓家打井挖出一个陶制的枕头，上面贴着一张符，符下面有"驱疟"两个篆字。传说是三国时候诸葛孔明所制，得了疟疾的人只要枕着它睡一觉就好了。

挖到这个枕头的人家老实善良，经常借给周围街坊邻居们用。有一次一个邻居借走枕头后藏了起来，不肯归还。虽然主人家把邻居告到了官府，但最后也没拿回来。

历数

荆川先生唐顺之的历法推算学问是刑部尚书顾应祥（号箬溪）传授的，他的推算之灵验得到了钦天监台官周东皋的验证。

唐顺之经常说："我知道历法的原理，也知道推算岁时节候的方法，这是我和普通读书人的不同之处。我知道不变的原理，也知道变动的法则，这是我和专门的历法官员不同的地方。"他所写的《勾股测望论》《勾股容方圆论》《弧矢论》《分法论》《六分论》等著作，都把道理表述得明白透彻。

周东皋说，当朝官员里有历法推算能力的人，赵贞吉是一个，可他用不了算盘。唐顺之是打算盘的能手，可惜还没能到最高水平，如果真要到了最高水平，那就相当于唐代的僧一行、元代的郭守敬这类人物。

周东皋名叫周相，曾任顺天府丞并执掌钦天监，他的孙子是万历二十三年（1595）的进士周元。

《欣慕编》

陈凤（号玉泉）撰写了《欣慕编》，记载了某一段时期的名士逸闻。

盛时泰在苍润轩里刻印成书，给河南布政司参议谢少南（字与槐）寄了一本。

谢少南写信回复盛时泰，内容是："在《欣慕编》里，像王徽王辣斋的风骨情操、梅纯梅损斋的学识渊博、李熙李饮虹的犯颜直谏、金琮金赤松的妙笔生花这样的人物，似乎不应该缺少。你与玉泉距离不远，不如你私下去跟他说这些不足，怎么样？"

我们读了谢少南这封信，就可以知道《欣慕编》里存在的遗憾了。

存本

尚书王以旂（号石冈）还是秀才的时候，家里只有三间小屋子。后来他当了大官，便把三间小屋迁移到自己的园子里，不加刷涂修饰，题名为"存本堂"，意为提醒自己不能忘了自己的出身和根本。

识诚意伯

诚意伯刘世延是开国元勋刘基的第十一世孙，他在童年时期就继承了爵位。王石冈只见过他一面，就告诫自己的儿子们："这个人以后你们少和他来往，他一看就是惹是生非的人，不会有什么好下场的。"

后来，刘世延多次让自己陷入危险之中，最终死于刑部大狱里。王石冈的话算是应验了。

识人

吴交石对周金（号约庵）、李远庵对郑晓（号淡泉）、顾璘对张居正（号太岳），都是在童年时期就看出他们未来的成就不可限量，而且会成为一代名臣，真可谓慧眼独具。

秀才气味

寒冬腊月时，谢与槐、张秋渠、陈玉泉三个人一起围着火炉聊天。

陈玉泉不小心露出了棉布套裤。谢与槐嘲笑他道："瞧你这穷模样。"于是大家相约一起露出套裤，谢与槐是绒毛裤，张秋渠是绫纱裤。

陈玉泉笑着说："也一样留存着穷秀才的酸味。"

陈烈妇拒母

陈伯的妻子是秀才黄心源的女儿，她是个重义守节的女子。

她十八岁时嫁给陈伯，出嫁还不到三个月父亲就病逝了，母亲把自己想改嫁的想法告诉了她。她苦口婆心地劝阻母亲说："女人如果不幸死了丈夫，只有坚守贞操和死两种选择，绝不可以改嫁。"

母亲笑着对她说："你还年轻，对世间的人情世理还不太理解。"她没有接受女儿的意见，遵从自己的想法改嫁了。

有一天，母亲想念女儿，专程来探望她。可是她却关起门，无论如何不肯相见，还对母亲说："既然你已经改嫁给别人，就不是我妈了。"她丈夫和公婆都劝她见见母亲，但她死活不肯开门。她母亲只好羞愧地走了。

后来，陈伯患了重病，病入膏肓之时，对她说："我这病恐怕是活不久了。我俩既没有留下一儿半女，也没多少钱财，我死以后，希望你能尽快嫁个好人家，要点钱再安葬我。"她说："我已经打定主意了，要死我们就一起死，我绝不会独自活下去。"

过了几天，陈伯病得越来越厉害，眼看不行了，她就到厨房烧水，给陈伯洗澡后，自己摔碎瓷碗，拿着碎瓷片要割脖子自杀。但她割了半天，发现瓷片不够锋利，便拿起菜刀继续割，在丈夫去世之前就死掉了。她死时只有二十一岁。

唉，真是个贞烈女子！与这件事相比，之前她拒绝见母亲的事也算不上太过分了。

查验这件事的司城张起凤着实叹息良久，带领自己的下属写文章祭奠她。这是发生在隆庆五年（1571）夏日五月的事。

处盗

周宾（春庵）是一位大夫。一个寒冷的夜晚，他发现小偷进了家里，就叫家人抓住，先打了十板子惩戒，打完后又送了二百文钱资助小偷。

第二天，他把事情告诉了朋友，朋友问他："这人得了什么病啊？你怎么既用人参给他进补，又用大黄给他泻火？"

顾愚逸是东桥先生顾璘的父亲，除夕夜看见小偷藏在厨房，便把小偷叫出来，把家里的鱼和肉分给他一些，又送了五百文钱给他，规劝他改行，就放走了。

一年后，这个小偷再次经过他家门前，发现门口有一个上吊自杀的人，就悄悄地把尸体转移了。第二天，小偷置办了礼物上门，向顾家人陈述了事情的经过，说完就马上跑走了。

神龟呈露

詹事府少詹事邹济（字汝舟，号颐庵）在诗集里写道：

> 永乐二年（1404）十月，我在幕府山南坡的荒野之中，寻访到一块碑石，尺寸合适。不久后，我到龙潭山脚下，开始砍劈石头，寻找合适的碑座。不多一会儿，出现了一只神异的乌龟，昂着头，摇着尾，龟甲上青黑色的纹理、形态和质地浑然天成，并非人工削磨雕琢而成。我就在乌龟身下找到了合适的碑座材料，刚好与碑石很相称。

更择何等婿

中山王徐达的继室夫人谢氏生了四个女儿。长女是成祖朱棣的结发妻子——仁孝文皇后。次女是代王朱桂的安王妃。三女儿还没有出嫁。

永乐五年（1407）仁孝文皇后在南京去世，朱棣告诉谢夫人："朕想娶夫人的三女儿，承续皇后之位。"谢夫人回话说："臣妾的女儿配不上皇帝。"朱棣说："夫人的女儿不嫁给朕，还能找到什么样的女婿呢？"

谢夫人的三女儿果然不敢嫁给任何人，信佛出家为尼。凤台门外的王姑庵就是她修行的地方。那座庵后有一种奇特的竹子，又硬又直，最适合做成手杖。

二宗室

景泰五年（1454），齐庶人朱贤㷆的宗室被迁居到南京。朝廷诏令南京守备参赞负责防守监护，不允许他与其他亲王来往勾结。

刚开始来南京的只有朱贤㷆等三个人，如今留下来的三支后裔都特别兴旺。

景泰五年，谷王后裔"谷庶人"朱赋焨一家与朱贤㷆一同从庐州迁来南京，来的时候有七个人，后来就断绝子嗣了。

洪武二十六年（1393），梁国公蓝玉以谋反罪被诛杀，其族人蓝景昌被赐给齐王为奴，世代混迹于宗室府中。如今宗室府里有姓蓝的人就是蓝景昌的后人。我曾见过他们的相貌，长得十分高大。

异镜

驯象门外有个退役的士兵耕田时得到一面镜子，能照出地里掩埋的东西。

他拿着镜子去挖坟掘墓，挖出很多值钱的东西。后来事发他被抓走，镜子也被官府没收，存放在应天府的仓库里。

大中桥有个姓陈的，不记得叫什么名字了，他新买了一处宅院，修理院墙时，在墙里得到一个木匣子。匣子里放着一枚长柄小镜子，他拿起来对着自己的脸照了一下，马上就觉得头疼欲裂。他又让周围邻居都照，没有一个人不头疼的。他害怕镜子是邪恶之物，就将它砸碎了。

驸马提学

太祖皇帝朱元璋的次女宁国公主嫁给了梅殷，太祖皇帝最喜欢梅殷这个驸马。

洪武十九年（1386），太祖皇帝钦命梅殷担任山东学政，兼理地方事务。他做出的政绩让皇帝非常满意。这份任命书现在仍收藏在梅殷家里。

占城议

张琮，字廷献，号惕庵，弘治三年（1490）中了进士，他的官职一直做到礼部郎中。

弘治十八年（1505）六月，孝宗皇帝朱祐樘驾崩，恰逢占城国国王派使节王孙沙不登古鲁等人来向我朝宗主国请求册封，并请求朝廷派大臣前往占城，传达诰命。

册封外邦藩王需要给事中派人，可是占城国在海外，人人都畏惧路途遥远，不愿意去。六科给事中的人不断上书建议取消行程，礼部尚书不知道该怎么办。

张琮说："册封藩王必须派人宣读诰命，如果只是通知册封，却不派人宣读圣谕，就破坏了礼仪规制。既然要讲礼仪，占城国老国王去世，继位者应该先报丧，再请册封，否则，诰命该册封谁呢？他们没有主动报丧，是他们失礼在先，我们要以此斥责他们。如此一来，就算不派人去占城国，朝廷的威仪也能维护了。"

最后，就按张琮说的办了。

箕仙诗句

我的一个朋友拿簸箕盛米施行巫术请神。果真有神仙降临，用筷子写字说自己是岳飞（谥号武穆）。

朋友就问岳将军恨不恨秦桧？神仙又动筷子写了一首诗，中间一联写道："出师未捷班师急，相国翻为敌国谋。"这语气果然像是岳武穆说的话。

神楼

神楼乃是工部尚书刘麟刘南垣为修炼专门制作的。

神楼用竹篾编制，就像东晋陶渊明的竹轿子一样，悬挂在房梁上，人只能蜷缩着躺在里面上升或者下降，升降的机关掌握在使用者手里，不用依赖他人。

画家文徵明把神楼画成图，很多诗人写诗咏叹神楼，但所有诗画都无法准确地传达神楼的精髓。

讲书

海瑞巡视府县学宫，拜谒孔圣人后，请州府的长官坐在学府大殿明伦堂左边，县官、学官坐在明伦堂右边。

海瑞让一些学生讲书，只讲《孟子》的"其为气也，至大至刚，以直养而无害，则塞于天地之间；其为气也，配义与道，无是馁也"这两节。

海瑞这个做法与现行的惯例迥然不同，实在不是庸官俗吏能干出来的。

曾子固

澹园先生焦竑说："曾巩曾子固的墓志记载，他是在江宁府去世，难道他就葬在这里吗？"

顾孝直说，成化年间（1465—1487），我的高祖、后来被追封为尚书的顾诚为始祖布衣处士顾海在樊家山挑选墓地。墓穴位置定了后，出殡的日子也定下来了。晚上，他梦见一个穿着红衣、手持象牙笏板的人说："这是我的旧居，能避让出五尺吗？"于是，我的高祖顾诚就把墓穴挖到原定位置往下一丈左右的地方。风水师坚持劝说，但他不听。下葬以后，高祖父又梦见那人来感谢说："你没有破坏我的安居之处，非常好，你的大恩大德，无以为报，我就转世投生到你家，以此让你家族兴盛。我是宋朝的曾巩曾子固。"又过了一年，我父亲的伯父、刑部尚书顾璘先生就出生了。

这是李广文元江蕃说的，李家世代居住在墓园所在之地，这么说各方面应该都是有根据的。

义激裂脑

明成祖朱棣杀了缑城先生方孝孺，命令身边人吃他的肉，每吃一块肉，就赏一两银子。

有位小官员的下人吃了肉拿了银子，回家后跟主人说起此事。小官员一听，声色俱厉地冲着下人大吼一声，下人的脑仁被吓裂，当场死了。

这个小官员真是大义凛然的人物，可惜不知道他的姓名。

这个故事是我的同乡顾孝直讲的。

三丰蓑笠

武当真人张三丰给岐阳王李文忠留下一件蓑衣和斗笠，对他说："你家不出千日，有大难临头，断粮缺水，危难之时，你可以披着蓑衣，戴着斗笠，绕着院子叫我的名字。"

两年以后，皇帝朱元璋兴起大狱，李文忠全家被囚禁在府中，中断粮食供应，家里的粮仓眼看就要见底了。他拿出蓑衣和斗笠，按照张三丰说的方法去做，不多一会儿，前院和后园的花圃里，甚至很多空地都长出了谷米，没过几天就都熟了。由此，李家人才不至于饿死。等谷米快吃尽的时候，朝廷开始商讨供应粮米的事。李文忠再拿出蓑衣和斗笠呼唤张三丰，却不再生谷米了。

此外，如果有人生病，取蓑衣上的棕毛煮汤服用，病就会马上好起来。东厂一个太监得了痢疾，强行把蓑衣从李文忠家里要去，也取棕毛煮汤服用。可是他的痢疾却越来越厉害，最后不治而死。

这件蓑衣和斗笠后来就一直留在皇宫里了。

梦李太白

陈鹤是浙江山阴人，号海樵。一次他去游览金陵，便去拜访了刑部尚书顾东桥。

东桥先生正好前一天梦见李太白来访，第二天见到投递的诗稿竟然是山人陈鹤写的。东桥先生想起前一天的梦，觉得梦境就是预示陈鹤像李太白一样有才华，于是四处夸赞他，陈鹤的诗一下子就声名鹊起。

布鞋

李远庵在官职上很清廉，除了日常的俸禄以外，老百姓的一分一毫也不贪占。即使是他的学生和常年跟随的老下属，也没人敢给他送一件东西。

刑部尚书郑晓（号淡泉）是李远庵的得意门生，他以老师为榜样，两袖清风。他虽然在南京当官多年，可一年到头也只是能勉强御寒温饱而已。

有一天，郑晓到老师家里陪坐了很久。他袖子里揣着一双布鞋，却一直犹豫不敢拿出来。李远庵看见了，就问他袖子里是什么？

郑晓说："是今天早晨我的妻子亲手缝制的一双布鞋，想送给老师您。"

李远庵听了，二话没说就把鞋拿过去穿上了。他生平接受别人的东西，仅此一双布鞋。

思屯乾道人

万镃，字乘时，号与石。他家里贫困，只能靠教小孩读书和拆字算命过日子。

隆庆四年（1570），万镃四肢患病，要用布条把胳膊缠挂在脖子上，左手拄着拐杖才能走路。虽然看了很多医生，也吃了很多药，但不见效果。

一晃到了十一月二十一日，凌晨，他要去普德寺，就叫了一辆车拉着自己去。事情办完后，出了庙，他下车去方便，看见一位道人从对面的山上径直走下来，远远叫他老头。

万镃想，你一个穿着破烂的人，以前从未见过面，现在要来向我乞讨，却怎么如此不尊重我？所以就故意装作没听见。

道人边走边问万镃他这身体是怎么回事。眼看道士渐渐走近了，万镃才说：“是我命不好，得了身体偏枯的疾病，就成这样了。”

道士严厉地说：“什么是偏枯？所谓偏枯，是一棵树的繁茂和枯萎各半，这样的树只能归为火属，而不能当成木属。人怎么会这样呢？”

道士又问他：“你这病是什么时候得的？”

万镃说：“今年七月二十一。”

道士说：“这属于密云不雨。阴寒之气上升，生发之气下降，正当阴阳交泰，互相感应，化育产生万物。当时如果春夏有雷，秋冬有风，就无法完成。你年轻时富足，现在过得艰难，怨气郁积于肝脏，以至于生火。就像雷霆击中了阴阳二气交合时产生的气旋，导致阴阳无法交合。因此火不生土，土就会焦，土不生金，金就会熔化，金不能克火，反而被火克了。子孙无法让你满意，导致你的血气不顺，淤积在脉络里，所以生了这病，难道不是密云不雨的景象吗？”

万镃问道人的道号，道人说：“思屯。”又问他姓，他说：“姓乾。”

万镃说：“思屯是什么意思？”

道人说：“屯卦为难，代表阴阳初生万物，而无比艰难。思屯，就是经常自己为人世艰难而殚精竭虑。古代圣人排列《易经》卦象，第一是乾坤，第二是屯蒙，各有其大义。乾坤之后为什么不是震巽，而是屯蒙呢？因为这是朝廷定君臣尊卑的位置啊。帝王位只传给他的子孙。蒙是启蒙，就是老师和学生。师生关系确定之后，才有教导和告诫，夫妻、父子、兄弟、君臣和朋友这些关系明确后，人与人之间才不再相互屠杀。”

万镃又问：“出家人成仙得道，就像读书人及第登科。怎么还会有艰难让你忧心呢？”

道人说：“读书人科举考试被录取的确不容易，但出家人成仙得道，则更为艰难。而我的焦虑，正在于人生应该有顺应天道，寿终正寝，而不应遭受灾祸而死。像遭遇天灾地变、乱世凶年、兵荒马乱、打家劫舍，都是不应该有的。我每次遇到这些，就立刻设法躲开，所以才取道号为思屯。你知道屯的本意吗？阴阳之气刚刚交接，还没有通畅，叫作屯；万物刚刚萌生发芽，还没有舒展，叫作屯；人生艰难，没有安定平和，也叫作屯。如今你是肝火太旺才导致生病，就是人的屯啊。"

说完，道人又大喊一声："老头，到桥上走一趟。"

万镃拄着拐杖，不知不觉就跟道长走出了寺院。此时太阳刚刚出来，只见道人站在桥上，面对着太阳站立，嘴里喃喃自语，却没有声音。

过了一会儿，道长又问万镃："你不是江西人，怎么会测字呢？另外，你既然测字，应该精通《易经》，可是你连屯字的意思也不明白，那你是怎么测字的？"

万镃说："我只是略懂小气运罢了。"

道长说："气运哪有小的？你千万不要贪恋别人一点钱财，因为钱而算命，这是不平之念。伏羲演绎先天八卦，什么时候向别人要过钱？上天让龙马背负河图，献给伏羲，难道是爱人的钱财吗？演算后天八卦的周文王、周公和注解《易经》的孔子，什么时候爱过别人的钱？"

说完道人又喊："老头，你再往前走走。"

万镃说自己走不动了，道人就扶住他，强行拉着他往前走。两人沿着桥到了雨花台下，靠着树坐下来。道长用手隔着衣服按压万镃的腰和胳膊，问："有酸的感觉吗？"

万镃说："没有。"

道人又缓缓按到他的大腿问："这里酸吗？"

万镃说："酸得很。"

道人说："这里是环跳穴，你既然还能感觉到酸，那以后就用不着拐杖了。"他又看到万镒手臂挂着布条，就把手伸到万镒衣服里，上上下下摸了几下说："幸好你是个瘦子，还可以痊愈。你的五脏里全是火毒，不需要用药，只有武夷山的茶叶可以解毒。用茶树朝着东南方向长的茶叶效果最好，采来之后用山涧的泉水煮，茶叶会竖起来；如果用井水煮，茶叶就是平躺着。"

这时万镒才明白了道长的好意，赶紧问："刚才怠慢了先生，不知道先生在哪里住？"

道长说："清元观。如果你来找我，就说找思屯乾道人。"

万镒又和他聊了好一会儿，这时车夫来催促，于是沿着来路，找到马车，乘车回去了。

回到家几天后，万镒忽然发现自己不用绑着胳膊走路了，赶紧沿着桌子走，竟然顺利地走到了门外。他的朋友毛俦看见了大吃一惊，问他怎么回事。万镒把遇见道人的事情告诉他。毛俦说："你这是遇到神仙了，思，就是丝，丝加屯，就是纯字。乾，就是阳的意思。你遇见的是纯阳祖师吕洞宾啊。"

后来，两人一起去到清元观，看到堂上供着吕祖的神像，两人在神像前拜谢后才离开。

盛仲交写过《与石老人遇吕祖》的记录。

画壁法被

灵谷寺遭火灾后，里面还留有三堵吴伟的壁画墙。严嵩（号介溪）写诗说："回廊古壁留名画，坠叶泠风助梵音。"说的就是吴伟的画。这些画如今已经不在了。姚涑（字元白）曾经临摹了三幅收藏在家里。

灵谷寺还存有高僧宝志禅师留下的法被，四面绣着二十四诸天神像，正中绣着三十三天、昆仑山和香水海，长和宽都是一丈二尺，是南齐、南梁时期的真东西。

神示郭字

马汝骥、潘鹄和同窗好友等六人在城隍庙祈求托梦预示命运。

城隍爷命令判官带两人上殿，对他俩说："你俩功名全在一亨。"又让小鬼把蒲包挂在两人的右耳上。两人从梦中惊醒，说起梦境，竟然一模一样。

嘉靖二十五年（1546）科举考试，郭朴是主考官，录取了潘鹄。

嘉靖三十一年（1552）科举考试，郭盘是主考官，录取了马汝骥。

因而才想到"一亨"，本是"亨"字，把蒲包挂在耳朵上，就是长耳朵，二者结合就是"郭"字。

牛首山吼

盛仲交写的《牛首志》记录有"山吼"的传说。我每次游牛首山都会找寻一个老和尚，与他焚香煮茶，谈论因果报应，闲聊山间野事。

舍利塔有位叫明寿的老和尚，号万延，在弘觉寺出家已经六十多年。他曾经对我说："正德十五年（1520）七月初三，正德皇帝朱厚照的銮驾停驻在牛首山西峰的祠堂里。有人说，江彬心怀不轨，所以山神在夜晚吼叫不止，这事其实是以讹传讹。当时跟随皇帝的有好几千人，寺庙所有的僧房全都占满，几乎连站的地方都没有。我的师兄明智就睡在舍利塔殿的台阶上。梦里翻身，一下子掉到地上，忍不住大叫起来，惊动了军队，一整夜传声呼喊不停。江彬把住持和明智师兄抓进城，想治他们惊驾之罪。全依仗参赞乔宇等大人权宜说是山神吼，以此震动军心，住持和明智师兄才得以免去罪责。江彬是不是有不轨谋逆之心，无法凭空臆断，但他不在城中谋反，却谋于一座空山之中，这不合常理，难道他有什么依仗吗？所以一定不是。虽然山神夜吼这种传说给这座山和庙增添了神秘的氛围，但老衲我之所以不附和众人深信不疑的说法，是因为亲身经历了这件事，哪能撒谎说是山神呢？"

这话说得朴实可信，足以解开大家心里的疑惑了。

疏复漕运

倪岳曾上疏朝廷请求恢复漕运，以满足军粮运输的需求，减轻百姓的劳役之苦。大致意见如下：

如今陕西的军需都是由山西和河南供给。供需双方所在地都临近黄河，虽然其中有三门峡、析津和龙门的天险，但以前汉唐时期的军粮饷银也都是通过黄河运输。即便是现在，运盐的船和木筏往来通行也没有任何阻碍。

按照户部的统计，现在山西的粮食都要运到陕西北部的榆林、山西北部的保德各州县的粮仓储存。河南的粮食都要运到陕西潼关和河南的陕州多个粮仓储存。这些地方的州县都临近黄河，可以通船运，沿着以前的河道和水路运输，可以避免现在陆地运输的各种弊端。论公论私，利益都不可计数。

况且如今的河道从潼关往北挖几十里，就连通了渭河，可以通向陕西西部及凤翔、陇西等地。渭河往西几千里连通洛河，可通向延安及北部地区，最远可以抵达北方边塞的城堡。渭河向西三百多里，连通泾河，可以通向泾阳河，再通达甘肃庆阳。在龙门上游，以前有小河可以通向榆林，倘若加以修缮疏通，行船没有任何问题。

现在应当派遣水利部门的官员，表明必然要实行的态度，测量地形，查找考证古代的水路。看哪些地方为了避险可以转陆运；哪些地方可以建立粮仓，用以转运；哪些地方可以造船装运。淤塞之处，全部疏导清理。水运最重要的事就是疏通，不能畏惧一时的劳苦，就丧失长久的利益。如果这样实施了，不仅河南、山西和陕西三地的军粮问题可以得到解决，其他任何地方的粮也都可以送到了。

识贲字去官

姚湘年轻的时候考举人没考上，只能通过捐粟进入太学。后来被选去河间卫担任执掌文书。巡按李名是进士出身，他点名时把"王贲"叫成了"王贲"，叫王贲的秀才不应答。

姚湘站出来对李巡按说："贲字的读音是'焚'，是唐朝那个'刘贲下第'的'贲'。"巡按于是就按这个音再点名，秀才果然答应了。李巡按说："这个文书不错，竟然认识'贲'字。"

因为这件事，巡按把姚湘革职了。

姚湘认识"贲"字而炫耀自己懂得多，李巡按不认识"贲"字而恼羞成怒，两个人犯的错都差不多。

五大部文章

太守李载贽，字宏甫，号卓吾，是福建泉州人。

他在南京任刑部员外郎和郎中时就经常发表一些奇谈怪论，不过还没有任何过于怪异的癖好。他经常对人说："古往今来只有五大部文章，汉朝有司马迁的《史记》，唐朝有《杜甫集》，宋朝有《苏东坡集》，元朝有施耐庵的《水浒传》，明朝有《李梦阳集》。"

我说弇州山人王世贞的四部书稿比起李梦阳的更为博大精深，卓吾说："弇州山人王世贞的四部书稿不如李梦阳的奇特。"

雅谑

我的朋友沈生予说，张居正管理六科给事中与都察院十三道监察御史衙门时，两衙门的官员讲话都十分谨慎，不敢说一点和正统思想不同的言论。

一些读书人为此编了一个戏谑的段子：

两衙门缺少官员，文选郎中向张居正请示再选些官员。张居正说，两衙门的官员最难选，就算是孔子门下四科弟子里的十哲，也未必人人都合适。

文选郎中问："德行操守像颜回的人怎么样？"

张居正说："颜回啊，他对于我说的话没有不心悦诚服的（语出《论语》）。这样的人不能用。"

郎中又问："做文章学问水平如子夏的人怎么样？"

张居正说："子夏听到圣人讲学觉得开心，出门看见花花世界也觉得开心（语出《史记》）。这样的人不能用。"

郎中又问："精通政事事务像冉求的人怎么样？"

张居正说："冉求啊，不是不喜欢夫子的学说，是能力不够啊（语出《论语》）。这样的人还是能不用。"

郎中又说："可如果处理政治事务像子路，这样的人又要担心他好勇斗狠啊。"

张居正说："孔子拜见南子，子路为此不高兴（语出《论语》）。这样的人完全没问题，可以用啊。"

文选郎中只好唯唯诺诺退了出去。

这可以说是读书人的雅段子，不知道当时两衙门的人有没有听过？

张江陵对句

东桥先生顾璘驻守湖北时，才十来岁的张居正来参加童生考试。

东桥问："小孩子能对对联吗？"接着就出上联道："雏鹤学飞，万里风云从此始。"

张居正马上对出下联："潜龙奋起，九天雷雨及时来。"

东桥先生听了特别开心，解下腰间的金带送给张居正说："你以后一定比我有出息啊。"

🐚 失金杯

武曷武橙墩家里富裕，他热爱学习，且极为好客。他家里有个姓苏的爱妾善于持家。

有一天，武橙墩在家里设宴招待客人，席间丢了一个金杯，用人们互相埋怨，到处寻找，现场乱纷纷的。苏氏知道了，就哄骗用人们说："金杯是我收起来了，不用再找了。"

等到客人们都离开，苏氏才对武橙墩说："杯子已经丢了，肯定找不回来了。老爷你平常仗义疏财，古道热肠，怎么能因为一个杯子让满堂贵客心里不舒服呢？"武橙墩非常赞同她的做法。

最近，也有一位国子监的监生在家里宴客时丢了东西，于是在客人们身上搜寻了好几遍。国子监监生的这种做法与苏氏的做法对比，真该羞愧至死了。

🐚 黄鹤楼知己

休翁先生沈钟在湖南任督学时，指着黄鹤楼笑着说："这是我的知己啊。"

读书人纷纷把这件事当作佳话四处传播。

空中鬼斗

周蒙泉县令和沈颐贞举人是邻居，两人都住在北门桥。

周县令的妻子有一次睡觉梦见两个鬼在空中打架，打赢的鬼落在了沈家，打输的鬼落在了自己家。第二天，两家各生了一个儿子，只是时辰先后不同。

周家的孩子叫周应魁，继承了千户职位。沈家的孩子叫沈凤翔，中了万历二十年（1592）的进士，官职一直升到给事中。

即使是鬼，学武的也打不过学文的，何况在人间谋事呢？

东桥见王梦泽

东桥先生顾璘在湖北当巡抚时，去到黄冈想见诗人王廷陈（号梦泽），就对当地知府提出这个要求。可知府却说："王廷陈是戴罪革职的人，不论是本市本县人，还是外地过客，都一律不准与他见面。"

东桥知道知府是那种庸碌无为的官员，不想再跟他多说，只是嘱咐通判"我一定要见王梦泽，不要听知府的"。

通判打听到，经常跟王廷陈一起游乐的有两个人，一个擅长唱歌，另一个喜欢踢足球，就把他们叫来，对他们说："抚台大人要见王乡官，你们俩想办法让他们见面，如果成功的话有赏，可要是不成功，你们就等着受惩罚吧。"两个人就带着任务走了。

待王梦泽出门游园，他的那两个朋友赶紧把消息传给通判。接到通判的报告后，东桥先生让人守在门口，自己进入园子。王梦泽见到东桥先生进了园子，刚想离开，可是与他同游的两个朋友，一个拽左边，一个拉右边，把东桥先生的意图告诉了他。

王梦泽被他们拽住脱不了身，东桥先生这才有机会与他相见。

✍ 高风

甘泉先生湛若水和渭厓先生霍韬一起在金陵担任尚书。府学训导邓德昌，字顺之，广东顺德人，是两位先生经常来往的朋友。他们交往只论年龄，不论官职。在路上遇见了，邓德昌也不需要回避，甚至骑着自己的驴与两位先生的车驾并行。

后来，邓德昌在府学的职位上去世了，两位先生以朋友的身份，穿戴丧服，筹办了他的丧事，金陵城的文武官员都来吊丧。甘泉先生和渭厓先生如此高风亮节，就像是古代有德行之士。这三位先生的品德都是如今的人无法企及的。

✍ 两次还金

有个叫何岳的秀才，号畏斋。他曾在走夜路时捡到二百多两白银，回家后却不敢给家里人说，担心家人劝自己把银子留下。

第二天早上，他带着银子到捡到的地方。见有一个人正在找东西，他详细问了对方丢失的银子的数量和封口标识，回答都非常吻合，于是就把银子还给了失主。失主想分一些银子酬谢他。他说："我捡了银子，只要不告诉任何人就都是我的，又怎么会贪图这些酬谢的钱呢？"他坚决不收，失主只好千恩万谢走了。

后来，何岳在一个宦官家里任教。宦官有事回京师，把一个箱子寄放在他这里，里面装着几百两金子。宦官对他说："等以后再来拿走。"想不到宦官一走多年，毫无音讯。

有一次，何岳听说宦官的侄儿因其他的事来南京了，何岳便带着箱子找到他，托他把箱子给宦官带回去。

何岳本是一个穷秀才，捡到银子归还失主尚可以理解，但面对寄放在他这儿很多年的金子，却毫不起贪占之心，这绝非常人所能做到的。

何岳就是观察使何矩所的曾祖父。

双芝轩

天界寺有位僧人圆慧，号秀峰。万历四年（1576），天界寺里忽然长出两朵灵芝，秀峰欣喜地把这当成文采光明的预兆，就以"双芝"来命名自己的居所，并邀请盛仲交、盛伯年父子来家里读书，以应和祥瑞。当时，盛家父子是南京文化圈里名气最大的。

八月结束，科考榜单即将揭晓。放榜前一天，盛仲交带着酒来到"双芝轩"里静待消息。

下午三四时，有何公露、何仲雅兄弟俩敲门进来，盛仲交立即赋诗一首："街鼓喧阗榜欲开，敲门何事有人来。韦颧自是科名客，何必鸮鸣混俗猜。"

第二天天亮后，科举放榜。何公露、何昆玉两人都上榜高中。何公露的大名叫湛之，何仲雅的大名叫淳之。盛仲交的诗中有两个何字，"二芝"

寓意两个"之"字，简直就是鬼神泄露了天机，才能如此神秘巧合。

𝔰《正杨》

封部黄蛰南说："要论本朝学问最渊博、著作最多，没有人能超过杨慎杨用修。他提起笔写书，据实书写自己的所见所闻，绝不会专门去翻书查证，难免会有笔误之处。而与我同年中进士的陈晦伯所写的《正杨》一书，就是针对杨慎著作里引用的部分做了考核和证实，即便所订正的全都恰当，也已经落了下乘。"

𝔰《采石吊太白》

黄蛰南说："与我同年中进士的宗子相诗集里，有《采石吊太白》等七言诗十首，为压卷之作。十首里面用'月'字的有'忆君乘月下金陵''千帆明月大江涛''醉来江底抱明月''独留明月照江南''明月窥人恐是君''可怜一片寒江月'。为什么要重复出现这么多呢？还不如少写几首，少用几个'月'字，这样也可以闻名于世。"

𝔰世宗记注二臣

东桥先生顾璘给罗凤写信，内容大致是：

我从皇帝那里接受了为他修建陵墓的命令。之前我在湖广布政使司，只是做了一些力所能及的小事，谈不上什么功劳，不知道为什么竟然被皇帝知晓并记挂，我真是深感意外。皇帝对朝堂上的诸位大臣说："顾璘在湖北任职，办事尽心尽力，是能干大事的人，我就把修陵这样的大事交给他了。"

　　夏言说："我已经把这个事情吩咐下去了。"

　　皇帝说："得快点让他回来做这件事情才好。"

　　有人就说："他正在回京的路上，也许在半道上就可以碰到他。"

　　严嵩说："顾璘是南京人，估计是走的水路。"

　　皇帝说："把我让他干这事的原因说给他听，他肯定会来的。"

　　夏言说："吏部有个官缺还得让他顶呢。"

　　皇帝说："从工部左侍郎升吏部右侍郎，这虽然说是升职，但是形同降级了，他肯定不乐意，你说的那个吏部的官缺先缺着吧。"

　　在我还没有到达北京之前，皇帝又追问了好多次，其他人都很惊惶。等我刚到宜城，皇帝就通知大家说："顾璘到了。"

　　按照惯例，修建皇陵还需要配置一个礼部侍郎一起监工。昨日有人把这个问题上奏，皇帝却说："不用再派了，再多个管事的，职能就分散了。"

　　先前皇帝已经下过命令，让内阁不要用工部侍郎的官衔来称呼我，是担心我有想法。可是大家已经说不以侍郎称呼我，是皇帝的特殊恩宠和关照。顾璘不才，怎么承受得了这种关怀？所以这事情虽然责任重大，任务艰巨，地方偏远，但为了报答皇帝，我也万万不敢推辞。我是仗着我俩感情深厚，才敢对你说这些事情，最好还是不要让别人知道。

另外，俭庵公梁材昨天出发时，本想在你家等你，却因为路程远、时间紧不得不作罢。

关于梁材，皇上对大臣们说："梁材这个人执法十分严格，虽然不是太懂得变通，但遵守和维护律令，他这个人没有任何问题。"大家都说："梁材被召回京城任职的日子不会太久。"

读了东桥先生这封信，我们可以看出皇帝朱厚熜对这两位大臣的关怀之心。

志公谶

何良俊（字元朗）在《四友斋丛说》解析宝志禅师的谶语说："锡杖上挂着尺子，寓意为梁。挂拂尘，寓意为陈。挂剪刀，寓意为齐。挂镜子，寓意为大明。"

宝志禅师的预言非常明了，说法也很精确，但南北朝之后，还有隋、唐、宋、元，为何不在一个预言里说完整呢？

宝志禅师生于金陵野外的一个老鹰巢穴里，金陵东阳一个姓朱的农民架着梯子爬到树上把他救下来，把他当成亲儿子一样养大。

禅师去世后被安葬在钟山独龙阜，可太祖皇帝朱元璋为了独占此处风水，便将他的陵墓迁到别处另葬。这更是一大谶语，宝志公真是神僧啊！

死为神

陈钦，字谅之，他的官职做到广东提学副使时，在任上就去世了，死后当了广东的城隍爷。

周珊，字蒙泉，担任永定县的知县，在任上就去世了，死后当了永定的城隍爷。

隐士金鱼能写出和赵孟頫一样的字，他死后当了判官。

御史迎举人

嘉靖七年（1528），张廷献担任右都御史，执掌南都察院。他的儿子张恕正好中了乡试榜一百二十名。都察院下属十三道监察御史所有官员竟然都备办了鼓乐和彩旗迎接张恕，盛况空前。

兵书捷报

正德六年（1511），王以旂（号石冈）考中了杨慎状元榜的进士，他的同乡王敞（号竹堂）当时在担任兵部尚书。

皇榜揭晓的那天，王竹堂五更上早朝经过王石冈的住处，就叫开他家的门，对用人说："你家相公已经高中进士，我是第一个来报喜的，你家相公的官只做兵部尚书算了。"

后来，王石冈果然官至兵部尚书。

这个故事是王凤塘讲的。

🐚 薝卜花

白云寺在凤台门外临近牛首山的地方，它还有个名字叫永宁寺。

弘治时期（1488—1505）的司礼监太监、南京守备郑强的墓葬旁边有许多名花异草，其中有一丛薝卜花是三宝太监郑和下西洋带回来的，中国没有这个品种。

我曾见它开过三次花，它的花瓣像荷花，但稍显瘦小，外面是紫色，里面是淡黄色，和佛经里提到的金色薝卜花相同。靠近花蕊嗅，能闻到一股辛辣刺鼻的味道，离远一点闻，则有一种微微的清香。

杨慎和胡应麟都说薝卜花就是栀子花，其实并不是。栀子花的花瓣很俗气，颜色非常白，香味也非常浓烈，品性很低贱，到处都能生长开花。要是把栀子花当成薝卜花，恐怕栀子花自己都不敢当。看来杨慎和胡应麟两位先生的确没见过薝卜花。

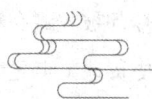

第二卷

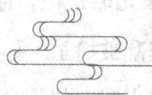

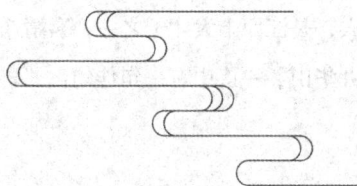

《二京赋》

御史余光，号古峰，著有《二京赋》，嘉靖十五年（1536）的时候已经敬呈给皇帝朱厚熜。朱厚熜下旨把《二京赋》送入翰林院史馆，赏给余光一千贯银两。

大城山樵盛时泰赏析道："班固在刘汉衰落时，尚且以《两都赋》享有盛名；左思在列国纷争之时，仍凭借《三都赋》名震天下。如今国泰民安，日新月异，君主传承有序，累世圣明有德，天下升平昌盛，亘古未见。怎么能让过去的书生一直独享千载美名呢？所以写了《二京赋》，希望能超过他们，如今却被收藏在箱子里，丝毫没有被引起重视。"

另外，鲁王府长史黄琮（字元质）写过一篇《金陵赋》。

佳句

处州路的总制名叫孙炎，字伯融，他身长六尺，面黑如铁，年轻时颇有诗名，得到太祖朱元璋赏识。他曾为太祖招纳了刘基、叶琛等有才华的人，后来因苗军作乱被擒杀。孙炎在《赠黄炼师》一诗中有一句佳句："天与数书皆鸟迹，身留一剑是龙精。"

南京刑部尚书周浈，字伯宁，鄱阳人，是江西十大才子之一，嘉靖八年（1529）的进士。他在《池口舟中见九华山》一诗中有一句佳句："岩回气如燎，峰去势犹引。"

太常博士杨翩，字文举。他的父亲杨刚中是元大德年间（1297—1307）的翰林待制。他在《游广教寺次李生韵》诗中有一句佳句："云间闻梵语，烟外听斋钟。"

夏煜，字允中。他曾与刘基一起起草太祖朱元璋征讨陈友谅的檄文。他在《康郎山奉旨》一诗中有一句佳句："绝壁秋声清漱玉，白沙月色烂堆银。"

曾任应天府推官的史谨，字公谨，他罢官后侨居金陵，喜爱书画，热衷写诗。他还自己修筑了独醉亭，通过卖药自给自足，以诗画终其身。他在《过七星关》诗中有："路远家难问，愁多酒易醒。"《西山精舍》诗中有："碉户蜂留蜜，松巢鹤堕翎。"《游清凉寺》诗中有："古径依山转，清猿向晚哀。"《览秀楼》诗中有："残霞拥树作秋色，空翠袭衣生暮寒。"《送屠先生》诗中有："南浦斜阳芳草色，东风啼鸟落花天。"《日暑为布政张纮赋》诗中有："静递青春回禁柳，暗移白发上朝簪。"《万松轩为杨宗彝赋》诗中有："秋声出树晓无迹，云气入帘风满庭。"《游天界寺》诗中有："地暖渐生眠鹿草，松枯欲折挂猿枝。"《赠吴羽士》诗中有："松下剪云缝鹤氅，花间滴露写鹅经。"

武毅将军马俊在《赠王鼎归田》诗中有："幽斋藏岛屿，深径入林峦。"《江行》诗中有："霜蒲藏水鸟，烟树隐柴荆。"《和杜》诗中有："翠微深见寺，绿野暗啼莺。"《山居》诗中有："溪畔游鱼吹柳絮，竹边啼鸟避茶烟。"

参将汤胤勋，字公让，是开国名将信国公汤和的孙子，他的诗《漫兴》中有佳句："长身惟食粟，老眼渐生花。"《咏守宫》诗中有："鸳鸯肠断魂堪冷，蜥蜴形消血未干。"《秋思》诗中有："决明阶下好颜色，郭索沙边多路岐。"

蒋主孝，字宗伦，他继承了父亲蒋武生的学识，精研医学，以儒医闻名于当时。他在诗《长啸》中有佳句："重阴接海蒸沙雨，轻雾连山煮石云。"

蒋主忠，字存恕，是蒋主孝的弟弟，与兄长同列"景泰十子"。他在诗《经龙潭旧居》中有佳句："古镇东西市，长江旦暮潮。"在《过镃公方丈》诗中有："宝殿迥临飞鸟上，疏钟遥隔暮云深。"

监察御史蒋谊，字宗谊，号未斋（又号石屋居士），晚号憨翁，是成化二年（1466）的进士。他八岁诗就赋诗："青天阁雨云归岫，紫气乘龙水入江。"

教授顾言，字如纶，他在《题画》诗中有佳句："沙上闲鸥如有约，堤边幽草不知名。"

南都吟社的成员贺确，字存诚，他在《城南雅集》诗中有："开帘山纳翠，扫径树留阴。"在《都门送别》诗中有："花落谩惊春已去，愁来恰值酒初醒。"

史忠，本姓徐，名端本，字廷直。十七岁才能说话，外表痴呆，内心清明，号痴痴道人。在诗《偶成》中有"爽气催诗兴，凉风散酒时"和"云山开画障，槐柳映蓬门"。

六朝老臣、国子监的祭酒李时勉，在《送僧》中有："柳带天边雨，松回岩际云。"《草亭宴集》诗中有："一径浓花发，满庭芳草多。"《送王教授》诗中有："水满沧江杨子渡，云连绿树富春山。"

南京礼部尚书倪谦，字克让，号静存，他在《南郊草堂》一诗中有："林鸠唤雨山光暝，畦稻舒花水气香。"

倪谦的儿子、吏部尚书倪岳，字舜咨，他在《芳池春水》一诗中有佳句："新涨受风牵翠縠，好山随月堕青螺。"《登兜率岩》诗中有："晴色扑帘知日近，轻阴过槛觉云低。"在《和鸣治有怀》诗中有："幽壑雨晴泉响近，隔林风细鸟飞轻。"

礼部尚书童轩，字士昂，他在诗《九日》中有："黄菊酒香人病后，白蘋风冷雁来初。"在《南坡草堂为张侍御题》中有："草塘夜雨生科斗，花径春风叫栗留。"

李应祯，初名甡，字应祯，号范庵，是南直隶长洲（今苏州）人。景泰四年（1453）举人，选授中书舍人，迁南京兵部郎中，以南京太仆少卿致仕，人称李少卿。他在《和吴匏庵》诗中有佳句："春树暮云无限思，薰炉茗碗有余清。"

金事沈钟，字仲律，晚号休斋，人称休翁先生，是天顺四年（1460）的进士。他在诗《黄县》中有："秋残群木老，野迥乱山高。"《题画》中有："江山秋色净，风雨暮寒多。"《新嘉驿》中有："风定凉生树，庭空月近人。"《钜野》中有："沙草酿寒残雪在，野云翻影断鸿悬。"《青阳驿》中有："寒凝帘底炉烟细，尘净墙阴竹色幽。"

金都御史徐完，字用美，他在《送何省叔还京口》诗中有："霜冷江涵秋雁影，雨晴岸拍晚潮声。"在《湖山楼》诗中有："窗含山色晴横黛，帘卷湖光晚映霞。"

太守姚黼，字大用，上元人，他在《报恩访僧》诗中有："松云晴覆地，花雨昼飞空。"《送人还金台》诗中有："舟从江上发，人向日边还。"《淮阴夜泊》诗中有："灯影遥临岸，月光低近城。"在《旅馆岁暮》诗中有："冻云低欲坠，远雁断还联。"在《送周别驾》诗中有："将雏樯燕留人语，卫足葵花向日妍。"在《凤台别墅》诗中有："花深门径人稀到，帘卷春风燕自来。"在《北山吟》诗中有："瀑布飞空千尺雨，春风吹老一庭花。"在《春暮》诗中有："红雨落残清昼永，黄莺啼尽绿阴稠。"

大理寺少卿罗辂，字质甫，号半窗，善于做文章，数千言倚马可待。他在《花岩寺》诗中有："山色远含千古秀，洞门深向半岩开。"

兵部尚书王敞，字汉英，祖籍西安，于洪武年间（1368—1398）迁居南京。他在《渡大同江》诗中有："花明春欲暮，沙暖水生烟。"《登浮碧楼》诗中有："石磴斜通郭，烟村半掩扉。"《宿碧蹄馆》诗中有：

"树绿入夏重阴合，鸟为留人着意啼。"

文渊阁大学士张益，字士谦，是永乐十三年（1415）的进士。他历官修撰、侍读学士，修《宣宗实录》，颇有文才。他正统十四年（1449）入文渊阁，在土木堡之役中殉国，景帝立，赠学士，谥号文僖。他在诗《映草帘》中有："卷露来春燕，摇风入晚萤。"在《绿筠》诗中有："润含春嶂雨，阴送午窗凉。"《秋夜》诗中有："露寒蛩韵切，云淡月光微。"《文会图》诗中有："帘卷高松苍雪堕，窗开群岫翠屏寒。"

曾任兖州太守的罗凤，字子文，号印冈，是明孝宗弘治九年（1496）的进士，他出守兖州时因事被弹劾，改守镇远；后来又因为得罪了巡察官员被贬做石阡知府，最后辞官归隐。他建有藏书楼"芳澜阁"，在诗《九华遇雨》中有："凌霄缥缈牵高兴，入夜淋漓负凤期。"

兴国知州向簧，字序伯，他在《登下钟寺》诗中有佳句："危磴苔封滑，虚坛草色幽。"在《中秋泛月》诗中有："风动鱼龙吹沸浪，露寒蟾兔泣清秋。"在《集会仙楼》诗中有："逐江芳草自生态，绕陌繁花偏冶颜。"

隐士朱宇，字子容，他在《弘济寺次韵》一诗中有佳句："望中峰翠云遮断，座里花香风送来。"

隐士方宪，号听泉，他在诗《弘济寺》里有佳句："云出晓堂龙去远，雪残晴树鸟啼新。"在《重游弘济寺》一诗里有佳句："五更江色浑无夜，二月梅花别有春。"还有："数声啼鸟林中晓，万树桃花洞里春。"

国子监司业景旸，字伯时，号前溪，是正德三年（1508）的进士，当时是一甲第二名的榜眼。他与同乡的蒋山卿、赵鹤、朱应登，并称"江北四才子"。他在诗《忆蒋水部》中有："云竹晴还雨，风花落更飞。"《石驸马山庄》诗中有："移席怜歌歇，贪杯较句迟。"《送唐汝立》诗中有："潮声翻石壁，山色入虚楼。"《送沈华父》诗中有："情深惟纵酒，发乱似惊秋。"《夜酌对曹十四》诗中有："风帘分坐月皎皎，夜榻剪烛花纷纷。"《游永宁寺》诗中有："竹阴到午风犹冷，石磴穿云路转幽。"

济州卫指挥陈铎，字大声，号秋碧，又号七一居士，是"江东三才子"之一。在《斋居》一诗里有："晚树低分雾，春云淡隔城。"《夜往新丰乡》诗里有："山月巧窥人影瘦，夜凉先向客衣生。"《送毛都督》诗里有："刁斗夜严山月冷，旌旗晴散野云平。"

工部尚书刘麟，字元瑞，号南垣，是弘治九年（1496）的进士，嘉靖七年（1528）为工部尚书致仕。他在诗《赠吴隐君》中有："七步似曹常醉后，五言逼杜少愁时。"《和张石川》诗中有："省己正愁题凤字，忘形翻得换鹅书。"

隐士朱实，字子元，他在《弘济寺次韵》诗中有："花雾拂檐浓似雨，柳风春浪怒于雷。"还有："雨开素练波光净，云揭青屏岫色新。"

郎中马瑞，字公信，是成化二十年（1484）的进士，他在《晓行》诗中有："马蹄入树鸟梦堕，月色满桥人影来。"

广东提学副使陈钦，字谅之，他在诗《送外兄北上》中有佳句："长风万里兴，芳草一春愁。"

秀才金琮，字元玉，号赤松山农，他在诗《丹阳道中》里有佳句："朝霞推日出，阴壑带冰流。"还在《雨泉煮茗》一诗里有："细浪卷风生蟹眼，怒涛翻月起龙腥。"

四川按察佥事伊乘，字德载，他在《游寺》诗中有佳句："野鹤盘云下，清风挟水凉。"还在《落花》诗中有："银塘水泛鱼吹沫，华屋泥香燕补巢。"

定远知县梅纯，字一之，是宁国公主和驸马梅殷的元孙，他在诗《舟中即事》中有佳句："雨深烟寺晚，风急海门秋。"

巡海副使李熙，字师文，在《秋兴》一诗中有佳句："秋深茅屋鸣寒杵，月上山城起暮鸦。"还有："风急暮云闻断雁，雨晴沙渚泛双鸥。"

南京刑部尚书、东桥先生顾璘，字华玉，他在《通城山中赴岳阳》诗中有佳句："石出泉争响，林幽树漫生。"《小江口》诗中有："兴在烟霏际，年销马迹中。"《饮柳山上》诗中有："江横群水合，野阔万峰开。"《山中晚兴》诗中有："饮牛临古涧，射雉出平田。"《送人还京》诗中有："衣随行处敝，剑就醉中看。"《登清凉山》诗中有："古寺频来僧尽老，重阳欲近蟹争肥。"《拟宫怨》诗中有："御前却辇言无忌，众里当熊死不辞。"还有："君王自信图中貌，静女虚迎梦里车。"

河南副使顾璟，字英玉，是顾璘的弟弟，两人时称"江东双玉"。他在《晓行》诗中有佳句："鸦翻初日动，马过断冰妨。"《快雨有述》诗中有："片云生昼暝，急雨净高天。"《夜渡黄岩江》诗中有："水国寒多眠未稳，城霞路近梦先通。"《孟有涯载酒息园》诗中有："惊鸦忽翻庭露下，暗萤时度水烟深。"《送罗侍御还南京》诗中有："心同江月随君远，家在秦淮得信稀。"

　　贡生顾屿，字懋涵，是顾璘的儿子。他在《白牡丹》一诗中有佳句："玉妃罢醉春无晕，素女凌波夜有香。"在《天阙山》诗中有："山深六月藏寒雾，地迥诸天散晓钟。"

　　秀才顾应祥，字孝符，是顾屿的儿子，顾璘的孙子。他在诗《过龙山别业》有佳句："云起移山色，风鸣乱鸟音。"《江上晓行》中有："晓行江路月，人语夜船灯。"《送朱子价》中有："人去天涯春草绿，望迷江上暮烟平。"《游栖霞寺》中有："流泉激石常飞雨，灵草经寒不断香。"《除夕》诗中有："今宵对雨娱残岁，明日逢人说去年。"《登楼》诗中有："宫阙半从云里出，山光多自雨余来。"

　　隐士谢承举，字子象，号野全子，因为他排行第九，胡须长得很美，所以人们称呼他为髯九翁，是"江东三才子"之一。他在《游寺》一诗中有佳句："深林下马苍苔滑，野寺入门秋爽多。"还有："春雨洗山诸寺近，秋花薰梦一楼空。"《病中答华玉》中有："山与诗肩齐耸瘦，菊随病眼对争开。"

布政使谢少男，字应午，他在诗《杨少室自粤入贺》中有佳句："月出烟中树，星窥水面舟。"诗《严子陵钓台》中有："故人不预兴亡事，太史空劳处士猜。"诗《十六夜少室右史招宴》中有："尊前宝炬留明月，帘外金花缀彩云。"

金都御史龙霓，字致仁，是弘治九年（1496）的进士，他在诗《姑苏道中》中有佳句："野鹤巢难定，春蚕茧自忙。"《饮东麓亭》诗中有："墩传往昔名空在，剑化何年气尚浮。"《寒夜饮里中诸公》诗中有："气回檐雪融还细，雨湿楼烟重不飞。"

检校管景，字子山，他在《游幕府寺》诗中有佳句："秋色霜中树，寒声雨后潮。"还有："峰断青萝合，江空白练长。"《秋阴》诗中有："风随黄叶乱，雨逐黑云来。"

举人金大车，字子有，他在诗《楷上人山亭》中有佳句："败叶秋皆堕，寒烟晚欲无。"《幽兴》一诗中有："放棹晚潮至，开门春草生。"

秀才金大舆，字子坤，他在《游城南诸寺》一诗中有佳句："黄叶喧高树，青山起夕烟。"诗《固湖城》中有："山城晴自湿，水国晚多寒。"

戏曲家徐霖，字子仁，是"江东三才子"之一，他在诗《泊杨青驿》中有佳句："云轻难掩月，海近易通潮。"在《冬游虎丘》诗中有："冻鸟自高树，寒梅或背岩。"《归舟漫兴》诗中有："览镜愧难留黑发，当杯狂欲醉青山。"

南京刑科给事中王徽，字尚文，他在《舟中夜雨闻雁》诗中有佳句："凄凉应带雨，悲咽为兼风。"《题王子成壁》中有："雨过苔侵壁，潮来水到门。"《登大观台》中有："秋声带叶翻林下，暝色随云渡水来。"

太仆少卿王韦，字钦佩，他在诗《秋日游城南》中有佳句："寒花散幽馥，午树结团阴。"《秋居杂兴》中有："闲行无剩事，孤坐有余思。"《寄罗敬父》中有："尊前花气风生席，湖上箫声月满船。"《西堂偶兴》中有："一春人醉斜阳里，三月莺啼细雨中。"《秋日即事》中有："梧桐月上风初到，蟋蟀声中雨渐凉。"

秀才王逢元，字子新，他在《对酒》诗中有佳句："潦倒不忘桃叶句，萧闲应恋竹皮冠。"

监生张士瀹，字心父，是"后七子"的成员之一，他在《秋郊》诗中有佳句："野梅当涧落，山鸟隔花鸣。"

知县李晓，字子晦，他在《江上望金山》中有佳句："涛声风外壮，云影日边轻。"《沧州道中》中有："断霭斜阳迷去雁，平堤古木集寒鸦。"《春寒夕景》中有："山腰绕树岚初起，天末轻阴日欲沉。"

南京户部尚书周金，字子庚，他在诗《过杨六郎城》中有佳句："山河未改豪华尽，夷夏平分草树迷。"《涉忽都河》诗中有："极浦遥山无去雁，古城荒堞有啼鸦。”

隐士许镗，字彦明，他在《秦淮步月》一诗中有佳句：“疏钟城外寺，曲槛水边楼。”《晚泊毗陵》诗中有：“西风疏雁阵，斜日变山容。”

太常少卿许谷，字仲贻，他在诗《何元朗移居》中有佳句：“买得曲池堪斗鸭，种成芳树好藏莺。”在《集沈大理次韵》诗中有：“檐前香篆将花气，院外松风杂鸟声。”

山西副使胡汝嘉，字懋礼，对书、画、诗、词曲都很擅长。他在诗《过黄华山》中有佳句：“林鸦翻暝色，岩树驻秋云。”在《啸台》诗中有：“淡云千里色，落日半岩阴。”

太守王可大，字元简，是河北武安人，他在《寿州渡河》一诗中有佳句：“沙净空山雨，风香野岸花。”

山东道监察御史沈越，字中甫，他在《风雨忆城南杏花》一诗中有佳句：“湿云带暝酣清昼，芳草含烟靓绿苔。”还在诗《冬日诸君集楼上》中有：“待腊江梅初抱萼，凌霜篱菊尚留妍。”

山西行太仆寺卿陈沂，字鲁南，因热爱苏东坡，自号小坡，与顾璘、王韦合称“金陵三俊”。他在《遂初斋》一诗中有佳句：“苔痕双屐齿，花影半帘钩。”《经牛首山寺》诗中有：“鸟声林叶暗，山影石溪寒。”《入西山》诗中有：“山出晓云乱，鸟鸣春日迟。”《燕集西园》诗中有：“烟横村远近，月出树扶疏。"《永福寺晚睡》诗中有："峰峦树色初晴后，楼榭烟光欲暮时。"

同知陈时伸，字元晋，他在《试灯夕得楼字》一诗中有佳句："火树参差人影乱，香烟缭绕月光浮。"

淄川知县陈时万，字孟锡，他在《元宵大雪》一诗中有佳句："人间矜火树，天上放冰花。"《登大观亭》中有："帆开二水天逾阔，云尽三湘鸟共低。"

坐营张鹏，号竹渠，他的诗《登水云亭》中有佳句："月明江似洗，波动石如浮。"

指挥张维，字管文，他的诗《官舍夜怀》中有佳句："风穿灯影乱，寒逼雁声高。"

贡士杨希淳，字道南，他的诗《除夕》中有佳句："酒能扶病客，春欲傍愁人。"《秋晓述怀》诗中有："病常欹枕昼犹梦，瘦不禁秋雨更寒。"《浔阳阻风过海天寺》诗中有："地邻彭泽怀陶令，山枕匡庐忆远公。"《牛首》诗中有："去日僧非怜我老，旧游人远得书难。"

侍御郑濂，字师周，他在《送乡人归》诗中有佳句："江空秋雁影，砌冷夜蛩声。"《疏请归省》诗中有："寒雁投阳书未寄，秋风报冷客先知。"

湖南岳州府郑河，字师程，他在《至江上》一诗中有佳句："愁客难为别，闲云漫不开。"还有："天地水为际，江山雪满楼。"

光泽主簿罗焘，字元溥，他在《晚过东山寺》一诗中有佳句："闻钟知寺近，逢鹿觉山深。"《宿高座寺》诗中有："月来半榻寒松影，风送满山秋叶声。"

奉新知县陈芹，字子野，是安南国王的后代，他的祖先在永乐年间（1403—1424）来中国避战乱。他擅长作诗文，也擅长画山水、花卉、竹枝，曾与名士盛时泰等人结青溪社，互相以诗文酬唱。他在诗《寄玄超》中有："水村寒气早，山馆月明孤。"《焦山》诗中有："烟横沙市远，船过海门稀。"《游灵谷寺》诗中有："重檐卷雾青欲滴，曲水穿云净可怜。"《与诸友集姚园》诗中有："奕散青林寒日堕，歌翻白雪冻云高。"

礼部郎中李逢阳，字维明，与杨希淳号称"李杨二子"。他在诗《关庙》中有佳句："志许乾坤合，身先吴魏亡。"

秀才杨谷，字惟五。他在《宿大城山庄》一诗中有佳句："隔树林穿暮，披榛径转微。"还有："败壁青苔应殢雨，寒潭碧水似澄霜。"

吏部验封清吏司主事黄甲，字首卿。他的诗《陈氏园亭》中有佳句："曲径沿溪入，疏峰带雨青。"《春日》诗中有："鸟声侵梦断，竹色映阶虚。"《秋兴》诗中有："山高月出雁初下，水远天空人自愁。"《天宁寺》诗中有："短剑孤悬凌夜月，敝裘初绲薄秋风。"

知县马应龙，字呈道，在诗《和杜秋兴》中有佳句："兴发新秋翻宋赋，卷吹芦叶拟胡笳。"

指挥使张铎，字鸣治。他的诗《宛马》中有佳句："盘旋风欲动，拂拭雪仍迷。"

陕西参议金事陈凤，字伯羽，他的诗《寄题石塘》中有佳句："波闲先受月，池迥不惊鸥。"《腊日》诗中有："沙白常含冻，云昏易作阴。"

汝州知州高远，字近思，与马承道、金子坤、金子有合称为"青溪四子"。他在《泊舟对月》诗中有佳句："风清沙岸净，月满浪花圆。"在《弘济寺》诗中有："江豚吹浪出还没，野鹭得鱼栖复惊。"

临淮侯李言恭，字惟寅，是明朝开国功臣李文忠的第八代子孙，他的诗《小桃源》中有佳句："山折路疑尽，花深鸟自藏。"《暮投伏城驿》诗中有："乱水斜穿径，空山曲抱村。"《送安茂卿南还》诗中有："梦回芳草远，人去落花多。"

沅州知州朱衣，字正伯，他在《神策城楼望玄武湖》诗中有佳句："湖光荡云日，山色印寒流。"在诗《登弘济江阁》中有："孤帆荡漾缘何事，远岫依微莫辨名。"

景霁，字光甫，他在诗《山寺避暑》中有佳句："红尘朝易夕，绿荫夏疑秋。"还有："篆烟萦佛牖，雨气暗云峰。"

南京刑部侍郎吴自新，字伯恒，他在诗《神策城楼望玄武湖》中有佳句："树色含风冷，溪声带雨寒。"在诗《湖阴夜泛》中有："九天忽驾冰轮出，万里遥瞻玉镜开。"

马光灵，字一卿，他在诗《漫兴》中有佳句："风微鱼浅戏，泥暖燕先知。"还有："疏雨长虹断，遥山积翠微。"

浙江少参何汝健，字体乾，他在诗《秋雨晚晴》中有佳句："余霞明反照，疏柳淡轻烟。"《暮春鸿石园》诗中有："坐久花香细，谈深鸟语幽。"《灌园》诗中有："天涯飞鸟外，人事落花初。"《宿牛首》诗中有："山色有无朝雨后，江光隐见夕阳时。"《竹素园漫兴》诗中有："花片飞来情自惬，松阴结处坐偏深。"《雪夜次韵》诗中有："槛外冰花侵履迹，庭前竹翠湿人衣。"

御史何淳之，字仲雅，是万历十四年（1586）的进士。他在诗《别陈师宗伯》中有佳句："潮痕迎雨急，帆影带烟过。"《晓川》诗中有："月泻空潭水，霞余几树枫。"《登繁台》诗中有："斜日窥疏雨，归鸿缀远天。"《无题》诗中有："云连楚岫还轻散，潮向浔阳总未通。"《秋日李王孙园亭》诗中有："清光曲引秦淮水，紫气飞来钟阜峰。"

宝幢居士顾源，字清父（一作清甫），是嘉靖年间（1522—1566）的秀才。他年少时性情洒脱豪迈，才华出众，擅长诗词、书法和绘画；四十岁后他抛弃所有才艺，断绝饮酒食肉，一心向佛，独居小楼修行。他在诗《燕子矶》中有佳句："浅沙披月蚌，高浪出风豚。"《虎洞小庵》诗中有：

"石冷灯无焰，香消火尚薰。"《山寺晚归》诗中有："散策冲寒翠，搴裳踏晚晴。"

金銮，字在衡，号白屿，是甘肃陇西人，住在南京。他性格豪迈，喜好交游，与盛时泰等人结有深厚友谊。他的诗《徐太傅园》中有佳句："杨柳晚风静，芙蓉秋水香。"《悼梁姬》诗中有："江梅空索笑，湘竹自成斑。"《静海寺》诗中有："长风吹老树，斜雨过疏篱。"《次通津驿》诗中有："风轻云气薄，月净水光寒。"《北河道中》诗中有："归鸟乱啼原上树，夕阳多在水边村。"《送李谷阳》诗中有："客中候晓霜如月，马上逢春草似烟。"《梦鹤》诗中有："窃归灵药三山月，吹落榆花一笛秋。"《岳少保墓》诗中有："临危叩马书生口，立主班师宰相心。"《忆江南》诗中有："风檐听竹心先碎，雨槛移花梦亦香。"

知县马汝骥，字诚望，他在《新秋》诗中有佳句："明月半窗能自至，白云满榻似相留。"在诗《秋日永宁庵社集》中："山色遥连秦树碧，溪声常带梵钟幽。"

鸿胪寺卿姚淛，字元白，他在《闻雁》诗中有佳句："数声风处断，孤影月中翻。"《顾孝符见过》诗中有："旅怀秋欲尽，乡思客初来。"《赠周文美》诗中有："燕市风霜凋客鬓，越山兵燹限河梁。"

太学姚之裔，字玄胤。在诗《喜诸君子入社》中有佳句："寒花照座金为蕊，明月窥帘玉作钩。"诗《冶城饯吴莫魏张四子》中有："黄金旧铸双龙剑，白雪新传四杰才。"

大名府知府姚汝循，字叙卿，住在凤凰台附近。他是嘉靖三十五年（1556）的进士，两次罢官归乡，晚年居住在秦淮。他在《绮霞阁小集》诗中有佳句："酒边过白鸟，镜里出青山。"《浪禅房》诗中有："闲花苔上落，疏磬雨中沉。"《送胡懋诚》诗中有："离愁随草长，别泪迸莺啼。"《江南春游》诗中有："宿雨青郊润，和风白袷轻。"《题江潚垂纶卷》诗中有："羊裘双短鬓，虾菜一扁舟。"《邀笛阁》诗中有："岸柳秋清夜，汀葭月白时。"《和幼安泛秦淮》诗中有："潮起轻风生远浦，夜凉明月满扁舟。"

按察司兵备副使宋存德，字惟一，他在《叨转南曹述怀》诗中有佳句："枥下骊驹淹岁月，庭前苍桧饱风霜。"

灵山知县焦瑞，字伯贤。每次有上司向他索要灵山县的特产，例如：熊胆、黄花石等，他都一概拒绝。后来因为不愿意严征赋税，所以辞官，在归乡途中去世了。他在诗《谢公墩晚眺》中有佳句："夜雪万家鸿影度，江声千里岸痕高。"《后湖》诗中有："无数鸥凫天上下，几重楼阁树高低。"

盛时泰，字仲交，号云浦，晚号大城山樵，是嘉靖年间（1522—1566）的贡生，沈越的女婿，焦竑的老师。他的藏书非常多，文徵明为他题写有"苍润轩"，杨慎为他作有《苍润轩记》。他的诗《登宾峰楼望雨》中有名句："一径穿云上，千山送雨来。"《天界寺》诗中有："松声寒绕塔，竹影午过墙。"《三茅峰》诗中有："鸟飞青嶂外，人语白云中。"《幽栖寺》诗中有："钟阜断云连古戍，秣陵黄叶下西风。"《集瞻云楼》诗中有："林下卷帷凉欲度，花边迎扇暑将无。"《试灯夕谦瞻云楼》

诗中有："绕树银花初试火，隔帘香雾半垂钩。"

秀才盛敏耕，字伯年，是盛时泰的儿子。他终生不入仕途，以文章闻名于世。他的诗《山居杂咏》中有佳句："花发临危岸，莺啼过远林。"《宵征》诗中有："水暝萤光乱，风秋雁语清。"还有："衔晚催蜂去，巢危促燕飞。"《赠张羽王》诗中有："潮声绕屋初消雪，梅蕊知春竞放晴。"《游三台洞》诗中有："石扉藤蔓迷樵路，流水桃花引客来。"《送大安和尚归庐山》诗中有："送客溪头防虎啸，逃禅树底借枝封。"

长史卜镗，字子振。他在《送人还吴门》一诗中有佳句："衰柳带烟迷远浦，片帆随雁下长洲。"诗《遂闲堂》中有："日高卧榻茶烟细，昼静钩帘树色深。"

邵武府知府郑宣化，字行义，他的诗《九日燕邸遣怀》中有佳句："丛菊自开吴地蕊，疏砧故捣汉宫声。"《送安伯惺之成安》诗中有："萧骚鬓为风霜短，拓落官惊岁月流。"《春寺谦集》诗中有："海日倒衔天外影，江云遥落坐中杯。"

知县万梦桂，字稚徵，他的诗《腊尽客芜江》中有佳句："冻云仍易合，残雪未全消。"《客愁》中有："情淹黄绢字，身敝黑貂裘。"《吴门有感》中有："天青鸿雁近，水长鳜鱼肥。"《程孟孺北上》中有："池上墨花春雾重，阁中玄草锦云长。"《秋日过怀玉山下》中有："花沿石窦晴偏润，树拂凉飙秋正分。"《赠景光父》中有："长林风细花香暖，古寺云移月上初。"

知县周元，字长卿，他在诗《集宜远楼》中有佳句："栏干千嶂暝，砧杵万家秋。"在《过栖霞楝之读书处》诗中有："六代碑存谁幼妇，百年书就恰名山。"

南京国子监祭酒余孟麟，字伯祥，他在《问胡太史病》诗中有佳句："闲身称病易，春色闭门多。"《集邀笛阁》诗中有："花深云不去，水阔月全低。"《野兴》诗中有："褰衣经树湿，悬榻待云还。"《过天界寺读书处》诗中有："花垂竹户迟归燕，书满藜床落蠹鱼。"《早春喜晴登凤皇台》诗中有："草逢霁后留烟细，花入春初抱日明。"《送杨道南入楚谒耿师》诗中有："风尘傲世游偏壮，贫贱藏名道益尊。"

贡士焦尊生，字茂直，他在诗《寄子余》中有佳句："病从秋思得，懒任鬓毛蓬。"《送周安阳》诗中有："语向韩陵堪片石，迹陈漳水尚高台。"《白云洞》诗中有："千林落日稀人迹，一径疏钟散鹿群。"《燕子矶》诗中有："微风山郭酒帘动，细雨江亭燕子飞。"《泛舟秦淮》诗中有："疏雨乍迷桃叶渡，泠风时度竹枝歌。"《闲居》诗中有："抱瓮丈人时共井，卖浆任侠旧为邻。"

秀才谢黄钟，字元声，他的诗《焦山》中有佳句："沙市月明潮似雪，海门风起浪如雷。"在诗《贺余移居城东》中有："闭关领略溪山好，拟易勾除月露才。"

公子徐邦宁，字仲谧，是开国名将、中山武宁王徐达的第八代子孙，魏国公徐鹏举的儿子。在他的诗《秋日庄居》中有佳句："树密云来暝，山深雨过寒。"《日涉园》诗中有："水翻细浪鱼衔藻，露滴空阶鹤隐松。"《牛首》诗中有："寺静野云穿石窦，洞虚飞雨湿莓苔。"

秀才张振英，在他的诗《潭西楼》中有佳句："松稍白月供长啸，楼角青山伴苦吟。"

秀才崔士元，字伯仁，在他的诗《薄暮宝应湖》中有佳句："水边绿草依晴鹭，岸上青林叫夕蝉。"

秀才陈弘世，字延之，在他的诗《冬日登清凉寺》里有佳句："林枯千嶂削，烟冷半江昏。"《清凉山坐月》诗中有："孤亭全受月，绝巘半沉烟。"《献花岩》一诗中有："云归一巘白，霜过半山红。"《送王日常》诗中有："惜别淹尊俎，含情怅管弦。"《罗惟一移家冶城》诗中有："委巷树深疏辙迹，短墙花发灿棋枰。"

马芷居，太仆寺卿陈沂陈石亭的继室夫人，在她的诗《苦雨》中有佳句："杨柳深藏径，梨花静掩门。"

僧人来复，字见心，号蒲庵，他的本姓姓黄。他在《谢太祖赐食》诗中有："阙下彩云移雉尾，座中红苘动龙光。"

僧人溥洽，号南州，是明朝较有名的僧人，也是建文帝的主录僧，被明成祖朱棣关押在狱中十五年。他的诗《应制题江东桥》中有佳句："浮鼋晓渡江流稳,役鹊晴瞻汉影遥。"

　　僧人宗泐,字季潭。洪武十一年(1378),宗泐两度应命出使西域,"涉流沙,度葱岭,遍游西天,通诚佛域",历时五年,"往返十有四万余程"。他的诗《梦清远兄》中有佳句:"剧知情是妄,翻说梦成真。"《往南陵》诗中有:"人烟千嶂里,客路百花中。"《闲行》诗中有:"幽花不碍路,偃木自成桥。"

　　天界寺的和尚果斌,在他的《同诸官长游牛首》诗中有佳句:"官闲何待隐,僧老欲忘禅。"还有《和沃州吕公》诗中的:"鸟栖云外树,龙护钵中莲。"

　　天界寺的和尚圆慧,号秀峰,他的诗《夏日即事》中有佳句:"草阁凉生今夜雨,海榴花发去年枝。"

　　宽悦,号臞鹤,是普德寺的和尚。他在《云杜早发从潘景升度岁》诗中有佳句:"谷口梅花晴带雪,望中烟树冷孤村。"在诗《春日山中寄景升》中有:"千树夕阳啼暮鸟,一溪残日掩寒扉。"

　　弘恩,号雪浪,是报恩寺的和尚。他的诗《郭次父舍宅》中有佳句:"江山空姓字,楼阁但云烟。"《宿箭阙》诗中有:"半岭云生空翠合,满林花散曙烟封。"《小桥望月》诗中有:"一片清光孤玉笛,千家烟树乱疏钟。"

吴扩，字子充，自号山人，他是昆山人，是明代山人风气的代表人物，与严嵩交游甚密，时人称他为相府山人。他遍游南北诸名胜，至老不衰，晚年在秦淮河畔造长吟阁，接纳"山人"与四方之士。他的诗《崔驸马山池》中有佳句："帝女巧将霞制锦，仙人长以鹊为桥。"还有诗《长吟阁述怀》中有："城中艺圃甘遗世，屋里梯云好看山。"

🐚 字品

　　太常丞杜环，字叔循。他的书法端庄秀逸，开国文臣之首宋濂说他的楷书可以算得上"能品"。所谓"能品"，要求书者控笔能力极强，运笔精熟，把各种变化技巧烂熟于心。

　　陈远，字中复，是开国第一功臣陈遇的弟弟，善于书写楷书。

　　陈孟颙是陈远的儿子，传承了家学，善于写楷书。

　　朱孔阳在洪武中期以善写楷书成名。不过，他的大字榜书写得更好，后来北京城宫殿匾额上的题字，大多是出自他手。

　　朱铨，字士选，是朱孔阳的弟弟，他学到了钟繇、王羲之的笔法。太宗永乐帝朱棣曾召他书写佛教经文，进入了翰林院，后来他在刑部侍郎任上去世。

江瀣，字子澄。明仁宗洪熙帝朱高炽曾召他到皇宫，用金泥书写经文，对他关怀备至。

顾谦因为善写楷书而被举荐为承德郎、礼部精膳清吏司主事。

蒋主孝，字宗伦，擅长写小楷。

太常卿翟瑛，字廷光，太医院医籍，与他的兄长翟瑄并称"二翟"。他写字速度特别快，字体结构别致，书写流畅。

南京太仆少卿李应祯，字贞伯，是景泰四年（1453）的举人。成化年间（1465—1487）他接到圣旨，诏令他书写佛经。他上疏道："我只听过在普天之下，治国安邦有儒家的九部经典，却从未听过有佛经。"近期看到杨循吉的《杨君谦外集》，里面记录了李应祯上疏的全文。

童轩，字士昂，号枕肱。他的楷书雄健有力，极具法度。

王徽，字尚文，号辣斋，是天顺四年（1460）的进士，他很擅长写小楷。

郎中马璘，字公信，他以赵孟頫书法为仿效标准。

黄谦，字挚之，号紫芝。他的行草书法雄劲有力而古朴雅致，不过他的榜书大字更好。

景旸，字伯时，号前溪。他最初擅长写楷书和行书，后来以周伯琦为师，学习小篆，颇有周伯琦的风格。

王韦，字钦佩，号南原。他书写的真草清新端庄，颇具法度。

东桥先生顾璘，字华玉。他的真书草书都清静明朗，令人喜爱。

刘麟，字元瑞，号南坦。他学习王羲之、王献之的书法，别人哪怕得到他随手写下的手札便条都会当成宝贵之物。

顾琛，字英玉。他所写的真书草书都有魏晋之人的气质。

徐子仁九岁的时候就能写大字榜书，提笔写的字就很有笔力。他临摹的楷书源自欧体和颜体。大字榜书师法朱熹，他刚开始学习时就几乎写得与朱熹一模一样；后来他学习赵孟頫，写字笔力雄健，布局构思庄重谨慎，有自成一体的风范。至于他的篆书，则是学习自奇异之人，尤其精微深奥。内阁首辅李东阳（号西涯）、尚书乔宇乔白岩，当时人称"篆圣"，他们见了徐子仁的字，咋舌连连称奇说："我们比不上，比不上啊。"

周金，字子庚，号约庵。他写的书法有王羲之的气质。

王逢元，字子新，号吉山，是"金陵三俊"之一王韦之子。顾璘待他如同自己的亲生儿子。王逢元学写《圣教序》，写得最好，但可惜的是写得过于熟练，就写油了。

金琮，字元玉，号赤松山农。起初学赵孟頫，晚年学张雨。书法作品精美细致，令人喜爱，刚写完，就有人讨要去。苏州文徵明特别喜欢他的字，哪怕得到他的一小幅书法，都要装裱成卷，自己题名为"积玉"。

陈沂，字鲁南，号石亭。他的书法学的是苏东坡，很多评论者认为他的书法水准不低于匏庵先生吴宽。他的小篆和隶书也写得非常好。

陈凤，字伯羽，号玉泉。他写行书，每一笔都效仿东晋书法家。

马呈道，号南江，是嘉靖二年（1523）的贡士。他擅长正书、草书、篆书、隶书，对书法学问有很深的研究。

太常少卿邢一凤，字伯羽，号雉山。他是嘉靖二十年（1541）的辛丑科沈坤榜进士第三人，擅长写篆书。

宝幢居士顾源，字清甫。他的书法是学习唐代书法家孙过庭，笔力强劲雄宏，古朴雅致。

马诚望，号鹭汀。他主要刻意摹写《圣教序》，小时候写得更好。

陈芹，字子野，号横厓。他的书法专门学习钟繇和王羲之，书法俊秀飘逸，惹人喜爱。

胡汝嘉，字懋礼。他写得最好的书法作品，与"枝指生"祝枝山的作品非常像。

盛时泰，字仲交，号云浦。他的小楷学习自倪瓒倪元镇，行书源自苏东坡和米芾，古雅拙朴之中有不俗的气韵。不过他的隶书写得更好，著有《玄牍记》一本，专门品评古今的书法名帖。

姚涞姚元白，号秋涧。他的行书学习的是黄庭坚、赵孟頫两派，但学习松雪道人赵孟頫的风格更多一些。

许谷，字仲贻，号石城，他很擅长行书。

杨希淳，字道南，号虚游。他的真草有自己独到的风格，自成一家。

金鱼，字慕桢。他是赤松山农金琮的后人，但他的笔力仍不够遒劲，赶不上金琮。

谢承举，字子象。因为他排行第九，且胡须长得极好，人们称他为髯九翁。他的书法出自苏轼、黄庭坚，笔力清奇硬朗。

金元初，字玄予，号蓉峰。他的行书既合法度，又有趣味。

何淳之，字仲雅，擅长写行书。

🐍 画品

静诚先生陈遇擅长画山水画，曾为太祖皇帝朱元璋绘制肖像画，精美绝伦，令当时的人叹为观止。

陈远陈中复是静诚先生的弟弟，绘画风格精致典雅。年少的时候，他就喜欢在哥哥旁边用笔墨涂抹乱画，哥哥就训斥他道："难道我没有其他的长处了吗？为什么你非要学我最不好的地方呢？"中复先生也善于画人像。

史谨，字公谨，是江苏太仓人。他精于绘画，年轻时曾在云南当兵。洪武（1368—1398）末年，有人向朝廷举荐了他的才华，他被授予应天府推官。没过多久被贬为湖南湘阴县丞。罢官后他流落到南京，自号"吴门野樵"，擅长画寒林雪景图。自己在画上题诗：

> 雨余山色翠如苔，
> 树杪寒烟湿未开。
> 童子无端扫红叶，
> 隔林知有故人来。

张益，字士谦，号蹇庵，是永乐十三年（1415）的进士。他很喜欢画松和竹。

有一次，他与同年进士夏昶一起住客栈。夏昶对他说："以你的才华，应该以写文章来闻名天下，像画墨竹这种小玩意儿，应当让给我。"张益的画非常少，虽然有一本《画法》，但并没有公开刊印发行。

沈诚，字文实，别号菜居士。他喜欢画画，每当兴之所至，他就会挥洒墨笔作画，有自己独到的风格，可以说是自成一家的做派。

安南知府金润，字伯玉，号静虚。他精通山水画，学习鬼谷山人方从义。他所画的山水神工意匠，自然天成，但流传下来的极为稀少。我本人曾有幸见过他的《长春凫》一卷，画的是他交游天下时遇见吕洞宾的故事。

殷善，字从善。他擅长画花鸟，出自花鸟画代表人物吕纪（字廷振）和林良（字以善）两派，极其精致，神采独异，有特别的清雅气质。殷善的儿子殷偕也专注于宫廷花鸟画。

傅礼，字公绪，与同时期的郑春、郑堂，都擅长画花鸟画。他们三个人的画，无论构图还是上色，就像出自同一个人笔下。

马俊，字元秀，号讷轩。他的山水画模仿的是唐宋时的画家，古朴雅致，却唯独以画鬼怪神像获得巨大的知名度。

吴珵，字元玉，号石居，成化五年（1469）进士出身，他的官职一直做到郎中。他擅长绘画，其中山水画学习的是"浙派绘画"开山鼻祖戴进。

李葵，字诚伯，是正德五年（1510）的举人。他精通绘画，别人的画他全都可以模仿。无论是山水竹石还是花木禽鸟，都能把其中微妙之处委婉细致地表达出来。

蒋子诚年少的时候善于画山水，中年以后却对此不满意，于是开始画佛像。他因为画观音像画得极好，被誉为明朝第一人，与边景昭的花鸟、赵廉的虎被同称为"禁中三绝"。

许昂，字世颙，他笔下的梅花清朗而不流俗。

胡隆，字必兴，是蒋子诚的学生，擅长画鬼怪神像。永乐（1403—1424）、宣德（1426—1435）年间在南方地区名噪一时。陈沂陈鲁南曾给他赠诗：

> 生此南都住北都，
> 十年踪迹遍江湖。
> 归来为忆当时事，
> 醉里淋漓入画图。

史大方，擅长山水画。"江东三才子"之一的谢承举为他的画题诗：

> 朱樯画舸系神都，
> 翠筱黄茅覆酒垆。
> 好似石头城外景，
> 隔溪歌舞莫愁湖。

史痴，名为忠，字廷直。他性格豪爽任侠，放荡不羁，厌恶权贵，只要有所不合，就马上转身离开，或者直接用言语抨击。他善于作画，任何山水人物都了然于胸。他的绘画风格不拘于流派，随心所欲，自然天成，以气质取胜。不管谁得到他的一小幅画都会当作宝贝珍藏起来。

汪质，字孟文，浙江人，流落在南京。他的山水画专门学习戴进的画法，但可惜用墨太重了些。

吴伟，字鲁夫，一字次翁，号小仙，是湖北江夏人。他童年时流落四方，被湖广布政使钱昕家里收养，陪伴钱昕的儿子读书，所以他经常偷偷学习书法，画山水人物画。钱昕发现后十分惊讶，问他："你想当画工吗？"得到他肯定的答复，从此以后，就供应他纸笔砚墨。

不到二十岁时，他的画就在金陵有了名气，受到成国公朱仪赏识，惊呼他为"小仙人"。于是吴伟便以"小仙"为号。二十岁时他受到皇帝召见，赐予他锦衣卫镇抚的职位以及"画状元"的印章，任职于画院。

吴伟擅长水墨写意、人物、山水。他画的人物姿态各异，线条精细；山水笔墨淋漓，气势恢宏。他作画时，刚开始肆意泼墨如黑云，围观的人惊异不知其意。稍候片刻，又提笔挥洒，粗细曲折，条理分明，绝不纷乱，就像是事先构思好了一样。

赤松山农金琮，字元玉。他画的梅花有宋代画家逃禅老人杨无咎的意态情致。他曾自题绝句一首：

一别西湖未得归，

孤山风月近何如。
春来剩有看花兴，
又向君家写折技。

金璿，字元善，号松居。他不仅精通医学，还擅长绘画，曾画过一幅《袁安卧雪图》，他的兄长金琮题诗：

一片坚贞天地知，
甘贫岂但雪中饥。
平生耻作干人态，
纵使天晴也不宜。

严宾，字子寅，号鹤丘，精通书画鉴评与赏析。他与翰林待诏文徵明是最好的朋友，得到文徵明的画一百多幅。他画的小景与文徵明特别像。

蒋嵩，号三松，擅长山水人物画，以吴伟为宗。他喜欢用焦墨枯笔风格，深得当时人的喜爱。

徐霖徐子仁，号九峰。他虽然不以画得盛名，但他所画的松竹、花草、芭蕉、山石都特别精巧雅致，让人喜爱。

许缙，字尚文，擅长山水画。

马稷，字舜举，号醉狂。他善于画山水、人物、花木、竹石。

薛仁，字子良，号半仙。他画的山水、人物、花草专门模仿吴伟吴小仙，他"半仙"的号也是自谦得到"小仙"一半真传的意思。

李著，字潜夫，号墨湖。他童年在书画大师、吴门画派创始人沈周门下学画。学成后他出师回家，只模仿次翁吴伟的画出售，因为当时吴伟的画在南京卖得非常贵。谢承举在他的画上题诗：

> 银河无路泛仙槎，
> 一舸空江此是家。
> 残月照人秋睡稳，
> 不知清梦在芦花。

陈铎，字大声，号秋碧，他的山水画模仿沈周沈启南。我收藏了他画的一小幅《送史廷臣》，上面有他自题的绝句：

> 情深此日难为别，
> 相送元方又季方。
> 万里楚江孤棹迥，
> 稳吟秋色到维扬。

景卿，字梦弼，擅长画小景、花草。他最经常画的是杏花，曾自题绝句：

> 晴团红粉护春烟，

仿佛江村二月天。

记得踏青回首处，

一枝斜拂酒楼前。

　　王子新的绘画风格学习的是松雪道人赵孟頫，学到了赵孟頫的一些风采。

　　黄珍，字怀季，他画的花草有五代十国时期西蜀画家黄筌的风格。

　　许通擅长画牛，他画的牛几乎与唐代画牛名家戴嵩画的一模一样。晚年时，他因为后悔自己用心用错了地方，担心死后堕入畜生道，于是专门画佛像。

　　林旭，字景初，年轻时候聪慧敏锐，善于画山水，品质和风格特别高级，尤其精通于工笔画。可惜他还不到三十岁就去世了。

　　陈芹陈子野画的墨竹花草没有一丝一毫的流俗之气。文徵明称赞他画的竹子能迎面感受到清冽之气，并告诫自己门下的学生到了南京不能画竹子，因为南京有此中最高手，说的就是陈子野。

　　陈沂陈石亭六七岁时就能提笔临摹出古人的画。后来他进入翰林院和文徵明讲书论道，画技愈发精进。凡是他任职从官所游览过的名山大川都被他画成卷轴，深得南宋绘画大师马远马河中和夏圭夏禹玉的精妙。

邹鹏，字远之，号筠居，擅长画山水。他家里贫困，只能靠卖画赡养母亲。有一个鄱阳大盗听闻他的大名，便派遣手下的人谎称是富商向邹鹏请求画屏风装饰房间。等开始画的时候，邹鹏才觉得有问题，赶紧婉言谢绝。从此他便闭门谢客，除非听出是熟人的声音，否则不轻易出门相见。

盛安，字行之，号雪蓬，居住在聚宝门外的五圣巷。他为人刚直，清廉节俭，以画梅花而闻名。书画名人詹景凤赞赏他说："盛行之画的梅花豪放不羁而爽朗有意趣，就连以画梅著称的陈录、王谦都比不上。"

王孟仁，字元甫。他画的山水画明亮润泽而颇有法度，文徵明特别喜欢。谢少南为他的画题诗：

> 吾爱王摩诘，从来老画师。
> 铅华浑欲洗，墨韵自生姿。
> 疏树秋云合，孤舟晚镜移。
> 烟江曾独泛，相对正堪疑。

胡汝嘉，字懋礼。他画的山水画已经脱去了尘俗之气，可惜画的数量不够多。

谢宾举，字子隐。他画的山水人物画完全效法戴进，大的画法几乎一样，只有细小的地方有所区别。每次他画完后，他的兄长谢承举就在上面题诗。谢承举有一首赠弟弟的诗说：

图成便索老丑作，每幅空处题一篇。

我诗借君画增价，君画资我诗并传。

弟兄依附有如此，人夸玉树芝兰全。

顾源顾清甫专心研究佛学，跟栖霞山的云谷禅师结成西方社，别号宝幢居士。他家里珍藏了很多宋元时期的名画。他本人擅长画入云之山，在认真研究北宋米芾、元代高克恭后，他画出了自己的风格，自成一家。他为人作画从不收别人的钱，且大都只为诗人和尚作画，有"百年智巧消磨尽，惭愧人传粉墨痕"的诗句自勉。

我收藏过他的一卷画，上面有清甫自题的五言绝句一首：

策杖青林晚，山寒雨湿衣。

野云仍有意，相伴宿柴扉。

无论是顾源的诗还是字，都精妙绝伦。

云浦盛仲交才华出众，博学多闻，有卓越的鉴赏能力，提笔就可以作诗，写的文章从来不需要修改。他家里有一个小书房，文徵明为其题名"苍润轩"。因为仲交喜爱临摹倪瓒（字元镇）的山石墨竹，所以借用了大画家沈周所写的诗句："笔踪要是存苍润，墨法应须入有无。"杨慎先生也为"苍润轩"写了记文。仲交所画的枯木、竹石，与倪元镇的画放在一起，完全可以乱真。

姚涷姚元白，号秋涧。他晚年专门钻研画梅枝。

秀才杨一洲，字伯海。他的小幅山水画水准不错，值得一看。杨一洲喜欢游览名山大川，足迹遍布五岳名山，有人讥讽他说："伯海手画的山水，赶不上脚走过的山水啊。"他曾经寄山水画给后七子的谢榛谢茂秦。谢茂秦写诗回复：

> 画逼辋川工，王维信可同。云微天若远，石断水如空。
> 裂素写能尽，披图意不穷。相知万里合，相望一书通。
> 神会江天月，名传海岳风。君才变化里，吾道寂寥中。
> 猿鹤交年久，渔樵化岁丰。懒时犹蒋诩，圣代岂杨雄。
> 地胜闲多赋，山灵暗有功。寒暄依古柏，霜露感秋虫。
> 养拙聊幽事，探奇奈老翁。丹青长在壁，逸兴满蒿蓬。

秀才王建极，字用五，善于山水画。

御史何淳之，字仲雅。他擅长画山水画，即便是他随手画的兰竹都特别有清新的情趣。

胡宗信，字可复。他的山水画特别秀美润泽，可惜他不长寿，英年早逝了。

史鉴史元昭擅长山水画。谢承举在他的《云山图》上题诗：

玉芝堂前两日雨，问病无人不开户。
东墙卧对溪山图，雨瀚云蒸互吞吐。
画师云是史元昭，心法妙传公系祖。
高峰一二或可见，老树千枝不能数。
微茫远水通桃源，削拔横空类天姥。
林间一亭苍翠深，溪叟山翁作亭主。
山中雨多溪涨添，已隔渔郎在汀浦。
洞口云昏昼欲迷，似阻樵人出幽坞。
岩崖豹栖知变文，雨晴出山西日曛。

沈硕，字宜谦，号龙江，苏州长洲人，后来流落到南京。他曾为学画三年不曾出门，擅长临摹。他善于画山水人物，远效李唐、赵伯驹、刘松年，近仿仇英、唐寅，画得精工古雅，山水深秀，人物生动。

太学生姚衍舜，字光虞。他擅长画松树，笔法老练而雄健。此外，他还精通画竹。

杜大成，字允修，号三山狂生。他善于画鸟、虫、花、木，画得美丽灵巧，栩栩如生。

朱庆聚，字仲贤，号似碧，是齐庶人的后裔。他擅长画山水、枯木、竹、石，他的画清新秀雅，值得一观。

卢氏的名字叫允贞，字德恒，号恒斋，是文毅公倪岳的夫人。她的工笔白描十分精妙，有两卷《九歌图》和《璇玑图》藏于家中。文毅公的曾孙、蕲水县令倪民悦曾拿出来让客人观赏，我也有幸得以见到。

马夫人的名字叫闲卿，号芷居，是陈沂陈鲁南的夫人。她善于画山水，但她经常白描完成初稿后就撕掉，不肯给别人看。她曾对人说："画画怎么能是女人做的事呢？"

沈氏是沈硕的女儿、杨一洲的妻子，善于画折枝花。吴中文士黄姬水曾在她画的杏花上题诗：

> 燕飞修阁帘栊静，
> 纨扇新题春思长。
> 妙绘一经仙媛手，
> 海棠生艳复生香。

僧人可浩，号月泉，是灵谷寺的住持。他画的蒲桃生机盎然，丝毫不比宋末元初的画僧温日观逊色。号为"南禺外史"的名士丰坊为他画的《蒲桃》题诗：

> 龙宫倾洞不可测，下有七宝光琉璃。
> 老师手掣千尺竿，粒粒总是真摩尼。
> 掌取摩尼和壳吸，八部呼惊龙女泣。
> 醍醐入口冷暖知，醉卧青林满身湿。

昔有大师名日观，解图蒲桃至今传。

我师天机通道妙，绝精何代其无贤。

出定堂前如一戏，四壁萧萧风雨至。

从今福慧并圆明，三界虚空青击碎。

南宫仙人初下马，欣然长歌为师写。

请师持此诣灵山，应道无非妄语者。

广礼，号大镜，是报恩寺的一名僧人，陈芹陈子野曾给他传授过画竹子的方法。

曲品

马俊写的小令散曲比起元代人来也毫不逊色。

史痴特别善于写小令散曲。

秀才陈全有一卷《乐府》广为流传，但他的作品并没有词曲名家那样高的水准，不过是擅长讥笑谩骂而已。

陈铎有《秋碧乐府》《梨云寄傲》《公余漫兴》流传于世，其中一首咏闺房之情的《三弄梅花》完全称得上是行家里手。他所写的散曲套数稳定协调，流畅华美，配上乐曲，节奏旋律丝毫没错。

徐霖年轻时流连于花街柳巷，他所填写的词非常有才情，一言一语都能乎吟唱的格律，得到了青楼娼馆的推崇和喜爱。吴中文徵明曾在画上题诗赠徐霖："乐府新传桃叶渡，彩毫遍写薛涛笺。"诗句所描述的情形，一点都不夸张。正德皇帝朱厚照南游时，戏子臧贤把徐霖的词推荐给他，他让人给这首词配了新曲子，非常喜欢。我见过流传于世的戏文有《绣襦》《三元》《梅花》《留鞋》《枕中》《种瓜》《两团圆》等。

陈鲁南有《善知识》《苦海回头记》等多种曲广为流传，但最脍炙人口的还是要属《梅花序》。

罗子修所写的《雪词》妙绝一时。

盛鸾著有两卷《贻拙堂乐府》。

太常少卿邢一凤，字伯羽。他所作的曲词很有新意，与器乐相配，十分妥帖。

郑仕，字子学，精于小令散曲。

胡汝嘉的《红线杂剧》写得极好。同时期吴中的戏剧家梁辰鱼也写过杂剧《红线女》，虽然也算脍炙人口，但相较于胡汝嘉的《红线杂剧》还是稍嫌逊色。

三山狂生杜大成善于写小令，他著有一卷词评，名叫《纳凉偶笔》。

金銮，字在衡，他所著的《萧爽斋乐府》算是高手佳作。华亭何良俊宣称是金在衡的知音，他经常跟人说："每听在衡诵的小曲一篇，都让人佩服得五体投地。"

王钦佩的儿子王逄元，号吉山，是一个词曲行家。

沈越，字韩峰，擅长写小令散曲，是嘉靖壬辰（1532）的进士，他的官一直做到监察御史。就算是铁面无情的御史，也可以写风流软媚语，那么，写《梅花赋》的，怎么能只有大唐名相宋璟宋广平呢？

盛敏耕，号壶轩，精通散曲写作。

秀才高志学，号石楼，擅长写小令。

段炳，字虎臣，是一个秀才。他依元代人东篱马致远《百岁光阴》的韵，写了一整个系列，金在衡看后极其赞赏地说："敢押如此险的韵，竟然还能写得如此恰当合适？足以压倒东篱原作了。"

张四维，字治卿，号五山，是一个秀才。他著有一本没有公开发行的《溪上闲情》，他的好朋友刊印了他的《双烈记》《章台柳》，使它们得以广为流传。

黄方胤，字醒狂，号醒狂散人。他出身官宦世家，父亲黄蛰南曾在吏部任职。黄方胤为人放浪不羁，他不愿意参加科考，长居在秦淮河畔，混迹于青楼妓馆之中，被当时的人嘲笑。他很擅长写词曲，著有《陌花轩小词》。

🐚 诗话

王韦，号南原。在他还是秀才的时候，有一次在睡梦中听见有人吟诵了两句诗："起来小步傍阑干，花雾袭衣寒气重。"

弘治十八年（1505），他考中进士后，参加翰林院对庶吉士的考察，以"春阴"为主题写诗。王韦忽然想起了梦中的那两句诗，于是就写入诗中。主考官李击节赞赏说："这两句真是有如神助啊！"

吏部侍郎储瓘（字静夫）听说后，也把王韦的诗要去看，读到"朱楼十二昼沉沉，画栋泥融燕初乳"这两句时，忍不住拍着桌子叫好道："绝似温李，绝似温李。"意思是有晚唐诗人温庭筠和李商隐的水准。

礼部侍郎陆深（号俨山）也在现场，听见储瓘的话，就笑着说："分明王韦，何止温李。"

唐时诗人王维和韦应物合称"王韦"，刚好是王韦的名字。陆俨山以此调笑储瓘，在座的人都哈哈大笑。

汤胤勣，字公让，年轻的时候在府学读书，自恃有才，不肯低头，就连府尹传唤都不出席，因此被责罚了十板子。羞愤之下，汤胤勣舍弃府学的衣冠，在府门扇上题诗，其中有"从今袖却经纶手，且向江头理钓丝"这样的句子。后来他被举荐，官位一直做到了参将。他著有一本《东谷集》。

山人徐霖曾被正德皇帝朱厚照召进宫当值。他写诗记录：

> 久嗣豳风学老农，圣恩忽漫起疏慵。
> 身离陆海三千里，目睹天门十二重。
> 封禅无书何献纳，清平有调幸遭逢。
> 临流久洗巢由耳，也许来听长乐钟。

从宫中回去之后，他又作诗说：

> 放归吾愿遂，计日便还乡。
> 免上乞骸疏，将求辟谷方。
> 无心判恩怨，有道管行藏。
> 耿耿思君念，他生亦不忘。

徐霖以一介布衣之身应对朱厚照，在除夕佳节写颂诗，百行长篇一气呵成，且艺术性和娱乐性兼备，言语之间还颇多劝谏。他陪在朱厚照身边，从容应对朱厚照的各种询问，朝夕相对，相随同游，也算是世上少有的奇异经历。朱厚照屡次给徐霖赐官，但徐霖坚决不接受。

朱厚照突然去世（1521 年 4 月 20 日），徐霖选择归隐，实现了最初的愿望。他像一只远走高飞的鸿雁，让那些手持弓箭的猎人只能在心里徒然羡慕。

像徐霖这样的人，怎么能跟那些在官场里追逐功名利禄，闷头在名利的河边行走，一直舍不得离开，最后遭殃的人相提并论呢！

归隐之后，徐霖的声名越来越大，诗文也越来越奇特。又过了二十多年，竟悄无声息地去世了。

杨慎、王世贞两位先生品评梅花诗中的最佳句子，都选择杜甫的"幸不折来伤岁暮，若为看去乱乡愁"和李商隐的"玉鳞寂寂飞斜月，素手停停待夕阳"。这种观点一提出来，就让"淡烟"和"疏影"这样的句子突然贬值了。我的同乡、在吏部任职的黄甲黄首卿有诗句说："野客佩寒星欲堕，佳人钗暖日初融。"翰林院焦竑焦弱侯也有诗句道："花开暮雪人归后，香满寒庭月上时。"两人一个写得像李商隐，一个写得像杜甫。

兵部侍郎兼都御史苏祐，字舜泽。他的诗《咏西阙梅》写道："此日韶华开禁苑，向来吟思绕江干。"我的同乡谢少南常常把这两句挂在嘴边，赞不绝口。

南京东西都司指挥使杨伯海背诵了一首同乡老人写的《咏枯木》中的一联："有枝撑晓月，无叶响秋风。"句子很是清新别致，至今都记不起是什么人所写的，只能记录在这里。

有一个叫杨谷的秀才，上元县令给他的父亲和兄长派了苦役，他就前去申诉。县令见他是个秀才，就让他以秀才的青领衣和方巾为题作诗。虽然含有轻视的意思，但杨谷还是提笔写就。县令见其中有"草中射虎心空在，天上屠龙事已非"这样的绝妙佳句，很是赞赏，就为他的父亲和兄长免了苦役。

东桥先生顾璘担任湖广巡抚时，"三司"衙门的人邀请他游览黄鹤楼，酒后拿出一块事先打磨好的石头，请东桥先生留诗题字。东桥先生在来时的路上，已经琢磨出两句"云荒赤壁周瑜垒，江绕青山夏禹祠"，于是提笔在石头上写下：

> 黄鹤仙人身姓谁，空传崔灏旧题诗。
>
> 云荒赤壁周瑜垒，江绕青山夏禹祠。
>
> 浮世古今堪洒泪，高台歌舞几衔卮。
>
> 天寒月白孤鸿远，徙倚阑干送目迟。

三司衙门所有人看后没有不叹服他厉害的。

何淳之，号太吴，他在万历十一年（1583）会试中了"五经魁"，可还没来得及等到殿试，就不得不因病请求回家。同榜的进士殷都写诗为他送别，其中有一句"收来骏骨还归市，画就蛾眉不入宫"，不仅内容契合，语句也十分工整。

苏州翰林刘瑊，字玉倩。他在南京读书的时候，随身带酒，邀请沈重巽（字惟申）和盛时泰（字仲交），一起游览清凉寺里的环翠阁。见到墙壁上写的各种诗，刘瑊就以"徉、狂、张、藏、忹"为韵脚，想难住盛仲交。仲交随手拿起笔，就在墙上写下：

> 三人阁下共徜徉，此日风流压楚狂。
>
> 读书不数郑监税，任侠那夸许少张。

风生虎向谷旁吼，雾尽豹岂山中藏。

从来陆云最文弱，休笑形貌多羸尫。

仲交的这种才华，把旁边两人看得瞠目结舌。

吴扩，字子充，是昆山人。他年轻时候喜欢写诗，在吴中地区很有名气，以一介布衣之身经常和官宦贵族往来。他讲话声如洪钟，平时总爱穿着黑帽白衣。他喜欢对客人讲自己以前游览武夷山、庐山、天台山、雁荡山时经历的诸多好玩的事，并朗诵他在出游期间所写的诗作，听他讲述的人都如同亲历亲见。

嘉靖年间（1522—1566），吴扩为了躲避倭寇，携带家眷来到金陵。他喜欢秦淮河的河水，就在河边建造"长吟阁"居住。他在大年初一写了一首诗怀念内阁首辅严嵩。朋友调侃他说："开年第一天，思念朝廷第一大官，照这种写法，写到腊月三十年终，也写不到我们这些人。"在座的客人都捧腹大笑。当时的文坛领袖李攀龙编了一本《古今诗删》，选取了各朝各代的诗，其中就有一首吴扩写的《崔驸马山池》：

平阳池馆接青霄，阆苑瀛洲路不遥。

帝女巧将霞制锦，仙人常以鹊为桥。

楼前叠石云生座，洞里探梅雪满条。

词客惯来陪赏洽，月明酣听凤皇箫。

我喜欢诗人孙太初赠刘坦翁的一联诗："闭门句好香残后，捣药声高月上初。"友人张子明说："这两句诗有清新的趣味，是晚唐的格调。

但'闭门句好'是两件事，'捣药声高'是一件事，对起来觉得很不工整。"
我对他的这个说法非常佩服。

秀才金大舆炫耀吴中的朋友写给他的诗"家散千金尽，诗成万口传"
很精确地写出了自己的一生。金鱼听了他的话，调侃说："家财散尽倒
是真的，可是你干过什么济世救人、乐善好施的事吗？不如每句各添两
个字，写成'家散千金尽为甚，诗成万口传何曾'怎么样？"金大舆被
逗生气了，拂袖而去。

盛仲交游览祈泽寺，从佛龛里得到一张破纸，上面写着一首律诗：

> 研池满座落花香，墨透纤毫染汉章。
> 静卧衲衣云似水，高悬纸帐月如霜。
> 杯浮野渡鱼龙远，锡振空山虎豹藏。
> 幸对炉烟坐终日，煮茶清话得徜徉。

诗的后面写着："友人褚俍，恭呈雪庭法师座前清览。洪武辛亥年暮春，
书于清隐小轩。"褚俍，字本中，不知道是南京什么地方的人。

吴中的黄淳甫和姚元白、盛仲交三人在竹素山房里围着炉子，各人分
拈韵脚，以春雪为主题赋诗。盛仲交拈到韵后，马上就写成诗。黄淳甫要看，
仲交不允，对他说："想看可以，先饮酒一杯。"淳甫于是自饮了一杯，
只见盛仲交的诗写道：

三冬寒始尽，初阳气尚微。

谁言六出后，犹作五花飞。

入柳惊棉早，粘梅讶蕊肥。

座中同咏客，谁是谢玄晖？

黄淳甫与姚元白两人都特别喜欢"谁言六出后，犹作五花飞"的工整对仗。

王逢元在诗歌上的造诣，被他在书画上的艺术成就所遮蔽了。我在三十年前收集到他的一百多首诗，张鸣凤（字羽王）见了特别喜欢，想写序言把它们刊印发行，可后来没有做成。今天偶然又得到他的两首诗，抄录在此。

和人无题

晴绽东墙杏子红，露溥南内牡丹丛。

承恩未必因词客，捐宠何劳怨画工。

独听远鸡啼晓月，几随孤燕领春风。

琐窗寂寂眠初定，梦见笙歌在别宫。

还有一首：

两日闲心梦里宽，一春花事雨中残。

垂杨不解青丝结，明月先亏白玉盘。

琴调思长和泪鼓，镜铜衰尽带愁看。

频过女伴颠狂甚，故着罗衣刺合欢。

　　罗敬叔说："昨天我从休宁县令丁元甫扇子上看见焦弱侯的一首诗，有'别来野老频争席，归去门生半在楼'这样的句子，门生弟子怎么能在楼上住呢？这句让人特别不满意。"我调笑他说："你一向不读书，难道你以为这说法是焦弱侯自己杜撰的吗？这典故出自陶弘景的三层楼的故事。"陶弘景在茅山上修建了三层楼，自己住在最上面，弟子住在中间，宾客住在最下面。敬叔听我这么解释，脸红了很久。敬叔名叫罗治，是江西南昌人。

　　周洁，字玉如，家住在江东城南郊区的胭脂巷里。十四岁时，父亲周碧山让她侍候应天府判张鸣凤。张鸣凤罢官后，带着她回老家广西桂林。过了几年，她给父亲寄来一本诗集，书名《云巢诗》，诗集里好诗很多：

晚晴

久雨愁无极，斜阳喜乍开。

树披残霭出，山挟断云来。

的历穿花径，逶迤过渚台。

更须林月上，清赏一追陪。

江边思家

北望一含愁，归心俯碧流。

漓虽注南海，湘亦接巴丘。

天阙当牛斗，台城枕石头。
侬家生长地，终岁信悠悠。

秋山

闻道秋山好，重岩湿已消。
沙头文舫待，石上白云招。
喜探飞琼篆，羞吹弄玉箫。
桂岑多胜概，不数赤城标。

立秋

白帝严金驾，乘风下紫微。
德惟宣湛露，令即屏炎晖。
乍警青桐落，将催赤雁飞。
何须赋团扇，恩顾似君稀。

喜雨

入伏炎难度，迎秋雨乍行。
新凉增雅咏，甘澍满欢声。
甫脱冲波厄，那堪悯旱情。
吾家安石喜，恐亦为苍生。

登楼

凭栏一望白云重，松竹萧森裛露浓。
树外连漓流不断，依稀如听秣陵钟。

戏诸姊作假花

镂花雕叶百般新，巧手分明遂夺真。
自是深闺无定鉴，金钱输与弄虚人。

秦淮

秣陵无处望，漓水正前流。
何不教东下，将心到石头。

梦还京

自去长干侧，终年桂岭西。
新秋望乡处，无奈白云迷。

忆父

忆昔当残腊，还家雪正飞。
三年无一字，不忍见鸿归。

思母

慈母头已白，忍见绿萱开。
空号忘忧草，偏令首重回。

伤长姊

花落空萦恨，莺啼更助哀。
芳魂似流水，一去不重回。

中秋赏月忆诸弟

本共一枝生，谁知各南北。

今逢三五时，会尔何能得。

读了这些诗，我们可以认定她是江东一位才女。

徐姬在诗《咏杨花》里写："杨花厚处春阴薄，清冷不胜单夹衣。"被誉为"吴中诗冠"的徐祯卿（字昌谷）特别喜欢这句，写了一首《徐姬诗》悼念她：

绕廊吟罢杨花句，

欲觅杨花树已空。

日暮街头春雪散，

杜鹃无力泣东风。

妓女朱斗儿，号素娥。她与陈沂陈鲁南对诗，写出过"芙蓉明玉沼，杨柳暗银堤"的名句，被金陵很多人都挂在嘴边。

有一次，她在江岸上与相好的男人送别，作诗道：

扬子江头送玉郎，

离思牵挽柳丝长。

柳丝挽得吾郎住，

再向江头种几行。

后来她又托相好的人买束腰，对方写信问她尺寸，她回信说：

> 寄买红绫束，
> 如何问短长。
> 妾身君抱里，
> 尺寸细思量。

凤阳刘望岑想见素娥，可是她不肯接待。刘望岑便作了一首七绝赠她：

> 曾是琼楼第一仙，
> 旧陪鹤驾礼诸天。
> 碧云缥缈刚风恶，
> 吹落红尘四十年。

素娥为诗所动，欣然出来与他相会。

教坊司旧院官妓赵四，字燕如，小字宝英，性格豪放仗义，她所来往的都是当时的名士，尤其擅长写诗。有一首诗叫《答人寄吴笺》：

> 感君寄吴笺，笺上双飞鹊。
> 但效鹊双飞，不效吴笺薄。

妓女赵氏十四岁就能写诗，客人要求她写情诗，以"床"字押韵脚。她吟道："思君君不见，明月照牙床。"

徐翩翩是教坊司旧院官妓，有着秦淮第一名的才色。朋友念起她的诗句"红拂当年事，青楼此日心"。我感慨说："徐翩翩已经离开了。"后来，徐翩翩嫁给郁澄江为妾，让原配夫人心生嫉妒。郁澄江因官职变动，赴任福建时，大夫人不许翩翩同行，郁澄江竟然心情郁郁而亡。在他去世十年后的夏天，徐翩翩削发出家为尼。

教坊司旧院官妓马守真，号湘兰。她曾有诗云："自君之出矣，不共举琼卮。酒是消愁物，能消几个时。"诗学才情比起唐朝鱼玄机、李季兰毫不逊色。

湘兰五十七岁时去世，她的终身知己、已年逾古稀的苏州才子王稺登连写十二首挽诗悼念：

歌舞当年第一流，姓名赢得满青楼。
多情未了身先死，化作芙蓉也并头。

石榴裙子是新裁，叠在空箱恐作灰。
带上琵琶弦不系，长干寺里施僧来。

不待心挑与目招，一生孤负可怜宵。
只堪罚作银河鹊，岁岁年年只驾桥。

黄金不惜教婵娟，歌舞于今乐少年。
月榭风台生蔓草，钿筝锦瑟化寒烟。

明珠缀在凤头鞋，白璧雕成燕子钗。
换得秣陵山十亩，香名不与骨俱埋。

舞裙歌扇本前因，绣佛长斋是后身。
不逐西池王母去，定随南岳魏夫人。

水流花谢断人肠，一葬金钗土尽香。
到底因缘终未绝，他生还许嫁王昌。

平生犹未识苏台，为我称觞始一来。
何意倏然乘雾去，旧时门户长青苔。

佛灯禅榻与军持，七载空房只自知。
试向金笼鹦鹉问，不曾私蓄卖珠儿。

兰汤浴罢净香熏，冉冉芳魂化彩云。
遗蜕一坯松下土，只须成塔不须坟。

红笺新擘似轻霞，小字蝇头密又斜。
开箧不禁沾臆泪，非关老眼欲生花。

描兰写竹寄卿卿，遗墨都疑泪染成。
不遇西川高节度，平康浪得校书名。

画谈

戴进，字文进，是浙江钱塘人。永乐（1403—1424）初年他初到南京，刚要进水西门，转眼之间，随身带来的一担行李就被雇用的脚夫给担走了，一时不知该怎么办才好。

文进虽然只是刚刚认识脚夫，但已记住他的大概容貌，于是向路边饭店的老板借了笔墨纸张，凭记忆画出了脚夫的肖像。

他拿着肖像找到其他脚夫聚集的地方，请脚夫们辨认。果然，脚夫们纷纷说："这就是那个谁嘛。"带着文进一起去了脚夫家里，这才把行李取回来。

汪肇，号海云，休宁人。他画山水人物的技术都是学自戴进和吴伟，不过他下笔时多了些草率之处。

有一次，汪肇在去金陵的路上误上了贼船。当时正值祭祀河神，贼寇们约好在当天晚上抢劫一艘知府的船只，还试图拉汪肇入伙。汪肇当时并未直接拒绝，他委婉地告诉强盗，说自己擅长画画，并故意打开随身的箱子，取出扇子，以表明自己没有随身财物。然后，他给每个强盗画了一把扇子。喝酒的时候，他不用嘴而用鼻孔喝，又耍了些其他把戏，逗强盗们开心。强盗头子不知不觉就喝多了，清醒后才发现已经耽误了时间，抢劫的事也只好作罢。第二天，汪肇离船上岸，沿陆路而行。

汪肇经常自诩："我作画时不需要朽木炭勾勒草图，喝酒时也不需要用嘴只用鼻孔就行。"

吴伟吴小仙和诸多官宦子弟在春日同游杏花村。饮酒之后，觉得十分口渴。他在竹林深处看到一位老妇人，就向她借了茶水解渴。

第二年他们再去时，发现那老妇人在几个月前就去世了。吴伟根据自己的记忆，用画笔画下了她的肖像。画得神色生动，惟妙惟肖，与老妇人在世时一模一样。老妇人的儿子看到画像，宛如看见母亲，放声痛哭不止。

朱朗，字子朗，他是衡山居士文徵明的得意门生。文徵明为了应付场面和人情的敷衍作品，大多数都是出自他的笔下。

南京有一个人客居在苏州，派自己的童子给朱子朗送礼，求取文徵明的赝品画。没想到童子误把礼物送到了文徵明家里，并且向文徵明说了主人的需求。文徵明笑着收下了礼物，问来人："我画一幅真的文衡山，权且当成假的朱子朗，可以吗？"这事一时之间成为笑谈，广为传播。

文伯仁是文徵明的侄子。他绘画的盛名不在叔叔文徵明之下，但是他性格古怪，喜欢使性子当面骂人，所以一般人都不能忍耐他。他常年借宿在栖霞寺的白鹿泉庵中。东山有个姓徐的人，礼貌地邀他到家里，请他在太湖边上的近水楼阁里作画。

宾主相谈，只是稍有分歧，文伯仁就挥着拳头，破口大骂。姓徐的人实在无法忍受，对他说："你文伯仁太过分了，在我家里就敢如此撒泼骂人。今天我把你扔到太湖里去，看看有谁能来救你？"说着就大声叫来几个家人，拿着绳子要捆他。文伯仁不知所措，束手无策，只好下跪求饶。

姓徐的坐在高处，让文伯仁头顶着一块大石头，他一一历数了文伯仁生平所做之事，一边说，一边臭骂不止。文伯仁只能在下面点头应着，这才没有被投入河中喂了鱼鳖。

文伯仁年少时和叔叔文徵明打官司，被关进监狱，得了急病。一天夜里他梦见金甲神人叫他的名字，告诉他："你不要太担心，你前世是蒋子诚的弟子，只要画观音菩萨的画像，不斋戒沐浴不动笔，如此虔诚，积了功德，此生应当会以绘画闻名于世。"醒来之后，他就觉得病已经痊愈，官司也解除了。

这是伯仁亲自对我说的。

蒋子诚擅长画神像鬼怪。《江宁县志》里记载了一件事：江宁有个姓潘的道士住在骁骑营内。据传他上厕所时召唤神仙为他拿手纸，被雷劈烂了额头，久治不愈，所以被称为"潘烂头"。

他每次出门都有一群小孩拿钱追着他买"雷"，他用手指在头上烂处蘸一点脓，在小孩手心里写个"雷"字，每个一文钱。手心写了"雷"字的小孩，走远几步，然后把手摊开，就有云烟向上疾冲，并发出打雷的声响。

生病的人来求取符咒，他也用脓画符。病人拿回去，或者挂在门上，或者烧成灰服用，很快就能痊愈。

潘烂头托蒋子诚画瘟元帅的画像，过了很久，蒋子诚都没给他画。一天晚上，潘烂头召唤瘟元帅到子诚家里，蒋子诚只要睡着，就能见到元帅。用这种方法催促，果然没过几天，像就画成了。

潘烂头看了画像后，惊讶地问："以往瘟元帅的神庙里，神像顶上的金字牌都写着'出入天门'，你这幅画上怎么改成'无拘霄汉'了呢？"

蒋子诚说："我怎么敢擅自更改呢？这十多天以来，我每天晚上见到瘟元帅，头上挂的就是这四个字，所以就照着写了。"

潘烂头听了，心有所悟。

自此以后，天下无论是瘟元帅画像还是瘟元帅塑像，都把原来金牌上的"出入天门"改成了"无拘霄汉"。

陆治，字叔平，号包山，是吴郡的诸生。他精于写生，颇有几分西蜀黄筌和南唐徐熙的气势。我曾见他画了一幅《丫兰图》寄给我的同乡盛仲交，他自己讲述是广南的梁中舍馈赠给他的丫兰，品质不同寻常，心有所感，想赋诗一组，就写了六首：

> 每茎十六花，花各一丫
> 不与秋兰并九英，仙葩二八自天成。
> 只缘无力禁香重，幻作骿支驾玉茎。

> 心带微红，迎风舞动
> 新裁鲁缟缯秋衣，肌骨冰瑛酒晕微。
> 独立嫣然风自举，低回翻学舞容玑。

> 花枝应节，六叶丛生
> 玉戟棱棱应节分，枝枝柔玉纫香云。
> 凝妆拟待三更月，露染生绡六幅裙。

> 瓣若轻绡，色带青黄
> 方空轻翼窃青黄，制得霓裳称淡妆。

香抱幽怀娇不语，含情如欲待迎将。

直干玉立，露下尤香

亭亭浴露立西清，淡薄秋容幻态轻。

独有檀心禁不得，一庭香思动蜂婴。

叶过三尺，花多晓发

三尺丰标高髻妆，两行钗玉一奁香。

朝朝拟待烟屏展，徐揽轻罗上画堂。

一个叫邹鹏的人家里贫穷，他靠卖画赡养母亲。

有一天，两个穿着青衣的人上门拜访，说自家主人在芜湖经商，听闻邹鹏大名，专门来请他去画卷轴和屏风，先送上白银五两，权且买米粮养活家人。

邹鹏拿着银子去问母亲意见，母亲高兴地说："你马上去，这是你的好运气来了。"

于是他拜别母亲，跟两人上船。船行水路，一连走了三天，邹鹏疑惑问："我听说芜湖很近，乘船半天就到了，怎么走了三天还没到？"

两人回答："实在不该欺瞒先生，我家主人在鄱阳湖上，可是担心先生嫌路远不去，只好谎言在芜湖。"

既然已经在路上了，邹鹏也无可奈何，只能跟着继续往前走。水路走完后，陆路又走了几里才算到了地方。主人见面相迎，以礼相待，无微不至，饮食茶饭丰富而干净，还派了四个小书童在画室里侍应。

邹鹏在屋子里一连画了好些天，只偶尔出去散步。一次，他无意间看到主人穿着红袍，戴着金冠，收取了很多强盗的财物，才知道这家主人是强盗头子。邹鹏十分惊惧，但不敢露出破绽，他用最快的速度画完后，向主人告别。

主人说："你家里那么穷，在这里留下来也挺好啊。"邹鹏只好说家里有老母亲尚在，需要回去赡养伺候。主人也没有强留，给了他丰厚的酬劳，派人一直送他到了上新河。

邹鹏回家后，哭着对母亲讲了整个过程。后来只要没有要紧事，他就闭门不出。凡是有上门求画者，必须是熟悉的声音才肯开门见面。

盛时泰才华出众，博学强记，在文人圈子里很有声誉。他曾向宝幢居士顾源学习画云山。有一天，顾源和盛时泰在庙里相聚。好友陈泰华引用《蔡中郎》戏文中的两句调侃他们："云浦，云浦，大丈夫当万里封侯，怎肯守故园空老？"因为"故园"的读音和"顾源"一样。在座的人听了都哈哈大笑。

金润，字伯玉，号静虚，曾任安南知府。

安南府古庙前，有一棵空心的枯树，偶然有个乞讨的道人，坐在树洞中歇脚，枯木竟然逢春，重新生长出枝叶。这样的奇景震惊了所有人，前来围观的人熙来攘往，就像逛市场一样。然而，树中的道人忽然就不见了。大家回想道人的形貌，他穿的布袍上面有补缀过的痕迹，看上去像个"吕"字，大家分析之后才知道是吕洞宾现身。

金润对这件事特别感兴趣，根据此事画了一个长卷轴，命名为《长春鼋》。在上面题诗的有三十多人。我从市场上买回来后，被盛时泰借去观看，至今没有归还。

吴伟吴小仙在朋友家里饮酒,他随意用莲蓬蘸墨汁印在纸上几大块。朋友不明白他这是要干什么。小仙略一沉吟,拿起笔在纸上开始挥洒作画,最后画成《捕蟹图》一幅,整个过程简直是精彩绝伦。

林奴儿,号秋香,是成化年间(1465—1487)的妓女,气质和容貌在当时无人能比。她曾向史廷直、王元父两人学过画,笔意非常清新润泽。后来她从良,有过去的客人想求见一面,她在扇子上画了柳枝,并写了二十八个字拒绝:

> 昔日章台舞细腰,
> 任君攀折嫩枝条。
> 从今写入丹青里,
> 不许东风再动摇。

妓女朱素娥画山水小景得到了陈沂陈鲁南的真传,成为此中行家。

她听说陈沂成为翰林院庶吉士,把自己和他平常往来唱和的所有诗、画和书信,用心包装封好,寄给陈沂,上面写:"昨日个锦囊佳句明勾引,今日个玉堂人物难亲近。"

只是这一举动,就能看出朱素娥为人洒脱,气度不凡。

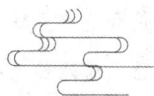

第三卷

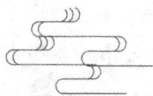

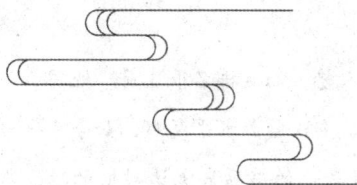

清甫论字

有些人评论顾清甫的诗和画，说他的诗里有禅意，画里有神韵。但他字画里的雄健强劲与古朴雅致，能看出这种价值的人却不多。我珍藏了顾清甫谈论书法的一页手稿，上面说道：

> 写字之法度，不必拘泥于字的形态是怎样，关键是要在心里，让笔意与古人彼此沟通。融会贯通的精妙，要靠自己领悟，总归是难以言说。金赤松是通过恪守其形似得以融会精妙之处；而祝枝山则是依靠气势和速度，随着形势及时做出改变，在语言和道理之外体会到精髓。这两位的书法就像李白和杜甫的诗，都是这个世界上不可少的东西。要评价他们的高低好坏，就像是在对着傻子说梦话一样。

《吴小仙传》

小仙姓吴，名伟，字鲁夫，原籍湖广武昌。他的祖父吴知州因廉洁干练，在两个州任职三十余年。起初在南阳府的豫州任职，后来到了大名府的开州。他在位时官声好，名气大，时至今日，老百姓还记得他。

吴伟的父亲吴刚翁中过乡试举人榜，而且排名很靠前。他写文章颇有才华，为人处世也很仁义，书法绘画水平高超，如今京都和京师的原住居民都会在家里收藏他的书画来表达对他的敬仰。吴刚翁喜欢奢侈的生活，尤其沉迷于炼丹，因此耗费巨大导致家景败落。吴伟出生后不久，吴刚翁就去世了。

过了些年，十七岁的吴伟来到南京，风华少年，意气非凡。刚到南京没多久，他就每天穿戴整齐，早早出门。旅店的人好奇他都在干些什么，就偷偷跟在后面，发现他是去拜见当时的太子太傅、成国公朱仪。原来吴伟的绘画才华非凡，得到了朱仪的赏识。在亲眼见过吴伟画画后，朱仪惊讶地赞叹："这莫非就是传说中的神仙般人物？"因为吴伟年纪尚小，所以就称呼他为"小仙人"。从此以后，吴伟就以"小仙"作为自己的号，别人也因此都叫他小仙。朱仪把吴伟收为自己的门客，待他像对自己的家人一样。

吴伟精通绘画，颇有他父亲的风范。别人都说他用墨的水准远远高于他的父亲，而画中的韵味丰采，巧妙神思，多端变化，几乎可以与古代的书画名家一较高下。

朱仪去世后，吴伟去拜见了如今的太子太傅、吏部尚书王恕。王恕当时还是兵部尚书，与太保平江侯陈锐、太保新宁伯谭祐都对吴伟尊敬而器重。

吴伟虽然年纪小，但气质沉稳，礼数严谨，言谈举止，从容不迫，不逢迎，不屈从。时间一久，几位先生都对他越来越好。从此往后，官宦士人没有不想和吴伟来往的，请求见面的人从早到晚，熙熙攘攘。可是，吴伟却始终以和山野隐士交往为乐，大概秉性淳厚使然。

吴伟曾经去京师游玩，他人还未到，名声早已传遍京城。当今太师英国公张辅、太子太傅保国公朱永和驸马都尉周景早早就为他准备好了食宿款待。

成化皇帝朱见深听说他来了就下旨召见他，特意赐予他衣装帽饰，还想给他在宫里封一个职位，让他常伴自己身边。吴伟请辞，态度十分坚决，才得以脱身，重新回到南京。他警告自己说："我现在算是认识官场了。"从此开始了窘迫的游历。

我以前从山中出来时，第一次见到吴伟，当时对他不熟悉，以为他只是一位江湖豪客，声名不过是王公大臣们抬举他罢了。等到今年再出山，又与吴伟见面，有时间和他聊了很多，可惜有些话还没说完我就离开了。这次对吴伟的认识比以前要深入了许多。

或许因为他精通古代诗文，写诗为文的读书人争着来拜访他，怡声下气地取悦抬举他，现在他又到了这里。吴伟多次来过我住的地方，我们也多次一起出南门游玩。我们去高座寺，或者坐在野地里，促膝长谈，畅所欲言，说了很多心里话，我这才得以理解他的所思所想。

他胸怀博大，漫无边际，文思泉涌，滔滔不绝，包罗万象，却有来处也有去处。对于古今各种奇闻逸事，无所不知；评价起远近人物的作品，也都恰如其分。他品性高洁，行事恰当沉稳，言语之间，见识卓越而可信。他为人旷达而睿智，是古代隐士君子一样的人物；他与世无争，不愿意与人相处；他持守正道，庄敬自强，能等待时机，也能有所作为。人们几乎无法预知他会怎么做。

吴伟因为狂放而出名，但他说话却非常慎重，从没有傲慢狂妄的言论。老朋友们大多不懂他内心的想法，他仅凭书画就誉满天下。可即便如此，他也不愿随便为别人作画，所以，他的画也并不多见。偶尔画一幅送给穷人，却马上就被别人转售出去，落在有钱有势的人手里，还要炫耀说"这是从小仙手中得来的"。可事实上，吴伟从来没有为他们作过画，他一向都是如此自珍自重。他的画上大多有自己的题诗，看画者以此作为鉴别其画作真伪的标准。

民间有传言称赞他："小仙吴伟的才华技能全被他自己有意隐藏起来，不让别人知晓。人们不知道，所以也没办法评论。现在能见到的，只有诗和画可以谈论。人们说唐代王维画的《辋川图》画中有诗，说杜甫入川蜀后的诗作诗中有画。这两位都是历史上的奇异之才，至今仍然有无数向他们学习的人。可如今，小仙把两者都学到了。"

上面这篇传记是有"繁昌陶渊明"之称的徐杰徐兴之所写，以前从未刻印刊行面世。我收藏在家里有三十多年了。最近见到祭酒郭正域先生，他和吴伟都是湖北武汉人，正在写吴伟的传记，把吴伟写成农民家庭出身，我为了纠正他，这才拿出此传记来证明。

王画禊帖

祭酒冯梦祯（字开之）从胡汝嘉手里买了一幅王维的《江山霁雪图》，后面有沈周沈石田题的跋。他又在书画店里买了一卷《定武兰亭》，后面附有若干米芾"宝晋斋"珍藏的书帖，卷尾有宋朝和尚题的一篇跋。

这两幅字与画都极好，好到能让人沉迷而忘名。这一书一画都是稀世珍宝，世间少有人能见到的宝物。如今王维的《江山霁雪图》冯梦祯开价就要一千两白银。

收藏

黄琳，字美之，号蕴真。他家里设有富文堂，专门收藏各种书画古董，在东南地区没有能与他相比的。

苏州的都穆（字玄敬）对自己的鉴赏能力极其自信，而且眼界非常开阔。有一天，他和东桥先生顾璘一起到黄琳家里看画，都穆问黄琳："宋代元代的画暂时拿开不看，唐代的画你也有吗？"黄琳拿出一幅王维的着色山水画和一幅王维的《伏生授书图》，接着又拿出好几幅，全都是唐代的画作。

都穆看完瞠目结舌，连声说："平生未见，平生未见啊！"

赏鉴

世间所有收藏书画古董的人，按照档次不同，可以分成"好事者"和"赏鉴者"两种。米芾的这种说法非常恰当。

我的同乡金润、黄琳、严宾、田石川、顾源、姚涮、盛时泰、胡汝嘉、何淳之都精通于此道，属于"赏鉴者"。

而罗凤、司马泰和姚汝循则缺乏一些鉴赏能力，暂时还属于借收藏来标榜自己高雅的"好事者"。我为什么这么说呢？看他们收藏的东西就一目了然了。

唐江宁诗人

庾抱是江宁人，隋文帝开皇中期他担任延州参军事，后来晋升为元德太子学士，受到了优厚的礼遇和赏赐。一次，恰好遇上皇孙生日，太子摆宴席招待客人。庾抱出席并献上《嫡皇孙颂》，得到了众人的激赏。他平生著有十卷诗集。

王昌龄是江宁人，唐开元十五年（727）中了进士，初任秘书省校书郎，而后又中了博学宏辞科，改任汜水尉，因事被贬岭南。开元末年他返回长安，改授江宁丞的职位，晚年又被谤谪为龙标尉。他平生著有四卷诗集，诗人称他为"王江宁"。

徐延寿是江宁人，开元年间（713—741）的隐士。

孙处玄（或作处立）是江宁人，在武则天长安年中期担任左拾遗，是一位写文章的高手。他常常遗憾如今天下没有广泛传播新文章的书。

冷朝阳是江宁人，在唐代宗大历四年（769）进士及第，但没等封授官职就回江宁省亲。当时的著名诗人钱起、李嘉祐、韩翃、李端等为他饯行，赋诗送别，这成为一时盛事。李嘉祐的送别诗有一句为："长安带酒别，建业候潮归。"

许恩是江宁人，开元中期进士。岑参有一首《送许子擢第归江宁拜亲，兼寄王昌龄》，就是写给他的诗。

关于孙革，韩翃有一首《送孙革及第后归江宁》写道："无数沧江客，如君达者稀。"

贞元八年（792），礼部侍郎陆贽主考，陈羽以第二名进士及第，与韩愈等人同在龙虎榜上。后来陈羽当过东宫太子府的卫佐官。

会昌四年（844），左仆射王起为主考，项斯进士及第，却始终没有能声名显赫。他听说国子监祭酒杨敬之喜欢提携后辈，就带着自己的诗作，去拜会杨敬之。杨读了项斯的诗以后，特别喜欢，为他赠诗："几度见诗诗尽好，及观标格过于诗。平生不解藏人善，到处逢人说项斯。"南谯张泊为项斯的诗集写了序。

关于康洽，周贺曾写过《送洽归建业》，李顾也写过《洽入京进乐府歌》。不过《洽入京进乐府歌》中有"朝吟左氏娇女歌，夜诵相如美人赋"和"白袂春衫仙吏赠，乌皮隐几台郎与"这样的句子，详细探究其中语意，感觉康洽不像是读书人。

中孚是高座寺的和尚。他的父亲是李太白同高祖的从兄弟。他给李白写过赠诗，李白也曾写诗回他。

李太白在《上裴长史书》里说："白家本金陵，世为右族，遭沮渠蒙逊之乱，奔流咸秦，因官寓家。"这段话大概是说诗仙李白也是金陵人，但我不敢肯定正确与否。

司寇王凤洲为太学生的一本诗集写序言，说金陵在唐朝的时候没有诗人。因此我才列举以上这些人，证明他是错的。

进士袭武职

梅纯是驸马都尉梅殷的曾孙，成化十七年（1481）中了进士，担任定远知县。他因为与自己的上司发生冲突辞职弃官回家。后来他又继承了指挥官，官职一直做到中都留守司副职。

进士以医用

黄谦中是成化八年（1472）的进士，被封工部主事。他管理砖厂三个月后被宦官刘朗诬陷迫害，丢官之后羞于回金陵老家，就在北京城的市场上卖药。

后来他因为医治好了太后的病立下功劳，被封为太医院六品院判。

焚奸臣传

郑晓郑淡泉在金陵任职太常卿时写了一本《吾学编》。白天写完一名奸臣的传记，当晚做梦就梦见那奸臣来与他争辩平生所做之事，可是郑淡泉竟然辩不过他。

天亮以后，他就把那篇写奸臣的传记稿烧了。

武状元

金陵武学培养的武生中，中武状元的有六人：周旋、文质、袁吉、尹凤、董永燧、解元。

周旋又名周乾，是上元人，是嘉靖十一年（1532）壬辰科武状元。

文质是上元人，在嘉靖三十二年（1553）会试、殿试中都获得第一名。后来他当了锦衣卫都督，死后谥号为"昭义"。

袁吉是上元人，是嘉靖二十九年（1550）的武状元。

尹凤是上元人，是嘉靖二十六年（1547）的武状元。最开始他担任都指挥佥事，后来到福建参加防倭作战，因为立功被升为福建参将。

董永燧是上元人，是万历八年（1580）的武状元。他先是当河间守备，后来官做到了副总兵。

解元是上元人，是万历十一年（1583）的武状元。他是留守卫指挥使解道的远代孙，后来官做到山西的副总兵。

四杰

顾华玉、陈鲁南、王钦佩、顾英玉被人称为"金陵四杰"。

顾华玉，即南京刑部尚书、东桥先生顾璘，是江左文坛的领袖。

陈鲁南，即山西行太仆寺卿陈沂，号石亭。

王钦佩，即太仆少卿王韦，号南原。

顾英玉，即河南副使顾瑮，是顾璘的弟弟，兄弟两人当时被人称为"江东双玉"。

二才子

谢承举、徐霖被人称为"江东二才子"。

谢承举，字子象，号野全子，因为排行第九，胡须长得极好，被人称为"髯九翁"。

徐霖，字子仁，号九峰，是一名戏曲名家。

使朝鲜

曾奉旨出使朝鲜的南京人有三个：倪谦，王敞，朱之蕃。

倪谦，字克让，号静存，是南京的礼部尚书。景泰元年（1450）他奉旨出使藩国朝鲜，著有《朝鲜纪事》《辽海编》等。

王敞，字汉英，是南京的兵部尚书。弘治元年（1488）被赐一品服出使朝鲜。

朱之蕃，字兰嵎，任礼部右侍郎。他在万历三十三年（1605）奉旨出使朝鲜，与其国才士互相辩难，赋诗赠答，应对如流，且语言得体，不辱使命。

🦋 土木之难

土木堡之变又称土木之祸，在这场变故中以身殉国的南京人有两个：阁老张益和太常寺少卿王一居。

张益，字士谦，号蠢庵，永乐十三年（1415）中了进士，被授予中书舍人，又被改为大理评事，后来晋升侍读学士。正统十四年（1449）入文渊阁，死于土木堡之难，谥号文僖。

王一居是江苏上元人，积功升官做到太常寺少卿。他跟从明英宗朱祁镇北伐，死于土木之变。后来朱祁镇追赠他为太常寺卿。

🦋 僧之后身

成国公朱希忠、山人徐公霖、行太仆寺卿陈沂、临淮李言恭、县尹周元与当今翰林朱之蕃，他们五人都是和尚转世投身。

市隐园

鸿胪寺卿姚涧（字元白）建造市隐园，向东桥先生顾璘请教如何布置。东桥先生说："少建房子，多栽树。"姚涧听从建议，建成的市隐园有一种天然质朴的趣味。

白塔

裕民坊街中心的白塔香火特别旺盛。

民间传说太祖皇帝朱元璋曾在塔下活埋了张士诚的一位骁勇大将，因此修建了这座塔来镇压他。不过这种说法是错的。

其实白塔是原来龙翔寺的塔。洪武二十一年（1388），龙翔寺遭了火灾，太祖皇帝朱元璋便出钱在城南的凤山重建了寺宇，并赐名为"天界善世寺"，即天界寺。

瓦官寺井

骁骑右卫仓建在已经荒废的瓦官寺的旧址上。其中有一口井与江河相通，即使在大旱之年，井中的水也不会枯竭。井中的四个方向都有铁金刚镇着。

东虹

东虹桥还有一个名字叫升平桥，在上元县衙左边不远处。后来维修桥的时候，工人们在桥砖上发现有"尉迟恭监造"的字样。

醉石

宋朝金陵太守张垂厓有一块醒酒石，现在存放在中山王徐达后人、魏国公徐俌的西园里。

石头上的文字大都已经磨损，只能辨认"徘徊其旁绍兴丁卯"等十多个字而已。

铁锭

铁塔寺的仓库里有一个大铁块，大家都不认识是什么，就把它叫铁剪。

户部郎中专门造了个遮挡铁块的亭子，并把亭子命名为"铁剪"。这种做法真是大错特错了。

铁塔正觉禅寺化缘疏

虎贲卫粮仓所在地本是铁塔正觉禅寺的旧址，现在只剩下一座佛塔。

嘉靖（1522—1566）初年，有人传说塔上住着鬼怪之物，于是把上塔的梯子给撤了，不让人再登塔。万历三十四年（1606），户部管理粮仓的董郎中重新把塔打开，用名贵的香料烟熏了一遍，中秋的时候，在塔上点亮灯火，人们都说这个寺院以后要重新兴盛了。

万历十一年（1583），大风从塔上吹下几卷经书以及一份化缘图疏通告。我从朋友金开父家里带了回来，今天抄录下来，为以后能复兴寺院而做好准备。

通告上说：

本寺位于街市中心，历经无数岁月，衰败已久。佛家弟子宗广于建文二年（1400）正月初四日，在奉天门午朝"御门听政"时向皇帝上奏，奉圣旨由皇上恩准重新修建铁塔。

结厉塔顶，黄绿琉璃，宝珠，复盆仰盆，生熟铜铁，颜料油漆，砖瓦木植，塔灯，四门佛像，诸天圣像，韦驮尊天，大权修利，斋粮，人功匠钱，周围塔殿，大佛宝殿，千佛阁，藏殿，大悲殿，天王殿，大山门，土地堂，祖师堂，僧堂，法堂，旃檀林，东方丈，西方丈，厨库，两廊，茶寮，□□寮，浴堂，周围涌壁，塑□，大佛，观音像，罗汉像，四天王像，各殿□，洪钟，法鼓，云板，各殿小钟，大锅，大殿香炉，大花瓶，大磬，各殿香炉，花瓶，大藏尊经，幢幡，慢帐，宝镜供棹。

怎奈所需物力庞大，不是个人力量能完成的。没办法只好拿着这份化缘书，请各界王公大人、达官长者，同道高人及善男信女，量力施舍，同发善心，一起干成这件好事。上可报答君主恩德，下能惠及黎民百姓，积德行善的人，一定会有好报的。

佛祖讲经论道的祇园精舍，全赖给孤独长者出资；要修建对广大众生有利的寺庙，需要情操高尚的布施者出力才能干成。仓库里年年存满金银宝藏，虽然随意花钱但天天都有财产进账。寺院里钟鼓合着诵经的声音震荡不止，以此警醒世人的昏聩无明。楼阁上的吉祥雕塑彰显的高妙，才能昌兴我佛家的大道。佛法僧三宝，是世人永远的福田。供养出家僧人，是播种非凡的功德。修行六波罗密，布施才是起点。学习四无量心，慈悲最为重要。今生的布施，都是多世修行的结果。现在布施的功德，来世必将受用。修真福德，三宝就回馈他成为大福德人。能结好的因缘，因为自己是有好因缘的人。知道因果，欣然布施，并快乐自发地修行，功德圆满就不远了……祝延圣寿。

京都铁塔正觉禅寺化缘通告书，化缘僧人宗广

古碑碣

南岳碑是大禹治水成功宣布胜利的碑文。开始于"承帝曰嗟"，结束于"窜舞永奔"，总共七十七个字。原来镶嵌在新泉书院的墙壁上，王阳明先生曾经在这里讲过学。

张居正查禁拆毁书院时，官府的人不知道书院里的这块碑是罕见的上古之物，拆下来连同砖瓦一起卖了。如今留在临淮侯李惟寅的花园里。

不过澹园先生焦竑说，这是甘泉先生湛若水的门人弟子重新雕刻的。

秦朝的《封泰山碑》是李斯写的小篆，现在收藏在府学。

《秦峄山碑》也是李斯写的小篆，现在收藏在府学。

《天发神谶碑》是三国时吴国的书法大家皇象所写，后来又传为苏建所书，因碑文残缺，无从考证。最早立在紫岩山，后归天禧寺。宋元祐六年（1091），胡宗愈将碑移至转运司后园圃筹思亭，不知何时又移江宁府学棂星门。嘉靖年间（1522—1566）又被搬到尊经阁底层。因其碑文分三段，第一段二十一行，第二段十七行，第三段十行，所以民间俗称为"三段碑"。

《宋修升州文宣王庙记》是宋高宗绍兴六年（1136）时的编修江宾王所写，现在在江宁府学。

宋代理学家、明道先生程颢的祠堂有三篇记，分别是朱文公朱熹、默斋先生游九言、西山先生真德秀所写，由马光祖作序跋。

《重建建康府教授西厅记》是宋嘉定十六年（1223）由起居舍人兼国史编修郑自诚所写的。

《江宁府学御书阁记》是默斋先生游九言所著。

府学上舍，登科题名记。

江宁府学赠送给贡士的规约碑是宋嘉熙元年（1237）由安徽当涂姑熟

古城的陶炽和江西旴江的孔圣义所立，是本地人吴箴教授所写。

《建康新建义庄记》是南宋淳祐十一年（1251）由制置使吴渊设立，由教授宋自强所写的。

太平门外的花林田里，有两块六朝遗留下来的石刻，分别为始兴碑、安成碑。

宋高宗赵构赐"忠烈"的东晋卞壸墓前的华表是宋朝龙图阁学士叶清臣所撰写。

牛首山有辟支佛洞，洞口正对面的辟支佛塔上，有一首宋朝如愚居士写的《满庭芳》。另外还有一首词写于皇祐二年（1050），但不知道作者是谁。

北宋刘次庄用小楷书写了一篇《仁寿县君墓志铭》。正德（1506—1521）中期，祈泽寺修佛堂，此碑背嵌在墙角里，和尚们想把它砸碎了铺路。东桥先生顾璘看见了，连忙制止，这才保存下来，流传至今。

陈韦霭所写的摄山栖霞寺碑，在大殿周围的廊房下面。

唐朝高正臣行书所书的明徵君碑碑文是唐高宗李治亲自写的，由王知敬篆额，碑阴有"栖霞"两个大字，是唐高宗上元丙子（676）所立。

本业寺碑是由僧人契抚撰文，由东山任德筠书写，是南唐乾德五年（967）所立。

方山定林寺碑是南宋嘉定十三年（1220）免解进士、建康府校正书籍朱舜庸撰文，迪功郎、新平江府录事参军秦铸书写，从正郎辟差充江南东路安抚司准备差遣危和题额做成的。其中朱舜庸是金陵人。

高座寺中的宋末楷书新公塔铭小碑是南宋绍兴中期甘露传灯正祖太师法永为东讲院主住持慧新所立。碑文与字虽然都算不上好，但却是雨花台的真遗迹。

衡阳寺石经幢上有南唐的年号，但文字磨损很严重，留下来的只有几十个字。

祈泽寺始建于南朝刘宋景平元年（423），寺庙大殿的墙上有高逸上人和梵仙的诗碑，都是宣和四年（1122）夏日由寺院住持道升刻的。

永兴寺何太监的祠堂墙壁上有一首苏东坡写"三过堂"的诗。石刻的书法特别清新奇妙，也算是一种新的风格。

灵谷寺是南朝梁武帝为纪念宝志禅师而兴建的"开善精舍"，初名开善寺。明太祖朱元璋亲自赐名"灵谷禅寺"，并封其为"天下第一禅林"。里面有"画圣"吴道子画宝志禅师的画像，有"诗仙"李白赞誉之辞，是"书圣"颜真卿亲笔所写，后来赵孟頫又书写了《十二时歌》，世人誉为"四绝碑"。

王安石书写的《此君轩》诗碑在江南府学，可惜碑已经破碎。

元代人的碑碣只有少部分值得一看的，容我再深入考察，以后再写。

⮡ 御史奏查流移

南京人收入不多，而徭役繁杂，本已贫苦难当，可是却有各种迁徙人口，买房买地，结交官员乡绅，争夺当地百姓赖以生存的生意，导致财产无从计量。有的以外地人的名义在本地买地设庄收租，有的挂名在别的行业，以隐蔽身份安然享有利益，却不需要去承担差役。更为诡诈狡猾者，开设当铺，不惜违反禁令，赚取利益，不少于数百上千家。县里衙门绝不会查到，如果一旦有人告发，那些人会想方设法拉关系逃脱惩罚。

先前御史司马泰题本上奏，对照北京宛平、大兴两县的方式，查出外来人口二千三百余户，咨询户部后转移到所在地衙门处理，编入两县的户口，但很长时间都无法施行。如果能下令公开诏示，就让外来移民中住得时间长的附入本地户籍，参与缴税和服兵役，其他的比照湖广荆州"排门夫"的先例；要求住江边的富人移民每季度缴纳役银二两，或一两、八钱、五钱不等，责成坊甲随时随地申报征收，让众多没有户籍的移民接受管理，让那些长期处于困难的当地百姓也能稍微宽裕一些。大家都说这样做既不劳民，又把事情轻松解决了，是一个既方便别人也方便自己的好事啊。

做这件事的人是司马公，号西虹，是南京人。

宝幢二偈

宝幢居士顾源自称为在家和尚。他有四句偈语说：

> 无像光中僧是我，
>
> 有像人疑未是僧。
>
> 白发满头休见笑，
>
> 为留些少拜燃灯。

顾源将要圆寂之前，家里人问他转世到哪里，他为此写了一个偈语说：

> 日出于东，而没于西，谓其自然耶？非自然耶？
>
> 我今西归，亦犹是也。
>
> 问我托生何处，何处即此处。
>
> 此处既明，何处不明？
>
> 此处既了，何处不了？
>
> 了之何如，一心观佛。

写完之后，突然一阵莲花的香味充盈房间，随后他就去世了。

分外

葛清是嘉靖十年（1531）的举人，对佛学禅理研究颇深，居住在北京。

他去世之前家人请他留遗言。他让家人取来纸和笔，只写了"分外"两个字，放下笔就与世长辞了。

爬痒口号

杨道南先生有一次半夜坐起来抓痒痒，嘴里还念叨了几句打油诗：

> 手本无心痒便爬，
> 爬时轻重几曾差。
> 若还不痒须停手，
> 此际何劳分付他。

焦弱侯先生也写了一首诗应和他说：

> 学道如同痒处爬，
> 斯言犹自隔尘沙。
> 须知痒处无非道，
> 只要爬时悟法华。

栖霞寺的云谷老和尚听了后，说："两位先生都不是佛学禅理的门外汉啊。"

因果

吏部尚书陆五台、刑部尚书王凤洲、侍郎王麟泉、京兆尹许敬庵四人偶尔聚集在礼部尚书姜凤阿的官署里。

姜凤阿问起佛家因果之说。陆五台、王凤洲都说得极其夸张。

王麟泉说："因果既然这么可信，那我们这些下地狱的人可太多了。"

陆五台笑着说："你真是不长进啊。"

陆五台果真就是超脱在因果报应之外吗？恐怕这不是三两句话就能说清楚的事。

断桥卦

算卦人薛老的儿子是个秀才，叫薛盘。

嘉靖二十五年（1546），他儿子中了举人，亲戚朋友都劝薛老，不要再出去给人算卦了。薛老摇头拒绝说："这是我养活自己的生计，怎么能说不干就不干呢？"

但他儿子尚未有所成就突然去世了。这时他才说："我儿子薛盘中了举人时，我就给他算了一卦，是断桥卦，处在断桥之上，前行无路可走，我怎么能依靠他呢？假如当时听了亲戚朋友的意见，现在我还有何面目再出来算卦？"

大家听后都对他无比敬服。

午时见虎

正德皇帝朱厚照南巡打猎，要见活着的老虎。可是猎人找了好多天，都没遇到一只虎。

朱厚照让一个太监去找薛老卜卦，问什么时候才能遇到老虎。薛老说："明天过不了午时，就能见到虎。"

第二天，果然在午时见到活老虎，于是朱厚照给薛老赏赐了一担粮米。

识宝

金陵城有很多回民都善于辨认宝贝。今天记录其中可恨、可笑的三件事。

我的老邻居应主簿，家中有一颗祖母绿宝石。浙江龙游的客人愿意出五百两白银购买，他不愿意卖。有一个姓索的回民请求观赏，正拿在手里把玩，忽然就塞进嘴里咽下肚子。

应主簿想告官，可是既没有见证人，又涉及不可告人的隐私，竟然就这么白白让那回民拿走了。实在是万般无奈啊。

沈氏一个老太太，年轻时是富人家的侍妾，老年孤苦无依，靠卖首饰过日子。金陵有一个马姓回民，发现沈老太太的簪子上镶嵌的是猫眼石，起了贪心，于是就在沈老太太隔壁租了房子，做她的邻居。每天带着酒菜，去伺候老太太。

时间长了，马姓回民就向老太太提出能不能把宝石转给他。老太太十分感激他的殷勤周到，就说："你出二两银子，给我买个棺材，我就把宝石给你。"

如此简单的事，马姓回民当然愿意，赶紧去置办好棺木。沈老太太也没有食言，就把猫眼石给了他。

马姓回民激动得不知道怎么办才好，对宝石爱不释手，反复把玩。他觉得宝石稍微有点干燥，不够润泽，就去市场买了一块羊油，把宝石塞到里面，放在太阳下暴晒。自己坐在旁边，得意扬扬地幻想卖出去之后，拿着钱干点什么，怎么享受人生。

忽然，一只饿鹰扑下来，一爪子就把羊油连宝石一起抓走了。马姓回民心里愤恨，却无可奈何，郁积成疾，没多久就去世了。

一个姓索的回民在别人家避雨，突然发现这家佛龛上盛水的碗里有一块石头，马上问主人卖不卖？主人随即答应："给钱就卖。"

姓索的回民刚好没带钱，回去后第二天就带着银子来买，想不到主人已经涨价了。他加价，主人又涨，如此两三回，他带的银子不够了。他请主人留着，自己再回去找银子。

等他走后，主人看着石头，思量这块石头在土里埋了很久，这个人还给这么高的价钱，如果清洗干净，价格应该就更高了。于是动手打磨清洗了一番。

过了几天，姓索的回民又来了。他看见石头被打磨过，惊诧地慨叹："为什么要毁了这个稀世珍宝啊？这块石头上面有十二个小孔，按照十二时辰排列，每到整点就会有一只红色蜘蛛在孔上结网。后孔网成，前网自动消失，简直就是天然日晷啊！可是你却把蜘蛛打磨没了，这就是一片死石头。"说完转头就走了。

主人目瞪口呆，后悔不迭。

鼋啮虎死

孙弘彝是府学的秀才，他家住在太平门外蒋庙旁边，在栖霞寺前有田地。

嘉靖三十八年（1559）发大水，孙家的田地也被水彻底淹没。水深一米有余，竟然和江水连通。

等到深秋后，洪水退了，有一只大鼋留在水塘里无法离开。农民用戽斗吸干塘里的水，把鼋捆在树上，约好第二天杀了分肉。

晚上有老虎闻到腥味寻过来，想吃鼋，却被鼋咬住爪子。老虎无法挣脱，鼋也不松口，双方都耗尽了力气。天亮后，老虎死了，鼋也死了。

鼋是水生动物，竟然被农民捆在树上；老虎是山中野兽，竟然被鼋给弄死了。这事儿真是太奇怪了。

狗偿主债

吴可菊是吴县人，家住在笪桥，开了一间香蜡铺子。

他养了一条黑狗，原本特别温顺，可是忽然有一天，狗的性格大变，见人就咬。没办法，吴可菊只好叫来狗贩子，意欲出售。

吴可菊开价百文，但狗贩子只肯给七十五文，所以这笔买卖没谈成。

晚上，吴可菊梦见一个穿着青衣的人来找他说："我只欠你七十五文的债，不欠一百文，求你把我的欠账消了，让我托生。"

天亮后，吴可菊又把狗贩子叫来，以七十五文钱把黑狗卖了。

猫报僧仇

华严寺有位和尚，他的名字已经没人记得了，他平常饮酒吃肉，荤腥不忌，不修边幅，不知检点。

和尚养了一只特别擅长抓老鼠的猫，只要看见和尚藏起来的鱼肉，它一定会偷偷吃光。和尚越来越厌恶它。有一天他终于忍不住，用钉子把猫的四只脚钉在木板上，扔到寺庙前的大河里。没想到，这只猫竟然顺着河水漂到下关的静海寺，被一位卖丝鞋的僧人救了，并带回去把它养起来。

一年后，华严寺的和尚到静海寺来买鞋。进了房子后，那只猫绕着他惨叫不休。他把猫抱在怀里看清毛色后，又找到它脚上的钉子伤疤，就问僧人这只猫是哪里来的。当他听说了僧人收养的过程后惊叹不已。这时猫趁他不注意，猛然扑上去死死咬住他的喉咙，把他咬死了。

和尚死得很惨。猫竟然会如此报仇，也真是件怪事。

史痴逸事

史痴原本姓徐，单名一个忠字，字端本，一字廷直。他长到十七岁时才会说话，虽然他表面痴呆，但内心充满智慧，大家都以"痴"来叫他，也叫他"痴仙"。

史痴性情孤绝不羁爱自由，喜欢披着白布袍，戴着方斗笠，鬓角插着花，骑在牛背上，拍着手唱着歌，在街道上穿行，旁若无人。

他写诗只抒发自己内心的真情实感，不在遣词造句上下功夫。盛时泰把他和金元玉的诗编成一本诗集——《江南二隐稿》。

史痴喜欢画山水、人物、花草、树木、竹子、石头，他的画有行云流水般的情趣，不能以刻板的规矩法度苛求。他自己在画上题诗说：

> 名画法书无识者，
> 良金美玉恍精神。
> 世间纵有空青卖，
> 百斛难医眼内尘。

他还善于写新乐府辞，每次兴致一来，他提笔就写，一点也不需要构思，就能写出五六十首，甚至上百首。同时期的陈大声、徐子仁都是词曲名家，他们都很佩服史痴的敏捷快手。

他还善于对音乐的曲调做出精妙的诠释，他曾说过："古往今来懂得音乐的不过几个人而已。我年轻时候四处游历，得罪了儒家，所以在这方面用心下了功夫，学到了一些门道。"

雪江汤宝担任邳州卫指挥，他长得雄壮威武，也爱好文艺，喜欢与诗人墨客来往游玩。他久闻痴翁的大名，有一次他来金陵办事，便夜晚登门去拜访。当时正值盛夏，史痴听说有人来，披头散发，敞着衣襟，手持一把大蒲扇就出来见客。两人见面后相谈甚欢，史痴也不和家人说一声，就跟着汤宝登船去邳州游玩了。

史痴没有子嗣，只有一个女儿，到了结婚的年纪，因为女婿家里贫困，无法迎娶。有一天，史痴跟女婿说："元宵节晚上，你准备一只鸡、一斗酒，我要过来喝酒。"到了元宵夜，他骗妻子和女儿说："每家每户都在桥上看花灯，为什么我们不随顺风俗，也去看灯呢？"于是带着妻子女儿，送到女婿家里，嬉闹了一番就离开了。后来，他给女儿补的嫁妆大都是自己平生所作的诗画。

史痴因为家里富裕，从来不去工作，又喜欢施舍别人，所以到晚年后，日子过得很窘迫。妻子的弟弟去世了，弟媳妇成了寡妇，带着四个儿子和两个女儿从徐州过来。史痴毫无怨言地供养着他们，他把家里写书作画的器具和平常特别珍爱的东西全都卖了，供家里吃饭，丝毫看不出他的介怀和对财物的留恋。所有人都说，他这人太仁义了。

史痴的妻子朱氏，号乐清道人，特别贤惠。他的爱妾姓何，号白云，聪明懂事，喜欢画小景，擅长小篆，懂得音律。史痴找来两京最厉害的琵琶高手张禄教她，何氏勤学苦练，学到了张禄的精髓。张禄每次写出一首曲子，马上就让何氏弹奏出来。

他们一家人住在冶城，距离卞忠烈庙百十步。家中有卧痴楼，楼中茶几桌案、笔墨纸砚、图画书籍、香炉酒器、茗茶美酒、珍馐美馔，无不精美雅致。吏部尚书、吴中人杨循吉专门为它写了《卧痴楼记》。

小仙吴伟为史痴画了一幅小肖像。沈周沈石田称赞说："眼角低垂，鼻孔仰露。旁若无人，高歌阔步。玩世滑稽，风颠月痴。洒墨淋漓，水走山飞。狂耶？怪耶？"大家问史痴，他不回答，只是瞪着眼睛望向天空。

有知音备办了酒菜，邀请他去画画。史痴一边喝酒一边画，看上去一点也没有用心，顷刻之间就画了好几张。酒醉后，画画的兴致越发高涨，画也越发放纵无碍，画到得意处，竟然像发狂般大叫起来。

有一次，史痴雇船专门去苏州，拜访沈周沈启南。到了沈府后，才知道沈周正好出门了。史痴见大堂里有空白绢帛，提笔蘸墨就画了一幅山水图，不留落款就离开。沈府仆人请他留下姓名，他笑着说："你主人见了画，马上就知道是神交知音，何必要留姓名呢？"

沈启南回来见了画说："我见过的画太多了，但能画这画的不是苏州人，除了金陵史痴就再没人能画了。"赶紧派人到处去找，请他回来，果然没猜错。两人相见大笑，史痴就留在沈府堂中与启南切磋琢磨，三个月后才回去。后来启南到金陵来，大多都住在卧痴楼里。

史痴八十多岁的时候仍然很健康，喝酒、走起路来就跟年轻人一样。有一回，他去给一位学生送殡，混在学生的亲人朋友之中，送到了聚宝门外。忽然间知晓了自己的生命大限，最后无疾而终。

我收藏了史痴的一本诗画集，书后面有他自己写的一段话：

> 我今年虽然六十岁了，头发花白，但精神还很好。我每天自在悠闲，独自躺在卧痴楼上，闻香饮茶，极目四望，青山环绕，郁郁葱葱，听着鸟鸣，忘却繁冗的琐事。清静安然，悠然自得，心里丝毫不牵挂人间的纷扰世事。贫困时日子也一切如常，完全可以自得其乐。每天有诗人墨客来访，饮酒谈诗，或者以风月之事开开玩笑，或者提笔画些林木泉石，有人以为是来要债的，也挺有趣的。我的妻子乐清道人朱氏，今年也五十七岁了，她要求我随便画一些画，于是我就画了这些。如果有热衷古字画的后来者见了，嗤笑一声就行了。

弘治丙辰（1496）十月十三日，史痴书

牛首解嘲

吕柟，字仲木，号泾野。他游览牛首山后写了一篇《游牛首山记》，里面说道："明太祖朱元璋责怪牛首山的两座山峰不向北拱，于是用棍子抽打这两座山。这或许是误传吧。天地之间，万山环列，江河行地，绕流其中，这就是天地之道。这头牛背负青山，适合向南而行。"吕泾野的说法倒是可以给牛首山自嘲。

河南残石

盛仲交说：王钦佩到河南担任提学副使时，在寺庙里挖掘出一块残石碑，是王羲之写的《阴符经》《心经》十七帖。他让人拓下来观赏，这些帖笔意洒脱，有东晋的韵味。

此前他的儿子王子新对我说，这是元朝时候一位少年僧人所临写的，不知道他的依据是什么。王子新跟着父亲到处游走，应该知道真实情况。他特别喜欢这块石碑，临走时用紫毡包好放在车上，准备拉走，但是被他的父亲阻止，于是就丢弃在官驿里。现在那块石碑已经不知道哪里去了。

北门桥

北门桥还有一个名字叫草堂桥，桥洞里面的石头上刻着"草堂桥"三个字。

逍遥楼

太祖朱元璋建造了逍遥楼，每逢见有下棋的人、提笼逗鸟的人、游手好闲的人、好吃懒做的人，就把他们都关在楼上，让他们好好玩，玩到死，最后全都饿死。

逍遥楼在淮清桥东北临河，正对洞神宫的后面。如今的关王庙就是建在它的地基上。

菌毒

江东门里开皮草行的井某在嘉靖壬子年（1552）四月在竹林里看到一大丛蘑菇，就采回去给家人吃了，结果全家都被毒死。只有一个老仆人因为外出没有吃，才得以幸免。

瓜毒

张椿的瓜园里结出一个非常巨大的西瓜。

他没有卖掉西瓜，而是留给自己吃。不承想，他剖开西瓜后，才吃了两块就倒地死了。不仅如此，凡是闻到瓜味的人也全都大病了一场。

芋毒

万历三十七年（1609）秋天，我的侄子周梦兆借宿在陈家。陈家主人有一次吃芋头，粘到嘴唇，嘴唇发麻，粘到舌头，舌头发麻，赶紧吐了，服了好多天药才算好。

洪武三十五年

秀才蔡某人和指挥白某人为了争一块坟地，打官司打到了刑部。经十三司衙门都审过，却没有审出个结果来，又让推官何跃龙重新审。

何大人见白指挥拿着的红色地契上落款写着"洪武三十五年"（1402），就说："洪武三十五年本是建文四年，民间怎么会有人先知道后来废除了建文年号，提前写了洪武年号呢？这一定是伪造的地契。"

白指挥这才服输，何大人把坟地判给了蔡秀才。刑部的官员们都无比佩服何大人的能力。

原来，燕王朱棣继位后，把朱允炆称帝四年的"建文"在史书中统统改成了"洪武"。

牙板随身

济州卫指挥陈铎以词曲创作闻名天下，偶尔因为公事到府上去找魏国公徐俌。

徐俌问："你是不是那个能写词曲的陈铎？"

陈铎说："是我。"

徐俌问："你既然能写，那也能唱吗？"

陈铎从袖子里取出牙板，高声唱了一曲。

徐俌让他离开后，说："陈铎是金带指挥，不给朝廷干事，却随身带着牙板，简直太低贱了。"

天竺扁

我游览西湖的时候，见到一块天竺扁，是中山王徐达长子、魏国公徐辉祖所写的。

我记得民间野史里记载，徐辉祖能写榜书，曾向榜书大家詹希源学习过，并颇得其真传。可惜能见到的非常少。

宴举人

明朝初年，魏国公专门设宴宴请新中式举人。他派人送去的名帖上面只写"魏国公拜"四个字，却不写自己的姓名。他的地位竟如此尊贵。

更名中举

向簧向二淮任兴国知州时，曾平反了罗二的冤假错案。晚上梦见批阅应天乡试的试卷，有个叫向德象的人，自称是他儿子。向簧的儿子实名叫辰参，考了很多年都不中。

向簧想起以前这个梦，便把儿子的名字更改成德象，于是中了万历十九年（1591）的举人。

《出猎图》

罗凤罗印冈在徐廷威公子珍藏的景帝画《出猎图》上题诗：

朔吹潜消塞上尘，
长扬纵猎捷书频。
侍臣谁奏相如赋，
赢得君王为写真。

豆腐

杨业师把豆腐叫作"淮南子"，因为豆腐是淮南王刘安发明的。

画眉

一位朋友把画眉鸟叫作"京兆鸟"，因为《汉书》记载，京兆尹张敞为自己的妻子画眉毛。

蛛丝网屋

马文原以制作扇子为生计，他性情老实淳朴，安分守己。他花一百钱租赁了钞库街的一间房子住。万历三十六年（1608）八月初一，他和母亲梦到蜘蛛把自己的房子全都罩了起来，密密麻麻的连一个孔都没留。

天亮以后他把这个梦说给别人听，但没有人能解释这个梦。到了八月初十，这一地区遭了火灾，只有马家的房子安然无恙。马文原这才领悟先前的蛛网梦是上天对他家的护佑。

医中有人

金璿，字元善，号松居。他精通医术，不凭此谋利，只要求别人对自己要尊重。

户部有一位尚书的夫人因为咳嗽，请金璿去医治，吃了金璿开的两服药就好了。这位尚书给金璿写了封信，用几百字描述了生病的原因，向他索求药方。大概是担心金璿读不懂，就自己把句读圈出来，再送给他。

金璨马上动笔写了一封回信，也把句读圈了出来。尚书看了，才发现金璨文辞生动，书法典雅，马上就自惭地说："是我错了！"命令下人备好车驾上门拜访，两人成了好朋友。尚书对别人说："南京的医界藏龙卧虎。"

评《圣教序》

世上流传的《三藏圣教序》有王羲之和褚遂良两个版本。

盛仲交评价说："王羲之的版本是从他的书法中集字而成的，就像用一千只狐狸皮做成的裘皮大衣，毫无痕迹。而褚遂良的版本是一人所写，所以就像一只蚕独自吐丝，书写的纹理质地都在。但如今的藏书家只知道右将军王羲之的版本，而不知道中书令褚遂良版本的人太多了。"

二花

郑濂参加正德十一年（1516）乡试前，梦见一名女子送给他一枝桂花，但她的手里还拿着一枝杏花，郑濂跟她要，她说："时间还没到。"这年他考中了举人。

嘉靖二年（1523），他到京师去参加会试。他所住的客栈房间里挂了一幅画，画中有一女子手持杏花，与当年在梦中见到的女子一模一样。那次他考中了进士。

阳宅

童枕肱和陈自庵的先祖都精通天文学，太祖朱元璋把他们招募到钦天监。两人查看南京的风水后达成共识："金陵城是灵秀之气所聚集的地方，选阴宅后代兴旺得比较慢，但选好阳宅家族就会很快兴旺起来。"

他们在南京城内选好了宅子，童家定居淮清桥西，陈家定居淮清桥东，都是精挑细选定的地方。后来到了他们孙辈童枕肱、陈自庵的时候，两个大家族果然都兴旺发达了。

军变先兆

嘉靖三十五年（1556），总督粮储公署的屋檐上有一个蜂巢，巨大如斗，蜜蜂成群结队。到了嘉靖三十九年（1560），南京振武营士兵因为裁减和拖欠军饷发生哗变，杀了侍郎黄懋官。蜜蜂聚集筑巢想必就是此事的先兆。

刘石圃、郭少溪、杨虚游都写有文章记述这个故事。

《竹溪诗集》

金铢，字子宣，号竹溪，著有《竹溪诗集》。

张西铭称赞他"绿水行门外，青山立酒边"的诗句有悠闲淡然的情趣。竹溪先生的两个儿子都是进士，其中一个叫金章的官职一直做到南道御史。

见天子方言

青城有一个僧人叫永杰，字斗南。国朝初年（1368 年前后）时他住在牛首山，每日只沉默打坐，从来不说话。

当时仁宗朱高炽还是太子，出门打猎时遇见他，跟他说话。永杰马上站起来，跟他说了很久。后来有人问他原因，他说："见了天子还不说话，更待何时？"

朱高炽许诺以后为他修建寺院，和他一起在兜率岩上住了一晚。过了不久，永杰就圆寂了。永杰还精通写诗。

送饭入场

太监刘琅于正德年间（1506—1521）任南京守备。正德十一年（1516）乡试考生入场，考场门关闭后必须等考试揭晓才能开门，这是长久沿袭下来的规矩。但刘太监非要敲开门，送饭给自己熟悉的监生，这人骄横跋扈已经到了这种地步。

塔影

牛首山禅堂右边的门缝里，塔影倒映在纸上，明暗虚实全都有。吕泾野太史辨认出这是塔尖从门孔里透出，所以有影子。不知道是不是真的这样。

促织

只有金陵人才玩斗蛐蛐，他们称之为"秋兴"。金陵有专门斗蛐蛐的场子，有盛放蛐蛐的器皿，更有训练蛐蛐的专人。蛐蛐必须大小相当，两家才会开赌，旁边下注的人特别多。这只是记录个大概。马南江写过一篇《斗促织赋》。

不用鼓乐

庐陵人孙鼎正统年间（1436—1449）曾在南方督学。有一个关于他的故事：

惯例：通过府县小考的童生去参加礼部考试时头上插花，身上披红，一路敲锣打鼓。当时英宗朱祁镇御驾亲征瓦剌，兵败被俘，战报才到。孙鼎于是对各位考生说："皇帝流落在外，应该是大臣知耻而后勇之时，不适合披红挂彩，敲锣打鼓。"他亲自把考生们送到考场前门。所有人都说，孙鼎这件事办得太得体了。

卖药用术

甲拉着车在市场上卖药，车里有观音菩萨的塑像。有人诊病，他就把药丸从观音的手上过一遍，然后把留在观音手里的卖给病人，说："菩萨让服这些药。"街市上的人都觉得特别神奇。

乙旁观了许久，想学甲的这种手段，就请甲到酒馆喝酒，喝完后也不付账，直接出门就走，从店小二面前走过，就跟没看见一样。一连这样喝了好几回，店小二都不要钱。

　　甲看了很惊奇，问乙："这是怎么做到的？"

　　乙说："小戏法而已，你能不能用你的方法跟我换？"

　　甲告诉乙，其实观音塑像的手掌是一块磁石，丸药里面有铁末，所以药丸就会粘在菩萨手里了。

　　乙说："其实我的方法不值一提，只不过先把钱付给店家，要求店里人，我离开时他们不要开口问话就行了。"

　　这件事发生在嘉靖（1522—1566）初年，是黄验封说的。

《沁园春》

　　陈霆，字震伯，曾经租住在白下，他的著作有《唐余纪传》《两山墨谈》《渚山堂词话》。他曾说："《夺锦标》曲牌不知道起源于什么时候，世上所流传的，只有北宋僧人仲殊写的一首而已。我常常放声高歌，反复推求音节，想据此创作，但遗憾没能得到其精义。"庚辰年陈霆选择在南京居住，闲暇的时候就去探寻古迹，收集陈后主、张贵妃的故事，以此完成自己长久的夙愿。考查到后主虽然没有死在景阳井，可隋元帅府长史高颎，终究还是把张丽华杀死在清溪边。后人为了悼念她，在她死去的地方立起祠庙，里面供着两个女子，另外一个就是孔贵嫔。如今建筑物已经荒废，庙也没有了。感伤慨叹之余，写了这首《沁园春》：

独上遗台，目断清秋，风兮不还。恨吴宫幽径，埋深花草，晋时高冢，销尽衣冠。横吹声沉，骑鲸人去，月满空江雁影寒。登临处，且摩挲石刻，徒倚阑干。

青天半落三山，更白鹭洲横一水间。问谁能心比，秋来水净，渐教身似岭上云闲。扰扰人生，纷纷世事，就里何尝不强颜？重回首，怕浮云蔽日，不见长安。

有记录说，保宁寺就是凤凰台，李太白写过一首《凤凰台》，宋高宗南渡时曾在寺中住过。里面有石刻王安石赠给和尚的诗：

纷纷扰扰十年间，
世事何尝不强颜。
亦欲心如秋水净，
应须身似岭云闲。

还有一首：

金猊瑞脑喷香雾，向晓寒多深闭户。
窗明残雪积飞琼，风起乱云飘败絮。
锦帏细看霓裳舞，小玉银筝学莺语。
梅香满座袭人衣，谁道江桥无觅处。

这是陈铎陈大声写冬雪的词，用的是《木兰花令》的词牌。有人评论说有宋朝人的风范，把这首混在《草堂集》里，未必可以辨认出和宋词的区别。

译者注：作者周晖编纂有误，"《夺锦标》……"一段话，经查证为元代作曲家白朴所写，他为后主和二妃所写的词不是这首《沁园春》，而是一首《青溪怨》：

霜水明秋，霞天送晚，画出江南江北。满目山围故国。三阁余香，六朝陈迹。有《庭花》遗谱，惨哀音，令人嗟惜。想当时、天子无愁，自古佳人难得。

惆怅龙沉宫井，石上啼痕，犹点胭脂红湿。去去天荒地老，流水无情，落花狼籍。恨青溪留在，渺重城，烟波空碧。对西风、谁与招魂，梦里行云消息？

西溪词

对于西溪龙公的诗词，我从未见过刊印行世的版本，只是在别人家的卷轴上见过。今天见得一首词：

田庐重葺，劝溪翁，休作千年调指。新屋数间，连旧屋，团转不愁风雨。买得林丘，旋开亭榭，意思而已矣。虽然节省，短景只消如此。

陶宅李庄幽邃，深藏少出，安乐从今始。夏麦秋粳，时岁好，舍舍鸡肥酒美。妇要城居，儿嫌产薄，絮语常常在耳。劳生自苦，更到何年知止。

这是一首《念奴娇》。

定解元会元

提学杨宜杨裁庵在嘉靖二十二年（1543）乡试成绩刚出来、京兆把试卷送到察院时，他问解元是瞿景淳还是尤瑛。京兆说是尤瑛。杨裁庵说："会元终究要让给瞿景淳的。"

瞿景淳果然在嘉靖二十三年（1544）高中会元。这样好的眼力，不愧是提学御史。

鸡鸣寺基

鸡鸣寺的地基虽然特别逼窄狭隘，但是其中蜿蜒曲折，像占了很大块地，让人丝毫不觉得狭窄。这都是铁冠道人张中创造的。

化缘疏

太祖朱元璋赐给鸡鸣寺一份化缘的诏书，凡是庙里整修建造，都可以拿着诏书到达官贵人家里去化缘。过了些年，圣旨被打雷引发的火灾焚烧了。庙里的和尚再去向朱元璋讨求诏书，朱元璋没有再给，说："这都是天意。"

报恩寺回禄

成祖朱棣在聚宝门外建造大报恩寺，是在长干寺的旧地基上建的。他征集天下军役、民夫、工匠，共十万余人，耗费白银二百五十万两，历时十九年才完工。佛堂里的画廊壮美瑰丽，算得上天下无双。

嘉靖四十五年（1566）二月十六日，狂风暴雨，雷电引发火灾。不到两三个时辰，天王殿、大殿、观音殿、画廊等一百四十余间焚为灰烬。只有僧人居住的房间安然无恙。

修塔

报恩寺遭受雷火袭击，佛殿全部烧毁，只剩下一尊佛塔，朝东北方向倾斜。

万历二十八年（1600），报恩寺讲经的和尚弘恩募捐到一万两银子重修。

这座塔在没有重修之前，早晚阳光照射，光芒万丈，光彩夺目，但修了以后，感觉光华少了许多。

宝塔文章

报恩寺的宝塔上有三篇名人的笔墨：陈石亭写的文章，盛仲交写的赋，焦弱侯起草的化缘书。

有一个叫弘恩的和尚，号雪浪，也是金陵人，是黄野王的叔叔。他曾对我说："等塔修好了，你写一篇文章记述吧。"遗憾的是最后竟然没有写成。

衡水

黄梦麒主管分宜县时，经常梦见自己去衢中的路上遭遇大水阻拦，就被惊醒。

到万历十年（1582），他通过了吏部和都察院的考核，正要调动，刚接到前往衡水县的调令，当天晚上他就死了。原来梦里阻挡他的大水，就是衡水啊。那个梦直到此时才应验。

鼠出头

车驾郎中王问（号仲山）邀请兵部四大部门的同事们在天界寺万松庵喝茶，看见一只老鼠突然跑过，大家纷纷聊起老鼠的话题。

一个人说："世界上老鼠多猫少，有一只猫就有一百只老鼠，如果一百只老鼠同心协力和猫打架，猫能打过老鼠吗？"

僧官理苇航说："可是没有一只老鼠敢出头啊。"

所有人都笑了。

定不闻雷

一个官员到卧佛寺专程拜访讲经僧鼎庵，说起前一天晚上惊天动地的雷鸣声。鼎庵说："小僧刚好入定了，并没有听见。"

官员知道鼎庵有点托大吹嘘，就悄悄让自己的跟班去买了一个爆竹。等到宾主双方观点交锋很激烈时，鼎庵身后忽然响起爆竹声。鼎庵完全没想到会发生这种事，吓得惊慌失措，仪态特别狼狈。

官员说："入定之后，雷鸣都听不见，出定了，爆竹声都害怕，这和尚的入定功夫真是了得啊！"鼎庵听得面红耳赤，哑口无言。

推敲磨洗

嘉靖年间（1522—1566），御史刘行素让书办顾峣抄写题诗卷轴。顾峣擅自换了一个字，刘行素看上去一点也不在意，又让他抄写送行诗，顾峣又擅自换了两个字，刘行素十分生气，臭骂了顾峣一通，革除了他的职务。

另外，上河的经纪高霞峰喜欢把自己的打油诗写在寺庙墙壁上，写得到处都是。有一次，几位御史一起游览鸡鸣寺。一位道长指着墙壁上的诗对姓高的御史说："这个高霞峰估计是达官贵人，不然的话，怎么会有这么好的诗句？"

高御史问住持："这个高霞峰是什么人？应该抓起来带上枷锁，游街示众。"

高霞峰听说后，赶紧找了好多人到各个寺庙里去清洗自己的诗。

大家都说："顾岹、高霞峰的诗谁都比不了。一个经御史推敲过，一个经御史洗磨过。"将此二事对偶来讲，真是恰切。

山荒

张揆，字端孟，是临桂县人。他以大田县令的身份入朝觐见皇帝，经过金陵时，他约我一起游览灵谷寺，问我寺院里的松树枯死的原因。

我说："万历十七年（1589）有一种虫子，长得一寸来长，专门吃松树叶子，吃完就掉在地上死了，松树也就此枯死。本地人把这叫'山荒'。"

端孟说："'山荒'这个词很是新奇，二十一史里都没有这个词。"

鲁桥相会

有个秀才叫徐九功，他的哥哥九经和九畴在正德八年（1513）中了举人。于是，九功把家里的书柜烧了，说："给后人也留些福德吧。"

有一天晚上，他从朋友家喝酒回来。风清月朗，路上一个人都没有，忽然看见南门外的河里出来一个女子，容貌十分妖媚。俩人同行了一里多路。九功家在上浮桥的南岸，到家门口后，他敲了敲门，有家人出来开门让他进去。

九功上楼后，打开窗户继续欣赏月景。没想到那女子突然从窗口跳了进来，主动要求和九功欢爱。九功严词拒绝，对她说："你是何方妖怪？"女子拿起笔写道："我不是妖怪，只是与你有缘分，以后我们自然会在鲁桥见面。"说完，她就从窗口走了。

哥哥九畴被任命为邹平知县，九功送母亲过去的路上经过鲁桥。正好遇到盗贼作乱，不敢上路，没办法，只好找附近村里的人家借了房子，暂时住下来。正好遇到沂州兵备顾英玉先生经过。他与九功是街坊，经常来往，又是九经和九畴的同学，恰好认出徐家的仆人，问清楚缘由后，赶紧去拜见徐母。

刚好徐九功借住的人家主人是民兵，官府召集抵御盗贼，他三次都没有去。顾英玉严格执行军令，如果点一次名不到，就罚杖责四十，如果三次不到，就要杖击一百二十下。

那家主人觉得自己非死不可了，哀求徐母救命。英玉先生看在徐母的面子上，免了他的责罚。主人为了报答恩情，要把自己的女儿许配给徐九功。

九功发现他家女儿长相跟自己在南门遇到的那个女子一模一样，而且又在鲁桥，坚决不肯接受她的许配。英玉先生写过《九功传》，里面写他"遇女不乱"，说的就是这件事。

❧ 文德桥吉兆

万历十四年（1586），府学前面建了一座木板桥，取名"文德"。

万历二十五年（1597）时，桥塌了。由提学御史陈子贞负责新建，用石头替代木头。工人在桥下淤泥里挖出锁子甲两套，大家都觉得这是吉祥之兆。

〜 李素居

李素居年轻时专心读书，想考取举人功名，可总是不遵循八股文要求的朱熹批注，因此不被相关部门待见。于是他弃儒学医，可惜还没有学成，就得了风寒，大半年无法行动。他跟朋友借了一本刻本《八段锦》，练习了一个月，效果非常好，身体比病之前还要强健。他后来干脆不娶媳妇，一心一意修仙，以卖膏药维持生计，遇到付不起钱的，就白送膏药。

他开了一家药店，大小只有五尺见方。三十年里，无论冬夏，他都戴着一顶棕帽，穿一件粗布袍。他经常对人说："人活着，只担心饥饿与寒冷两件事，我已经能成功抵御寒冷。再过两年，就可以做到不吃饭。从此摆脱纷繁人世，逍遥物外，也不用再卖膏药为生了。"

我曾去过他家。他家的房门从不上锁，床上没有铺盖，厨房没有柴米，只有一个煎药的炉子而已。他和我聊起《道德经》里的"圣人不死，大盗不止"时说："圣人入水不湿，入火不烧，一定是长生不老，会死的都是凡夫俗子；圣人盗取了天地元气，日月精华，这是大盗贼，怎么能制止呢？能制止的，都是小偷小摸之辈。这样的话，斗斛或者秤尺这些衡量标准都没有用处。砸烂斗斛，折断秤尺，人又有什么可争的呢？"

他还说："颜回死了，孔子痛哭，但是哭有用吗？如果是老子，他只要给颜回吃一颗药丸，就能起死回生。"

他的想法和认识一直就是这样。过了几个月他突然不见了，有传言说他吃丹药死了，死后他还直直地坐着，跟生前一模一样。

⌇ 遇洞宾不善终

姚二是弘治（1488—1505）、正德（1506—1521）年间人，住在通济门城湾里。他一直单身着，靠画扇面讨生活，而且只画吕祖吕洞宾站在一片云上。

他画了很多年后，终于感动了吕洞宾，变成算命的游方道士上门。他指着画像告诉姚二："你这画像样式太陈旧了，是吕洞宾在世的相貌。如果能做一些改变，就有了仙风道骨的神仙风范。"于是，两人买了酒一起痛饮。吕洞宾告诉他："看你这气色，用不了百日，就要继承祖上一个官位，到时候我再来拜访。"说完就离开了。

姚二有个哥哥是羽林卫千户。哥哥去世了，没有子嗣，羽林卫招呼姚二去承袭爵位。但出门需要钱，姚二正想着找人借钱，吕洞宾化成的道士又来了，说："我赠你白银五钱，这是水银，用的时候不能全都花完，只要还剩一点，就像母生子一样，会继续生出来，一直用不完。如果你不乱用，我还会再来拜访你的。"说完又走了。

但是，姚二得到这些银子后特别不安分，整天吃喝嫖赌，花天酒地。

到北京承袭爵位后，他在哈达门（崇文门）前又遇到了吕洞宾化成的道人。问他之前的银子还在不在？姚二说在呢。道人说："这银子太少了，不够用。"说着从袖子里取出一锭三两的银子，跟姚二换走了之前给的银子。道人走到百步之外，缓缓站在一片云上，仿佛就是姚二所画的吕洞宾。姚二为欣喜自己遇到了仙人，花费更加大手大脚，不到三四天就花完了。这时候他才知道后来吕洞宾给他的银子只会减少，不会增加。

最后，姚二因为身无分无，只能讨饭回家。到家几个月后，就得了一场重病去世了。

西林马

嘉靖年间（1522—1566），大报恩寺的住持叫永宁，号西林。他养着一匹马，每次从庙里去礼部都要骑着，上马的时候他心里默念《法华经》，到礼部门前下马，刚好诵完一卷经。这已经成了他的日常行为。

后来，报恩寺对门有一个怀孕的妇女快临盆时，梦见这匹马进入她的房间，当晚就生了个男孩。天亮后，她得知寺庙里的马正好夜晚死了，便向庙里打听那匹马死去的时间，正好就是她生孩子的时间。

等孩子大一些，这家人就让他出家当和尚，成了西林的徒弟。没想到这个孩子极其愚蠢，教授任何知识都一字不识，只有口传的一卷《法华经》能倒背如流。除此之外，其他什么都不会。大家都说这是那匹马听多了经文解脱了畜生道，投生人道了。

如今大报恩寺里还有西林庵。

这个故事是姚履旋（字允吉）讲的。

破砚

这方砚台现在在汪太学孟公处。

有一方破砚台，样式为长条形，边长六寸，上方中空盛放墨汁，周围装饰着回形纹理，宽八分，高一寸有余，底部的凹洼深三分，为砚足。思陵题写铭文，正书有十六个字，还有瓢印"御书"两个小篆。

这块砚台的石材出自端溪，质地坚硬，色泽紫红。不知什么时候流落在民间。如今碎成两块，大块出自鹿苑寺的井里，嘉靖二十五年（1546），是一位姓张的人得到的；小块出自南朝萧氏皇族墓园的断壁残垣之中，隆庆五年（1571），也是被姓张的人得到了。这两块古旧之物虽然好，但命运多舛。我的朋友锦衣陈天枢在万历十年（1582）用一方完整的端砚换到手了。众多名士都前来赏鉴，有十多个人为它写赋题铭。

澹园先生焦竑赞赏说："它兴盛的时候，陪在皇帝身边；它衰败的时候，落在断墙废墟之间；它分离的时候，像干将莫邪两把神剑在丰城分开；它复合的时候，就像合浦重新盛产珍珠。这难道不是它命中注定，不该被埋没吗？或者它本就理当玉碎，不应瓦全？虽然如此，它的破损始于它的完整，又以磨损之貌重见天日。从奇异到普通，再从普通到奇异。这就是这些文人墨客今天嗟叹不已，写诗作赋、挥毫洒墨，力求淋漓尽致的缘故。"

松根砚

嘉靖（1522—1566）初年，一个园丁从鼓楼旁边的枯井里得到一块松根砚。背后磨得很平，上面刻着一篇铭文，有"开宝八年"的字样。

严子寅花了几百文钱买到手，但锦衣卫指挥徐缵勋凭借自己是中山王徐达后裔的权势，强行要了去。

后来，严世蕃手下的罗龙文见了十分喜爱，就给严世蕃讲了。于是不知缘由地就被严世蕃拿走了。后来严家被抄家后，就不知道落在谁手里了。

杨凤

万历三十年（1602），挑夫杨凤在去溧水县的路上捡到一锭银子，足有二十五两。当即就在旅店里从银锭边上剪下一小块，买了二斗米，然后把银子包好，藏在米里带回家。

第二天他打开包，发现是一个缺了边的纸糊的银锭。他怀疑是自己的嫂子偷去了，但是嫂子向天发毒誓说没有拿，他便生气地把纸银锭扔到院子里。

来借火的邻居李义十分高兴地把他丢在院子里的纸银锭捡走了，但却是真银子。杨凤知道这不是自己该得的财，也就不和李义争，只能唉声叹气地任凭他拿走了。

这件事是姚履旋（字允吉）讲的。

银走

太学生张汝璧是兵备副使张秋渠的儿子，他声色犬马，放荡不羁，挥霍无度，穷奢极欲。父亲秋渠遗留下的万贯家财没过几年就被他败光了，他还准备卖掉房子。

他母亲说："我早就知道你大肆挥霍，迟早要把这个家败了，就先在一个地方埋藏七千两银子。你去取回来，我们也就不用卖房子了。"

张汝璧按照母亲说的地方去挖银子，结果只挖出一些空容器来，里面的银子不知道什么时候已经不见了。

盛仲交是张汝璧的姨夫，是他把这件事告诉我的。

张治卿说："我家里有个亲戚也姓张，在应天府里当差，住在湖边的房子里，曾把一千两银子埋在厅堂的墙下。偶然一日，发现埋银子的地方突然鼓起来，像蛇在蠕动一样。赶紧用锄头挖开，发现是银子在走动。拿出来数了数，仍然是一千两，没有丢失。可没过几天，家里飞来横祸，遭了人命官司，把一千两银子用尽，才把事情解决了。"

江东门外的坝子上有一对姓陈的夫妇。他们半生含辛茹苦，省吃俭用，积攒了银子二十四锭，大约一百两，严严实实包裹起来，缝在枕头里，每天枕着睡觉。

有天晚上，梦见有二十四个白衣秀才在床前行礼说："我们要走了，去三牌楼姓鞠的家里。"夫妻俩惊醒，竟然梦到的一模一样，赶紧打开枕头看，发现银子已经不见了。

夫妻二人耿耿于怀，很多天都放不下，下决心去三牌楼找鞠家。鞠家人说，曾经捡到了二十四锭银子，还请了道士开坛做法事，酬谢天地之恩。

这个故事是我朋友陈孟芳讲的。

喻直指使

刘麟（号南垣）在嘉靖年间（1522—1566）为工部尚书，他告老还乡后居家赋闲。

一位巡按直指使来南方视察工作，对接待的饮食十分挑剔，下属准备得稍不精美丰盛，就会被苛责。他所巡视郡县的长官都为此发愁。刘南垣说："这人是我的门生，我来劝说他。"

等到有一天，直指使来拜访刘南垣。刘南垣对他说："老夫本来应该盛宴接待你，但唯恐妨碍你的公务，只好留你在家吃一顿便饭。可是老妻出去未归，没人置办酒宴，只有一些家常便饭，不知道能不能和老夫一起吃？"

直指使只得谨遵师命，不敢辞别，乖乖坐着等。刘南垣又故意让人做得很慢，从早晨直到午后，饭还没有上来，直指使已饥饿难忍。

等饭端上来，只有一些糙米饭和一盘豆腐，两个人各吃了三碗饭，直指使觉得吃得太饱了。没想到，又过了一会儿，端上来很多美味佳肴摆在面前，可是直指使却连筷子也不想动了。刘南垣一再让他多吃点，他说："我吃得太饱了，不能再吃了！"

刘南垣说："可见饮食原本没有精致和粗劣之分，饥饿时就觉得好吃，要是肚子饱了，什么都不想吃。好不好吃，是时机不同造成的感觉啊。"

直指使顿时明白了老师的训导，以后再也不以饮食苛责别人。

虹桥铁物

万历三十七年（1609）八月，虹桥的园丁在地里挖出一个铁质的物件，和铁塔寺仓的铁锭形状差不多。关于这个物件的来历和用途，说法形形色色。有的人说是为抵御敌人，用以封锁江面的石墩子；有的人说是巫术封锁魔怪的铁枷锁；还有人说是海上航船的铁锭。

不过，叫它铁锭肯定没错的。

割耳救母

秀才许吴儒的女儿极其孝顺。母亲得了重病，生命垂危，她便跪在观音菩萨像前哭着祷告，念诵《观音经》。其中穿插着好多句乞求菩萨让她自己代替母亲受病的话。忽然她拿起刀割自己的一只耳朵，差一点就割掉了。幸好她的祖母发觉，连忙制止，用艾草包住，再用手帕缚在头上。女儿和祖母都听见，从受伤的耳朵里隐隐传来诵经的声音。

几天之后，再看她的耳朵，已经完全长好了。真是神奇啊！要不是观音菩萨的神力，怎么可能这样呢?

良工

徐守素是一个铸铜名家，他做出来的仿古铜器，质料真，做工细，价值与真正的古铜器相当。

蒋彻，字抱云，是徽州人，与李信均为当时的铸铜大师，修补古铜器技艺惊人。邹英是蒋彻的徒弟，手艺也精湛，但不如蒋彻。

弘治年间（1488—1505）的李昭以擅制扇骨驰名于南京，人们称他为"荷叶李"。后人有"旧京扇贵李昭骨"这样的诗句。李赟和蒋诚也是制作扇骨的巧匠。

刘敬之是一个家具匠人，他做的家具技艺精湛，被称为"小木高手"。

五谷树

有两棵五谷树，一棵在皇城里面，一棵在大报恩寺里。它们结出来的果实一年一变，各不相同，有时像高粱，有时像稻谷，有时像玉米，还有时像鱼虾螃蟹。

这两棵树是三宝太监郑和下西洋的时候带回来的。

焚灯草

万历二十四年（1596），万历皇帝朱翊钧为了应付日益庞大的内庭开支，开始派遣太监在全国范围内采矿，以增加宫中的收入。

此后，朱翊钧又派太监赴全国各地收商税，即为榷税。矿税是开矿、榷税二者的合称。这两者相较，榷税造成的后果更为严重，因为赋税过于沉重，造成无数生意人失业。

有个叫陆二的人，在南京和苏州之间往来，以售卖灯芯草为生。万历二十八年（1600），收税的官员如狼似虎，就像拦路抢劫的强盗一样。陆二一船灯草的价格不过是八两银子，已经被多次抽税，缴了四两多银子。船到了青山后，又有人来收税，陆二兜里已经没钱了，他只好无奈地把灯草搬上岸，一把火烧了。

这样的做法看上去鲁莽，但心里怨恨至极，又能怎么办呢？

匿银丧命

秀才李龙云是湖广收税太监陈奉的属下。有个叫顾敬竹的为李龙云代买京货和古玩，李龙云就委托顾敬竹帮他捎六百两银子回家。正好赶上武昌民变，陈太监落荒而逃，李龙云死在监狱里。顾敬竹趁机侵吞了那六百两银子。

后来有一天，顾敬竹和妻子在家办寿宴，忽然看见李龙云进来，他立即吓坏了，大声冲着客人们喊叫："李相公，李相公，我把银子还给你，你饶了我的命吧。"接连叫个不停，叫了好几天后，就暴死了。

负心

林松溪和应天府的文书张大是莫逆之交，两人的感情很深。张大突然患病，生命垂危，眼看是活不了了，就把林松溪请到床前，叫出自己的小妾，对林嘱咐说："这个女人是我最爱的，她发誓要终身守节，不再另嫁。虽然很忠贞，但是她年纪还小，无依无靠，希望兄长你念在我们往日的交情上，经常过来关照她。"张大躺在床上，一边流泪说话，一边做出磕头的动作，表示请求。

林松溪拍着胸脯保证说："兄弟你放心去吧，你的嘱托我一定放在心上，绝不会违背诺言。"张大高兴地说："有兄长你的应允，我死也瞑目了。"

张大死后没多久，林松溪就违背诺言，和他的小妾私通，并打算娶她为自己的妾。张大的小妾带着几百两银子的家产嫁给了林松溪，还对外宣称："这是张大的遗命。"

有一天，小妾照镜子时，看见张大在镜子里，一边数落她的过错一边骂她，当即就被吓昏在地。第二天，她再照镜子，被张大扼住了喉咙。最后，小妾七窍流血而死。

过了半个月，林松溪照镜子，看见张大和小妾在一起。张大对他说："我已经在阎王处告了你，要让你一起去对质。"林松溪十分惶恐，把镜子扔在地上，又把张大的话跟家人说完后，也七窍流血而死。

这就是为什么人不能做有愧于心、昧良心的事啊。

神迷御史

佘嘉诏是广东人，中了嘉靖四十四年（1565）的进士，隆庆年间（1567—1572）任职南道御史。

冬至这天，他要去朝天宫演习礼仪，路过小教场，小教场里的关公庙非常灵验，才走到庙前，忽然看见周仓肩上扛着刀，一手提着灯，在前面带路，绕着点将台，一圈又一圈，转个不停。文书、跟班、轿夫总共二十多个人，都迷迷瞪瞪的，全然不知。

一直到日出以后，周围的行人渐渐多起来，他们才像醒酒那样清醒过来，但已经耽误了礼仪演习。佘嘉诏的魂魄已经被鬼神悄悄夺去了，于是只能告病还乡。

ᑤ 兄弟三同

陈镐陈矩庵、陈钦陈自庵兄弟俩在成化二十二年（1486）一起中了举人，又在成化二十三年（1487）一起中了进士。陈镐任山东提学副使，陈钦任广东提学副使，任命书都是同日下发。

生前有这三个同时的荣耀，死后又同时进入乡贤祠，这兄弟俩真是出类拔萃的人物，简直无可挑剔。

ᑤ 续乐天诗

余幼峰自从辞官归隐后闭口不谈朝廷政事，也不与往日同僚往来，只有诗人和棋客上门，才出门迎接。余幼峰天生不能喝酒，但摆酒席任凭客人豪饮，就算喝到深夜也从来不会露出不耐烦的神情。

偶尔在夏天和亲人朋友带着酒到河边的亭子里，让童子唱歌为大家助兴。兴之所至，吟诵出白居易"亲朋治杯酒，僮仆解笙歌"两句，并以此为韵，作一首律诗：

小榻临流设，高轩冒暑过。

亲朋治杯酒，僮仆解笙歌。

荷气分凉入，松阴受月多。

莫矜狂态在，年冀各蹉跎。

读这首诗，可以看出余幼峰热爱心旷神怡的生活，也喜欢坦率真诚的性格。

考论历法

童轩在成化年间（1465—1487）任太常寺卿，执掌钦天监。

直隶真定县儒学教谕余正己上奏朝廷，说历法有误，皇帝朱见深命童轩和他一起勘议，无法达成一致意见。

童轩上书说："由阴阳合历产生的岁差和因此采用的置闰法由来已经很久了。我朝考察星象制定历法，更为精细缜密。虽然日升月落，时间会有先后的不同、多少的分别，但这是因为地域地形差异的缘故。余正己说的所谓'天地之间自然就存在着冬至，以至于大小月划分和闰年设置都非人力所能为'，是不懂古人推算得出天文历法的方法，却用小精明扰乱长久以来形成的制式，应该免去他的官职，以匡正他荒谬的言论和行为。"

朝廷同意了童轩的意见。

父子谥文

大明朝的父子如果都为翰林学士,去世后的谥号就为"文",这个习惯是从倪谦、倪岳父子开始的。倪谦谥号"文僖",倪岳谥号"文毅",两个人都有文集广为流传。

两帝不能杀

六朝老臣李时勉在仁宗朱高炽继位后不久,就上疏劝谏朱高炽不要沉迷女色。朱高炽大怒,命令武士对李时勉动刑。用金锤击打了他十八下,再打断肋骨,然后拖出去关进了监狱。李时勉折断的肋骨起初没有长合,后来又用木棍重新敲碎,再接好,这才保住性命。

宣德元年(1426)十月,宣宗朱瞻基记恨李时勉得罪自己的父亲,下命令说:"把李时勉绑来,我要亲自审问杀了他。"

前一拨抓李时勉的人去了不久,朱瞻基又命令王指挥即刻把他抓起来在西市斩首。王指挥从端西旁门出去,先前派去的人却已经绑着李时勉,从端东旁门进入宫里,没碰上。王指挥到了监狱,才知道李时勉已经被带走了,赶紧去追,还想送去西市斩首。可是这时,李时勉已经见到了朱瞻基。一番盘问后,朱瞻基体恤李时勉是忠臣,能直言进谏,马上就赦免了他,恢复他的侍读官职。

两个皇帝都想杀李时勉,最终却都没杀。命运真是由不得你不信啊!

赐第回禄

万历三十年（1602）正月初十，魏国公家里遭了火灾。大火蔓延，烧了钦命建造的旧府第和祖宗祠堂，以及奉命看守祭祀皇陵的敕书。给事中祝大人、御史朱公都给朝廷上疏，向皇帝说中山王徐达功勋卓越，魏国公徐弘基的遭遇实在可怜。

于是，皇帝朱翊钧下圣旨，命令工部为魏国公徐弘基重修府宅。

恩泽侯伯

皇族的亲戚王镇是上元人，是明宪宗朱见深孝贞纯皇后的父亲。天顺六年（1462），王镇担任中府都督同知，他的儿子王源被封为瑞安侯，王清被封为崇善伯，王潜被封为安仁伯。

皇族的亲戚夏儒是上元人，是明武宗朱厚照孝静毅皇后的父亲。正德二年（1507）被封为庆阳伯。

皇族的亲戚方锐是江宁人，是明世宗朱厚熜孝烈皇后的父亲。嘉靖十九年（1540）被封为安平伯，嘉靖二十一年（1542）进封侯。

志感诗联

驸马梅殷为人恭敬谨慎，有勇有谋，善于弓马骑射。太祖皇帝朱元璋特别喜欢他，曾传授密诏，让他辅佐建文帝朱允炆。

明成祖朱棣发动靖难之变时，梅殷受建文帝朱允炆册封，担任总兵官，奉命镇守淮安，对防御十分用心。他曾写诗抒发内心志向，有"纵使火龙翻地轴，不容铁骑渡天河"这样的句子。

明成祖朱棣向他借道淮安进攻南京，被他拒绝。于是成祖只能渡过泗水，绕道扬州，才抵达南京。

买太史公叫

隐士黄白仲（字之璧）自视甚高，心骄气傲，目中无人，被西宁侯宋瑛聘为幕府，当他的秘书。一次，黄白仲走内街经一座小桥，听到一个乞丐跪在地上讨钱，叫声分外悲切。

黄白仲就问他："你如此哀求，能讨得多少铜钿？不如叫我一声'太史公爷爷'，我就赏你一百个铜钱。"

乞丐一听有这种好事，接连叫了三声，黄白仲便把口袋里所有的钱都掏出来都给了他，然后乐呵呵地离开了。

乞丐惊诧莫名，赶紧向路人打听："太史公是什么东西，怎么会这么值钱？"

致刘

　　太祖皇帝朱元璋打下南京后，就惊慕于孙炎的才华，等到夺取括苍山后，便封他为处州总制。对于钱粮兵马，全权由孙炎调配处置，不需要上报，而且把空白文书给了他，听凭他去选取任命人才。

　　当时括苍山内有才能的人，见战争才起，胜负未分，都隐居在高山峡谷之中，不肯入世。孙炎为此十分忧虑，他招揽了其中一两个人，把隐居在山里的所有人的名字都抄录下来，专门写信派人去招揽。

　　诚意伯刘伯温、御史中丞章溢、洪都知府叶琛，都是括苍山士人推荐的。

　　刘基刘伯温最有名，他豪迈侠义，心高气傲，和孙炎特别像，总觉得自己不应该听命于别人。孙炎派去的使者三番五次相邀，刘基都没有答应，但拿出了一把宝剑送给孙炎。

　　孙炎写诗回答他说，宝剑应该献给天子，专门斩杀那些不听话的人，我作为人臣，不能私下接受。他把宝剑重新封好还了回去。另外还写了几千字的信，向刘基陈述天命之所归，以此来劝说他，词句特别优美。刘基依然没有答应，孙炎马上就去见他，拿了好酒和他对饮。谈论起古往今来、成败兴亡的事，孙炎侃侃而谈，滔滔不绝，一点儿也不含糊。

　　刘基心悦诚服，赞叹说："我自以为比你厉害，可是听你一席话，才知道和你差得太远了。"于是，孙炎把刘基推荐给朝廷，皇帝重用了他，成为大明的开国元勋，封为诚意伯。

　　从此，四海之内没有人不知道诚意伯刘伯温；金陵一地，没有人不知道总制孙伯融。

不妄受束修

镜川先生焦瑞为人清白正直，行为都以古代的道德标准自我约束。他家里虽然贫困，但容貌、言语之间没有一丝一毫的小家子气。

他以招收学生传道授业为生，但却对来学习的人既要考核他持之以恒的非凡能力，又要考察他论述文章的学业进步。对有些学生，他一年都不收一文钱。所以门人弟子虽然多，但学费收得很少。虽然家里多次告空，但先生一点也不在意。他克勤克俭，砥砺操行，安贫守道，竟然到了这样的境界。

灵山二事

琼山秀才张先觉在镜川先生焦瑞所任职的灵山县游学时间很长，说镜川先生有非常强的处理事务能力，现在简略记录他两件事。

焦镜川先生以选贡生的身份被授命担任灵山县令。灵山县地处蛮荒之地，多是深山密林，盗贼众多，啸聚其中。都督府下檄文让节度推官刘某前去剿匪。想不到后来兵败，盗贼抓住了刘推官，准备将其杀害。镜川先生知道后，马上率人去支援。

盗贼们见了镜川先生，十分惊异，马上上前参拜说："这是我们真正的父母官啊，怎么能冒犯他呢？"随后就带人离开，并把刘推官送了回来。不过他们没有给幕府报功，所以也没有任何赏赐。

灵山县的叶龙、叶凤两兄弟因为争家产而打官司。镜川先生对他们说："兄弟都是父母身体所生，感情何其深厚，情义何其沉重！如今却因为财产这点微不足道的事伤害手足之情，也就是伤害自己的父母亲，这还能算是人吗？"他就这样一边说一边流泪劝导两兄弟。兄弟两人被他感动得痛哭流涕，相互礼让着离开了。

回家后，叶氏兄弟各自对自己的妻子说："以后再不要为这些事情多嘴，伤害我们兄弟的感情。"

镜川先生处理事务就是如此崇尚道德教化。

草实

劫空和尚是太原人，他身高九尺，讲话从容不迫。

他从小出家，长大后历参诸方知识，住在长干寺直到老。嘉靖三十七年（1558），他所住的房间外有万年青草结了果实，大小如梅子，颜色艳如珊瑚，数了一下，有百颗之多，所有人都十分惊异。劫空和尚身体健康，无痛无疾，但是不再吃喝，就这样浑身散发着光芒圆寂了，正好是一百岁。人们都说，那些青草的果实是为了显现他的岁数而化出的祥瑞。

两次割股

汪应乾，号怀冈，担任府军右卫指挥，对双亲极为孝顺。他的母亲患重病，医药无效，他便在自己的大腿上割了块肉煮汤，给母亲喝，没想到竟然痊愈了。

几年后，母亲再次生重病，状况跟以前一模一样，他又在自己的大腿上割了块肉煮汤给母亲喝，竟然再次痊愈了。

他这样的孝心真是难得啊，能为救母亲两次割肉，真可谓孝到极致了。

屯田御史方大人特别看重汪应乾，专门表彰了他的事迹。

穷鬼

刘玺，字廷守，是龙骧卫指挥。众人都称呼他"青菜刘"，调侃他不知道肉的味道。他当官清正贫苦，不受别人一分一毫。他到江西任职时，巡按穆御史专门上疏举荐他，说"僚友比之学官，家人谓之穷鬼"，推举刘玺担任总漕运。

皇帝朱祐樘认出穆御史的名字，知道他以前也是一个穷鬼，推荐的人一定靠谱，立即就同意了他上奏的事。

恨打宸濠

王阳明先生擒拿宁王朱宸濠后，南昌太守郑璘一见了朱宸濠，痛恨不能忍，一连打了他十几拳。王阳明听说了很是不高兴。

郑璘这样做，虽然有些不得体，但他自己心里很舒爽。朱宸濠曾诬陷郑璘，让麾下校官们给他上了枷锁，万般凌辱他，又把他关在小船里，饿了十九天，最后只能靠咀嚼衣襟来抵饿。所以，他打了朱宸濠十来拳根本不足以泄其恨意。

这件事是郑璘的孙子郑时选秀才跟我说的。

官贫受徒

刘麟（号南坦）罢了嘉兴太守后，靠教书来养活自己。

李远庵先生罢了江西副使后，没办法养活自己，只能在高淳和溧阳以教书为生。

他们二人的官职当到太守、副使，已经是很大的官了，却贫困到这种地步，可见他们的人品之高尚。

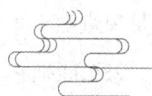

第四卷

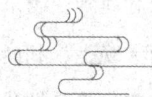

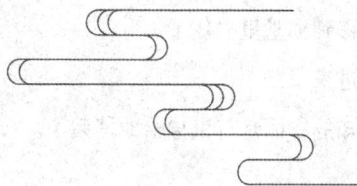

武宗钓鱼快园

弇州山人王世贞的《弇州山人四部稿》记录了金陵有名的园林十多处，没有特别喜爱和仰慕的词句。他担任南京刑部尚书之前，到处任职，诸多园林已经荒芜废弃，他没有见过，写不出喜爱和仰慕的话，也属于正常。可是为什么连徐霖的快园都没有提起呢？

徐霖徐子仁无论是辞赋书法还是绘画音律，都有非凡的成就，这样的园林主人已经非常难得，何况武宗皇帝朱厚照曾亲临他的园林，还在园子的鱼池里钓到一尾金鱼。宦官们争着以高价购买，朱厚照取笑他们，自己却一不小心又失足掉进池子里，衣服都湿透了。

这种事古今罕见，怎么能把它和其他园子相提并论呢？园子里有宸幸堂和浴龙池，都是为了纪念真实发生的事。

驾到预知

松江南禅寺有个和尚到快园来拜访徐子仁，不巧生了疟疾，还很严重，就留宿在园子里。有天晚上，和尚突然让人把徐子仁请来，对他说："皇上的銮驾要到了，希望您赶紧把我的床转移到僻静的地方，以避开皇上。我这话并不是病中的胡言乱语。"

徐子仁果真就按照他的要求把他转移到祠堂里去住了。

天色刚亮，诸多宦官就簇拥着圣驾过来了。

圣上天子的行为并非一个和尚能预知的，而是有鬼神给他捎话了。

🐚 豪举

黄琳,字美之,有一年冬天,他请十三道监察御史赏雪饮酒。酒正酣时,一位御史觉得有些冷,向黄美之借狐皮大衣御寒。黄美之让人拿来十三件狐皮大衣,让每个人都穿了一件。

徐子仁的快园刚刚落成时,黄美之带着美酒佳肴与众人在园中畅饮。

在座的一位朋友说:“这座园林与长干寺相邻不远,可惜被城墙阻隔,如果能起一座高楼正对着长干寺,晚上观长干寺塔灯,那意境真是太美了。”

黄美之说:“这事不难办。”

第二天早上就让人给徐子仁送来二百两银子,让他造楼。

黄美之是黄太监的侄儿,黄太监保全弘治皇帝朱祐樘有功劳,朱祐樘登基后,对黄太监的恩赐十分丰厚。因此黄美之才有能力做出这样豪爽的事。

如今世上演的宋朝太监陈琳用妆盒暗藏太子、援救出宫的戏,就是影射了黄太监的事。

🐚 颠不刺

万历四年(1576),张居正主政国事,把太祖皇帝所珍藏的古董玉器全部都运回了北京。其中有一块颠不刺宝石,重七分,颜色为陈米色,如果拿着它对着太阳照,能看见光线穿过石头,十分通透,因此把它当成宝贝。

王实甫在《西厢记》第一本第一折里写："颠不剌的见了万千，似这般可喜娘的庞儿罕曾见。"用"颠不剌"来比喻美女，不知道有什么出处。

银火炉

张居正从南京取了太祖朱元璋所珍藏的物品运往北京，宫里派出两位少监押运，兵部差拨四十二条快船去装运。其中有一座银火炉，周长约十米，是当时抄没巨富沈万三的物品。

一个火炉竟然用银子制作，还做得这么巨大，实在是太嚣张妄为了。

想来，沈万三全家最后被发配到云南充军，也不算过分了？

江防

太祖朱元璋顺流而下，首先攻打了采石矶，再以此为基地攻取南京。

成祖朱棣逆流而上，从仪真进入南京。

长江地势险要，任何时候都要重点防御。宋朝人曾说："屯集军队，据守险要，虽然在长江南岸，但挫败敌人，赢取胜利，大都在长江以北。"

倭贼

何良俊的笔记《四友斋丛说》记载：嘉靖三十四年（1555），倭寇从浙江严州、衢州，经过饶州，再经徽州、宁国、太平到达南京，倭寇一共有七十二人。南京守城军队与倭寇打了两仗，朝廷死了两个把总指挥，士兵死亡八九百人。可是七十二个倭寇竟然一个人都没有损失，做到了全身而退。

战斗时南京十三座城门紧闭，全城百姓都上城墙御敌，官府各个衙门的官员和下属部门人员都分头到各个城门把守。倭寇虽然退了，却还是不敢解除防卫。

南京城的安全保卫不能说不严密，平时达官贵人一出门，路上就有警卫人员前呼后拥，横冲直撞。每月用在军队的粮食就要八万，目的就是为了防御外敌入侵。为什么来了七十二个暴徒，就如此惊慌失措，这不是朝廷的奇耻大辱吗？

倭寇打败官军后，当天晚上就住在板桥一个农户家里。七十二个贼寇全都喝醉了酒呼呼沉睡。如果当时派一个侦察兵前去侦察清楚后，由一位将官率领三四百个士兵去，就可以把这些倭寇杀个一干二净，可是并没有做到。

南京城里的这些老爷大人们全都不懂用兵。敌人来了就只会横眉怒目去拼命。一旦吃了败仗，就垂头丧气地撤兵。躲的躲，藏的藏，唯恐泄露行踪。

他们难道不知道胜败乃兵家常事吗？即使是古代非常会打仗的人也有先败后胜的。倭寇酒醉酣睡正好是用计之时，为什么却甘愿放弃这种机会呢？另外，既不派人侦察，也不使用间谍，只知道见面就拼杀，打不过就退，真是不知道这用的是哪家的兵法？

何良俊当时就在南京，倭寇攻击的事是亲见亲闻，如此议论总结非常得当。樱桃园一场败仗，被倭寇杀掉的两个指挥，一个叫朱湘，一个叫蒋钦。

《此君轩》

王安石的《此君轩》这首诗被刻在江宁府学里。

严宾严子寅酷爱书画，曾经想修建一座亭子，在东西两边种上竹子，重刻这首诗，镶嵌在中间。但最终没有实现。

葵忠

何遵，字孟循，号味淡，他的母亲生他前梦见了红色的葵花。何遵才六岁的时候，见了日食就跪下来守护太阳。年幼的时候已经与众不同，等到他任职工部主事时，上书劝谏正德皇帝朱厚照不要南巡。因为当时国库空虚，皇帝出行会花费大量人力物力，劳民伤财。

但是朱厚照游兴正浓，根本听不进去，谁敢劝阻南巡就廷杖。当时总共有三十九人因上书挨打，何遵就是其中一位，而被打死者有十一人，他也是其中之一。他被杖击五十，三天后去世了。

其实，可以花钱买通执行杖击的人，请求他打的时候轻一点。有人劝何遵花点钱买命。何遵说："口袋里没有钱，而且也不能损害法纪。这种如同向日葵对太阳一样的忠心，是来自父母，不能变，也变不了啊。"

掷钱不拾

李懋，字时勉，凭字号行于世。永乐二年（1404）中了进士。

宣德（1426—1435）初年在翰林院，皇帝朱瞻基怀揣着金币到了修史馆，扔在地上，所有人都趴在地上捡，只有李懋一个人站着不动。朱瞻基叫他过来，把袖子里剩下的钱全都赐给了他。

太守出巡

陈钦，字谅之，号自庵。从南京兵部武选司主事职务上，出任广平知府。

广平位于京畿要地，各项公务极其繁杂。陈钦洞察民间疾苦，处理事情果敢坚决。他到任之后斗志昂扬，意气风发，百废俱兴。按时到地方上去巡察，足迹踏遍九个县，亲临百姓中间，询问民生疾苦。考察官员干得好不好，如果好就鼓励，不好就惩罚。当时，有的官员听说陈钦要来，就会自己辞官。

郡县里的人都尊称他为"陈母"，意思是说他就像母亲一样慈爱。

逐江陵丧

张居正去世后，运他的灵柩的船经过金陵府县，搭建了一个小棚子，请各府各衙门官员祭奠。第八代魏国公徐邦瑞时任金陵中军都督府金事，按惯例前往祭奠。

可是张居正的儿子没有亲自迎接，只让家里的人出来拜谢。魏国公大怒，把带来祭奠的物品给了士兵，以金陵中军都督府的名义下命令，让人前往驱逐，理由是军营并非灵柩停放的地方，命令他们马上开船离开。这一举动特别有大臣的风范。

如此江山

御史濠滨老人张士佩约督学天台先生耿定向一起游览栖霞寺。一进入僧房里，张士佩先生就说："江山如此多娇，有没有高人雅士呢？"

住持兴善在旁边说："当然有！"

张士佩问："是什么人？"

兴善说："就是两位大人啊。"

张士佩说："大师您怎么能用外人给自己充门面呢？"

兴善说："刚说是高人就生出分别心，看来也不是高人啊。"

雪梅

有个叫雪梅的和尚，嘉靖中期来到金陵游玩，他的行为举止奇异，喝酒吃肉，借宿在报恩寺与丛桂庵里十多年。每次见到大和尚坐在高台上讲经，他就笑着说："胡说八道，胡说八道啊。"偶尔讲出一句机锋话语，和尚们都佩服他对佛法的透彻领悟。

他擅长写诗，但又不以诗来博取名声。有一首《秋兴》：

雨过池塘暑气消，山冈处处乱鸣蜩。

侵衣树色摇空翠，绕户江声落晚潮。

自笑疏慵忘礼乐，只将踪迹混渔樵。

降心惟有诗魔在，时复临风写绿蕉。

另有一首《题海上三神山人卷》：

有客入门据我床，双瞳灼灼飞电光。

紫髯飘飘连绿发，虎头高应七尺强。

自言降谪出天庭，常向人间肮脏行。

寄迹蓬莱东海上，金银台观餐琼英。

闲来大叫吐胸臆，白凤翩跹游青冥。

手攀秦汉踏晋魏，独怜年少成芳名。

赫赫当路不肯谒，几欲上书上不得。

镜湖谁有贺季真，召见玄宗奏奇特。

天下名山已大半，闲里新诗应满翰。

又将淡墨写烟霞，万壑千岩光灿烂。

又与老衲谈空王，又与道士关瑶房。

打破幻相君不碍，心中如水常自在。

逍遥肯信如浮云，即是神仙在天外。

杨子抱奇迹亦孤，出世谁云不可图。

眼前富贵君不愿，眼前笑傲谁与居。

217

后来雪梅住在苏州竹堂寺。有一天他对大家说："某月某日某时，老衲要圆寂了。"和尚们都信了，募集了一些银两为他制作了灵龛，把剩余的钱都给了酒家。

到了雪梅和尚所说的日子，僧俗两界，群贤毕至，都来观摩。雪梅调笑众香客说："你们每个人不过布施了三分五分银子，就要当功德来逼我圆寂。其实老衲我命长着呢。"众人未遂心愿，都失望地离开了。

又过了几天，他自己端坐在灵龛里，让小和尚叫："老雪梅，老雪梅，今日不归何日归？"他自己回答说："今天就归去。"才过了一会儿，他的鼻梁下垂，已经坐化了。

雪梅真算得上神异的和尚了。

玉芝

海盐资圣寺的僧人法聚，号玉芝。他曾和从吾道人董沄一起，在会稽山里拜访阳明先生，给先生赠诗，讨教"独知"的内涵。阳明先生很尊重他，也用诗来回答他。

到了南京后，他又到碧峰寺拜见梦居禅师，讨教如何才能不落入他人圈套里。

梦居禅师伸出一只手掌，法聚恍然开悟，以"梦居"为韵写诗一首：

> 大地何人不梦居，
> 梦中休问梦何如。
> 煮茶消得闲风月，

不向蒲团读梵书。

🐚 远梦

远梦和尚是溧阳人，住在南京，俗名袁应魁。他抛妻弃子，撇下兄弟，放弃田地财产，出游到雁荡山的灵岩谷，落发为僧，更名为圆魁。但是他却不太参与诵经礼佛，经常独自坐在房子里，无论冬夏，都穿同一件僧袍。

万历十四年（1586），南京国子监祭酒戴洞（号愚斋）游览灵岩谷，圆魁请他写了一份化缘疏，凭此去化缘，才修建了灵岩寺。寺院建成后，他又说："有寺庙没有经书，用什么来昌明佛法呢？"他又向戴洞请求公文疏，到南京化缘印制经书。

万历二十年（1592），在玄真观里，他忽然自言自语地说："刊印佛经有期限，到今天就结束了。"随即安然圆寂了。七天后，他的遗体竟然生出了头发和胡须，来瞻仰他仪容的南京百姓特别多。玄真观观主郭怀野担心生出事端，就把情况向礼部王尚书陈述，征得同意后举行了火化仪式，所有的烟雾都飘向西边。

去世前在草垫上留下一偈：

　　自古原无死，

　　无死亦无生。

　　作一黄粱梦，

　　亘古又亘今。

⑤ 刘渊然

刘渊然是徐州萧县人。洪武年间（1368—1398），马太后生了重病，非常渴望见到雪，刘渊然在六月让天降雪呈进宫去。

永乐年间（1403—1424），刘渊然被贬斥到云南三年。在云南沐王府里，白天就有很多恶鬼迷惑害人，遍寻能人都无法制服。刘渊然前去驱赶，那些恶鬼就号哭着离开了。

刘渊然有一件法器叫"七转丹"，他经常说："还有两转，必须是有大德大福的人在钟灵毓秀的山中才能成功，我暂且等着他。"

宣德七年（1432）八月八日清晨，他沐浴更衣后，就把徒弟们都叫来，告诉他们："我将要离世了。"中午时分，他伸出手画了个圈，笑了声"呵呵"，盘腿而坐就去世了。讣告里有朱瞻基钦赐的丧葬活动，他被追封为长春真人。

如今朝天宫里的西山道院就是他的住处。

⑤ 焦姑

焦姑的名字叫奉真，家住在中和桥南面，她的父亲以卖豆腐为生。

焦姑有仙术，能祈求阴晴。永乐年间（1403—1424），她曾被召入宫中。好几年后，她在中和桥北边建了玄真观，自己住在观里。她还有个弟弟在神乐观当道士。

有一天，焦姑把当道士的弟弟叫来说："我已经好多天没进食了，如今死期已经临近。"

弟弟说:"我来设坛做法事,为姐姐向上天祈祷祛病消灾。"法事做完,弟弟过来报告。

焦姑说:"你做的法事不起作用,你上奏玉帝的表文上有几滴汗,所以玉帝没看见。"

弟弟十分惊异,因为他烧的黄表纸上果真滴了几滴汗水,因为时间仓促没来得及换。焦姑又对弟弟告诫说:"我死之后,不用灵龛和棺材,只用草席卷了送到江浦县定山上,我的心愿就满足了。"

焦姑去世后,道士弟弟照她的话把她的遗体送到定山上。忽然间电闪雷鸣,疾风骤雨,她的遗体一下子就找不到了。后来她被追封为妙惠仙姑。

沈野云

沈野云的名字叫道宁,是浙江乌程人,他住在雨花台旁边的清源观中。一次,他施展五雷法后驾鹤仙去。

唐古峰

唐诗,号古峰,是应天府学的秀才,他对母亲极为孝顺。

有一天,唐诗遇见一个老头,说他身具仙骨,约在天地坛前,三更时分见面,让他撮土为香,拜老头为师父,因此老头传授了他用内外丹修炼成仙的方法。

有往来的道士劝他找风水好的名山大川去修炼，他说："我家里有老母亲，没听过世界上有不孝顺的神仙。"等到母亲去世后，他拜别了所有的亲戚邻居，出去修炼。

府学里的好朋友们凑了乘银三钱给他，他从此远走，杳无音信。

5 阎希言

有个人叫阎希言，不知道他是哪里人，他头顶盘着发髻，从不梳洗，穿粗布衣服，脸颊饱满，下巴丰润有肉，膀大腰圆，具备如来三十二相之一的马阴藏相。

他盛夏裸着身体在太阳下暴晒而不出汗；数九寒天时，他凿冰用凉水洗澡。因此他所到之处，人们都对他很好奇。人们给他头巾就戴上，给他衣服就穿上。给他钱，也塞在袖子里，但稍过一会儿，就给到不知什么人手里，他也不管。

他只要一出门，就有小孩跟在他后面嬉闹叫嚷。有人说他二百岁了，也有人说最多五六十岁。他也无所谓，别人说多少，他就跟着说多少。可是有人问他延年益寿、白日飞仙的方法，他从不作答。

万历（1573—1619）初年，他去了金陵土街口的毛百户家。饭后沐浴时，他坐着就圆寂了，容颜一如生前，十多天都没有变化。这应该是他留下肉体，得道升天去了。

毛百户的大名叫毛俊，号华峰，据说他能施行阎希言的仙术，却也没人能确定。

潘烂头

有个人叫潘烂头，不知道他的原名叫什么，是朝天宫的道士，他能施行掌心雷法术。

他曾在上厕所时召唤神仙帮自己取厕纸，惹得神仙发怒，用雷火劈了他的头，从此他的头就一直烂着。后来他居住在骁骑仓的大营里。有人生病，他就用自己头上的脓画符焚烧，让病人用酒和着喝下去，病马上就好了。

后来，潘烂头就成仙去了。

尹蓬头

尹蓬头的大名叫从龙，是华州人。行囊里装着宋朝第十四位皇帝——宋理宗时期的度牒。弘治（1488—1505）、正德（1506—1521）年间来到金陵，成国公朱仪一直供养着他，特别虔诚，请他在上浮桥江东庙里居住。只要他走出庙门，后面跟随的人就像赶集一样密密麻麻的。他还能够元神出窍，变出多个分身，去不同的地方赴斋宴。

朱仪问他："我想见一下吕洞宾祖师，可以吗？"

尹蓬头说："没问题，你在初一到水西门外的刘公庙烧香，到时候我约吕洞宾来和你见一面。"

朱仪烧香回来后，却什么都没见到，就责怪尹蓬头撒谎。

尹蓬头问："你有没有在路上遇见一个喝醉枕着酒瓶子睡着的道人？"

朱仪想了想说："确实有。"

尹蓬头笑着说："道人枕着瓶子，两个口相对，分明就是吕字，你自己没能看透，怎么能怪我说谎呢？"

朱仪赶紧派人到处去找，别人都说那个道人才刚离开一会儿。

一位达官贵人的女儿常年体弱病重，病得连容貌都变样了。满城的医生都束手无策，吃什么药都不起作用。她母亲特别爱女儿，舍不得放弃她，刚好遇到个机会，就请尹蓬头去看。

尹蓬头看了说："她身体里有瘵虫，不过现在倒是可以医治。"

女孩家里人问需要什么药，尹蓬头说："吃药治不好，只要跟我睡一晚上就好了。"

女孩的母亲相信尹蓬头的仙术，知道他不是开玩笑，就跟自己丈夫说了。

丈夫一听，勃然大怒道："简直是信口雌黄，我堂堂公侯家族的女儿，怎么能和一个疯道士睡觉？"可是见女儿眼看是活不了了，妻子又哭哭啼啼的，反复请求他答应治疗，他这才不得已同意了。

尹蓬头让人用纸糊了一个小房子，封得严严实实的，没有一点点孔洞。里面放了一张床榻，不挂帷帐。他让女孩脱光衣服，然后用手摩擦脚心，摩擦到滚烫，就捂在女孩下阴部，东西朝向躺着睡。他告诫女孩："如果喉咙里有虫子出来，你要马上叫我。"

女孩一晚上都没能合眼，可是尹蓬头却呼呼大睡。天快亮的时候，女孩说有虫子从嘴里飞出去了。尹蓬头马上起来四处寻找，却找不到虫子的踪影，着急地说："从哪里钻出去了？要是不能斩草除根，肯定要害别人。"

原来是女孩的奶妈不放心，在纸房子上开了个小孔偷看。瘵虫从女孩嘴里飞出来，已经进入她奶妈的身体里了。

天亮后，女孩的父母过来看，发现女孩的面色已经好看了许多。一家人对尹蓬头感激涕零。尹蓬头哈哈大笑着离开了。过了几个月，女孩找到了夫婿出嫁，可是她的奶妈已经死了。

上新河一个经纪人婆媳妇，带新娘参拜尹蓬头，本意是请求仙人赐福。尹蓬头一看见新娘，就马上走过去一把抱住，张嘴就咬她的脖子，才咬了两口，就被她的公公婆婆拉开，叱骂他道："疯道人，一点也不自重，为什么要咬我们新媳妇？"

尹蓬头叹息说："可惜只咬断两股，还有一股没咬断，怎么办？怎么办啊？"谁都不知道他在说什么。没过多久，新娘子和丈夫吵架，竟然上吊自杀。三股绳子有两股断了，只剩下一股没断，就把人吊死了。所有人直到此时，才明白了尹蓬头当初的意思。

尹蓬头的这些行为引起官府恐慌。他们认为尹蓬头展示的能力太强，容易惑乱民心，引发公众事件，所以就派人押送他回陕西华州。

押送他的军人对他说："一般押送犯人，都会送些东西给我们家里。你一个疯道人，既没有银钱，也没有家庭，我们跟你跑这么远，家里怎么活呢？"

尹蓬头说："你们所需要的，不过就是柴米而已，有什么难的？我给你两道符，一道贴在灶上，一道贴在米桶上，有需要的时候自己就会出来。"

军士把符拿回去试验，果然像尹蓬头所说的一样。但是等把尹蓬头送到华州，再回来后，符就失灵了，要柴没有柴，要米没有米。

尹蓬头住在华州铁鹤观里，据说后来他骑着铁鹤飞升成仙了。

🐟 玉冠

长春真人刘渊然葬在凤台门外的麻田七真观。据说安葬他时，朝廷钦差派来的使臣吴惠和金陵工部营缮各找了一名风水先生，一个说墓穴应该在五尺上，一个说墓穴应该在五尺下，双方争执不下。

吴惠说："所谓葬，就是藏。风水好的地方，能藏风聚气，让死者的生气聚集在一起，受助于大地中的生气，增强他感通后人的力量来取得荫庇子孙的目的。可是刘真人没有子孙后代，要风水干什么？"

于是就取了两个人所指地方的正中，确定为金井的位置。挖开之后，得到一个石头匣子，里面放了一顶玉石制作的道冠，匣子的盖子上刻着"王真人玉冠"五个字。

如果依照风水先生指定的位置，那么这顶玉冠就见不到了。看来刘真人的墓地上天早就定好了，真是件怪事。

🐟 邢有都

我的友人姚允吉说："太史邢有都是太常少卿邢一凤的侄子，不学习科举的学问，喜欢读奇书异志。读了一遍宋代郭忠恕所著的《佩觽》，就能牢牢记住其中的序言。连楚辞都能背诵，同时还对文字发音的声、韵、调，所以精通反切法。尤其喜欢星象历法的推算，不需要老师，独自就能推算出恰当的结论。因而自己制作了漆球当作浑天仪，用于推算历法，与现有的历法相较，毫发不差，真算得上是早慧啊。有一次偶然登上我家的一栋楼，远远看见长干寺，说：'那里的影子可以照进来啊。’于是我把窗子关闭，缝隙全都堵死，只留下指尖大小的一小块缝隙，斜对着日光的方向，长干寺塔的影子果然透过缝隙，照了进来。这真是一个奇迹。据说他经常有这种奇思妙想，可惜他才三十多岁就病逝了。”

蛇火

司马西虹在嘉靖二年（1523）到北京去参加会试。二月上旬，忽然有一条大约两丈多长的大蛇盘踞在他家小厅的中梁上。家里人给它投食生物，它全都吃了，但无论是敲锣打鼓驱逐，还是请和尚道士做法事请走，它都不离开。忽然那蛇喷火烧了小厅，就不见了。

蛇离开的第二天，司马西虹中了进士的喜报就传来了。

这个故事是马少虹讲的。

嘉靖来南场剩事

关于金陵科举考试发生的事，王世贞的《弇州别集》已经记载得很详细了，但还有几件小事值得说说。

嘉靖元年（1522）壬午科，主考官是右春坊右谕德兼翰林院侍读董玘，副主考官是翰林院的侍读翟銮。《论语》题的范文是董玘写的，写了三十多次，但他总觉得不满意，急得把笔头都咬断了。后来他看见一个监生试卷上第一股的破题句挺好，就抄去用了。

嘉靖七年（1528）戊子科，主考官是中顺大夫、詹事府少詹事兼翰林院学士张潮，副主考官是兵部尚书、太子太保彭泽。第六十一名为张诰，是武学生。

嘉靖十年（1531）辛卯科，主考官是礼部右侍郎席春，副主考官是张承恩。应天府尹扈邕特别喜欢葛清的文章，极力推荐，甚至为此抹眼泪。葛清最后中了第七十七名。

葛清的文章有很多奇怪罕见的词句，很多都是用了佛经里面的话。原来扈邕有个哥哥，写文章的风格跟葛清特别像，他考了很多年都没考上，郁郁不得志而去世。扈邕看到葛清的文章就想起自己的哥哥，内心感伤，所以才推荐他，并没有更多别的意思。

嘉靖十三年（1534）甲午科，主考官是伦以训，副主考官是张治。《中庸》题的范文由张治来写，他写了半个月才写成。后来看到解元郑维诚的《中庸》试卷，破题两句成语超群绝伦，心情激动地批阅道："我花了半个月构思而不得，这位学生临场发挥竟得如此佳句，真是有如神助啊！"

嘉靖十六年（1537）丁酉科，主考官是右谕德汪汝璧，副主考官是翰林侍讲欧阳衢。考生王讽的一篇文章冠绝全场，获得第一名。武学生甘节中了第三十四名。从此之后，再没有武学生中过举。

汪汝璧和欧阳衢两位主考却因此被罢黜并关进诏狱，考场内所有分房阅卷的考官都被牵连，并且不准中举的考生参加会试。虽然说是因为不应该问国家祭祀典礼的大事，不应当泄露了征伐安南国的国策，其实只是皇帝不高兴，但要怪也只能怪《易经》科考试题目"刚自外来而为主于内"这一句，意思是"阳刚之气从外面进来，在内部成为主宰"，皇帝听信严嵩、夏言等人的话，以为是在嘲笑自己。

科举考场题目有了忌讳，就是从这时候开始。

到乡试第三场的时候，一位考生的试卷被风吹着飞起来，落在了国子监的院内，整整一榜的举人都不允许参加会试，送到国子监成为待业监生。大家才发现这事原来早有预兆了。

嘉靖十九年（1540）庚子科，主考官是张治，副主考官是龚用卿。最开始定了其中一份卷子为头名解元，但是看试卷编号为"皿字号"，担心是外省的监生，不想让金陵的第一名落在外地人头上，于是降成了第二名。拆开后，发现是苏州名士归有光。（金陵与苏州都属于南直隶。）

张治看了万士和的卷子，发现七篇文章里都有"悟道"的言辞，揭晓后，知道万士和是儒学大家荆川先生唐顺之的学生，唐顺之崇尚道学。张治说："唐荆川的学生谈道，那就是家常便饭了。"

嘉靖二十二年（1543）癸卯科，主考官是华察，副主考官是闵如霖。《论语》考题为"仁者先难而后获，可谓仁矣"。

尤英在考场里大声说："如果文章里用'先其所难，则易者可知，后其所获，则失亦勿恤'这四句话，一定能中举人。"开榜之后，尤英中了第一名解元。所有考生的卷子里都有这句话。

应天府丞王学益推荐了黄甲、马汝骥两个名士，都中了举。

嘉靖二十八年（1549）己酉科，主考官是翰林院侍读敖铣，副主考官是黄廷用。定下来解元为无锡的唐一麐。主考官不认识麐字，认为字太生僻了，想换别的人，可是又特别喜欢唐一麐的文章，担心换了别人考卷无法服众。他正在迟疑的时候，应天府礼房的小吏说自己认识麐字，于是最终才把唐一麐定为解元。

嘉靖三十一年（1552）壬子科，主考官是尹台，副主考官是郭盘。考生们都还没入考场就预知了《论语》考题是"君子不可小知而可大受也"。入场后，果真是这个题目。或许是一个大臣不小心泄露了。

解元孙溥，江西人，已经七十岁了。

嘉靖三十四年（1555）乙卯科，主考官是严讷，副主考官是潘晟。《易经》分房的考官批阅卷子到了深夜，打了个盹，朦朦胧胧之间，看见他死去的儿子哀求说："希望父亲能让我中。"睁开眼，看见桌子上有一份卷子，一看就是学了没多久的考生，不可能中。

过了一会儿，他又梦见儿子求他。于是修改之后，勉强中了。揭晓后，才知道是应天的姚汝循。询问他的生辰八字，发现姚汝循的出生年月日时，正巧是他儿子死去的时间。竟然有如此怪异的事。

嘉靖三十七年（1558）戊午科，主考官是瞿景淳，副主考官是陈升。《论语》题目为"君子贞而不谅"。严嵩曾经对翰林学士们说："《论语》里像'君子贞而不谅'这题目，既没有犯任何忌讳，又难以发挥。"

当年南京和北京都是这个题目，解元余毅中，还没到二十岁加冠的年纪。

《诗经》房考官员已经选中李逢旸的卷子，主考官批阅"清而弱"，就放在了备选卷子里。应天府丞喻时极力推荐。主考官便重新批为"清而弱，终非俗笔也"。于是就中了。

嘉靖四十年（1561）辛酉科，主考官是翰林院编修吴情，副主考官是翰林侍读胡杰。考生还未入场的时候，有人拿着考题售卖，而且口口声声对考生们说："先生们，你们要是不信，开榜以后中了周天经，就知道后悔了。"

这场《论语》题目是"周有大赉，善人是富"。《中庸》题目是"天命之谓性，率性之谓道，修道之谓教。道也者，不可须臾离也。可离非道也"。《孟子》题目是"经德不回，非以干禄也。言语必信，非以正行也"。把每个题目的第一个字连起来，恰好是"周天经"。

主考官吴情是无锡人，无锡参加考试的人有十三个。胡杰的家童还有泄题的嫌疑。考生们都说："胡杰元非杰，吴情却有情。"

嘉靖四十三年（1564）甲子科，主考官是左春坊左谕德兼翰林院侍读汪镗，副主考官是右春坊右中允兼翰林院编修孙世芳。孙世芳刚去过龙江关泛舟，有一个鬼钻进他的鼻孔里，不知道说了些什么。没几天，竟然死在考场里。

隆庆元年（1567）丁卯科，主考官是王希烈，副主考官是孙铤。南京督学耿定向给皇帝上书，讲了七件事。皇帝同意了他的意见。考生里的监生卷撤销"皿字号"，于是监生仅仅中了八个人。

开榜之后，主考官与各分房考官一起到国子监拜谒文庙。监生应试不中的几百人围上来吵吵嚷嚷，出语极不谦恭。巡城御史、操江都御史让人制止了这种行为。

事情传出去以后，圣旨传令南京三法司逮捕带头者沈应文等人，按照法规遣送流放。国子监祭酒吕调阳刚到任不久，暂且不处理。南京守备魏国公徐鹏举知道事发却无所作为，罚没禄米两个月。国子监司业金达管束学生不严，也罚没俸禄两个月。

监生只敢围困主考官员辱骂，实际上是因为巡逻都督徐玤的家兵都很精壮，使得监生们不敢动手。巡城御史衙门与操江都御史衙门距离国子监非常近，听到变故很容易派人。而南京守备魏国公所在地大功坊，距离国子监很远，竟然因为听闻变故无所作为而被问责并被罚禄米。所以武将容易获罪，通过这件事就可以看出来。

隆庆四年（1570）庚午科，主考官是少詹事兼侍读学士马自强，副主考官是陶大临。《诗经》分房的阅卷考官把吴汝伦的试卷涂抹得很难看，扔到地上。其他分房的考官捡起来，认真阅读，并加圈点后，吴汝伦竟然中了解元。本房考官因没有批语，所以不能把吴汝伦算作自己的门生。

《礼记》经房的全椒县尹洪某让裁缝周万里把一个记号卖给麻城监生曾嘉秩。阅卷时，凭着记号，找到了他的卷子。于是每遇见文理不通的地方，就写批语掩护说："这一定是手写誊抄的错误！"靠此蒙混过关，曾嘉秩中了第一百二十名。但是之后曾嘉秩竟然没有把银子给洪某。洪全椒未得到多大的利益，又何必损坏朝廷的科举大典呢？

万历元年（1573）癸酉科，主考官是左春坊左中允兼翰林院编修范应期，副主考官是右春坊右中允兼翰林院编修何洛文。这一年的考试，搜出有利用蜡烛夹带小抄作弊的考生。后来考场干脆用商人的官卖蜡烛票，等入场之后再发蜡烛。以此成为惯例。

万历四年（1576）丙子科，主考官是右春坊右中允兼翰林院编修戴洞，副主考官是右春坊赞善兼翰林院检讨陈思育。戴洞一入考场就病倒了，恍惚看见有鬼，说是嘉靖四十三年（1564）死于考场的主考孙世芳变为厉鬼，让戴洞不能阅卷子。

万历七年（1579）己卯科，主考官是右春坊右中允兼翰林院编修高启愚，副主考官是翰林院侍读罗万化。命令各分房考官要选取平实中正的文章。考生辞藻优美内容空泛，或者想出奇取胜的，都无法被选中。以"心、斗、奎、张"四个字为印记。心字最佳，斗字其后，奎为备选，张字为落榜卷。

上元县的陈舜仁中了第八十八名，还没有入考场时，梦见公家发的粮米被人夺走七斗。等到中后三场，每份卷子上都有一个"斗"字，恰好符合他被夺去七斗米的梦。主考用"心、斗、奎、张"四个字已经注定的功名，怎么可能有非分之得呢？

张居正中堂悬挂着一幅《舜禹授受图》，主考官出"舜亦以命禹"这样的题，正是投其所好。三年后，张居正去世，御史丁此吕弹劾礼部侍郎高启愚，参其出这样的题目，有劝张居正篡位的嫌疑。就算丁此吕此举是出自刘世延的授意，但高启愚的确是投张居正所好，此吕这样做也没什么可以责怪的。

万历十年（1582）壬午科，主考官是右春坊右赞善沈鲤，副主考官是翰林院修撰沈懋孝。主考沈鲤选沈天启为解元，可是在填榜的时候，副主考沈懋孝竟然把王世贞的儿子王士骐填为解元，榜不可更改，沈鲤没办法，只好把沈天启放在第六名。

御史张一鲲到北京述职接受考核，当面受张居正亲信、当权大臣王篆的委托，与王篆的儿子王之鼎乘坐同一条船回金陵。王之鼎的考试房间里都是《礼记》专家，三场考试，他束手坐着什么都没干，全都让他人代笔。饮食、被褥跟自己家里一模一样，而且装订的时候，卷子比所有人的卷子高三分，为了方便认出来。

张一鲲又找了写字好的，另外誊写了三份卷子，用心圈点后随身带着，担心万一阅卷考官没选中的话，他就拿出卷子，主动推荐。到了揭晓的时候，王之鼎只中了第十五名，就特别生气，连官府发的录取通知书都不要，就自己游滁州琅琊山去了。

林应训是徽州的监生，怀里揣着行贿银子千两。如果监生自己没有随身带，那就有御史帮着行贿。大多数主考官、分房考官、行政人员和监视考场的人员一起作弊，绝不止科道官们所说的仅仅五个人。

万历十三年（1585）乙酉科，主考官是右春坊右谕德兼翰林院侍读于慎行，副主考官是右春坊右中允翰林院修撰李长春。

御史认为主考官写各科的范文对阅卷有影响，所以自此以后，每科就选考生中写得好的文章当范文。

万历十六年（1588）戊子科，主考官是左春坊左庶子兼翰林院侍读刘元震，副主考官是司经局洗马兼修撰刘楚先。

金陵兵科给事中杜瑮给朝廷参奏，应天中举的第一百零三名的徽州监生王国昌是隆庆年间（1567—1572）因贪污被弹劾而诛杀的光禄寺丞胡膏的养子。胡膏是浙江余姚人，王国昌在乙酉科已经以余姚生员的身份，冒充顺天通州籍，以胡正随为名，在顺天乡试中举，遭人参劾处理过。这次怎么又敢冒充徽州学籍？

朝廷下旨，让巡按衙门查明情况后，问罪革除。王国昌三番五次上京抗辩，但没有人替他翻案。他只好击鼓鸣冤上书说："已经在顺天府乡试以浙江余姚籍斥退，又在应天府乡试以徽州记斥退，我姓胡不行，姓王还是不行，那这天地之间，我该去哪里啊？"

十月，应天府尹张槚等人上奏：万历十六年（1588）九月初三，应天乡试成绩榜揭晓，向外公布了中举的周应秋等一百三十五个名字。随即把新中举人的文卷依照格式刻板刊印后向上呈报。紧接着考官当涂知县章嘉祯报告说："查出第四十九名的试卷，原本是《诗经》'荒'字十号。我当时找试卷，误把《春秋》'荒'字十号曹祖正填到榜上。原因是查找试卷时打着灯火，紧张忙碌，只核对了数字号相同，没有查证经书名，以至于发生这种错误。作为当值人员，理应治罪。臣等查到，乡试举人榜四十九名填写姓名出错，没有得到圣旨要求修改，不敢擅自刊印成书，必须等到圣旨谕令，才敢刻板印刷后向上呈报。只是唯恐时间拖延太久，我们承担不了罪过。关于考试官左庶子刘元震等人未核对经卷和考生信息就向上呈送的失误，有南京、四川道等御史孙鸣治等人上奏科举失错之事，又有南京科臣朱维藩上奏说此次科举大典即将完成，却出现经房对号这种不该犯的错误，奏请英明的皇帝陛下颁布诏令查处此事，以便让此次科举盛典圆满。""朝廷应下旨通告礼部，礼部负责科举盛典，相关的规章制度十分严格细致，查看用朱笔誊录的批阅卷，必须查阅考生的原卷，内容比对无误后，才可以拆名填榜，这是例行的规矩。而今当涂知县章嘉祯不分《诗经》和《春秋》，对经书轻慢随意，慌乱无状已致失误，未经复核，就擅自拆封试卷，又因疏忽而造成过错，虽然没有别的企图，但责任无可推卸。主考官刘元震、提调官张榠等人，只是根据各房呈送，不管经义的异同，尽管非常忙碌，但的确欠缺周严。综上所述，朝廷当下令，重罚直接责任人当涂知县章嘉祯，以此惩戒其对考试不严谨的态度。而其他如刘元震等官员，虽然职责在于统领协调，与专门掌管具体事务的官员不同，但既已有人检举，就应承担相应责任，希望朝廷能做出决定后，再根据填榜刻板印刷，这本应是最重要的一件事。如今乡试成绩榜早就公布，却迟迟未能刊录，未呈御览，绝不是对科举盛典该有的审慎和尊重的态度。应命各部门官员，将原本刻印的文卷以最快的速度呈报。因失误而上榜的第四十九名曹祖正，应当取消名次，重回学校学习。将原属《诗经》'荒'字十号朱、墨二卷都送到礼部重新批阅，以此作为朝廷决断的依据。奉圣旨，罚章嘉祯俸禄五个月，刘元震等人都罚俸禄两个月。"

万历十九年（1591）辛卯科，主考官是右春坊右谕德兼翰林院侍读陆可教，副主考官是左春坊左庶子兼侍读余继登。

负责监督纠察考场的监试御史林方在点名时，拿着笔就死了，遗体被抬出了考场。

后来中了第六十名的何天申是湖广黄冈的监生，通晓《诗经》。初场考试，少写了两篇经文。誊抄的人是安徽芜湖人，誊完五篇才知道卷子不全。想着白白浪费功夫，不如睡一会儿，于是趴到桌子上就睡了。

忽然听见金甲神人叫他说："你要用心誊抄这份卷子啊。"而且还反复说，"自有上天申之，自有上天申之。"惊醒后，再睡，可还是做一样的梦。于是就用其他人的卷子誊够数目，想不到竟然中了。后来何天申用五十两银子酬谢了这位抄写者。

万历二十五年（1597）丁酉科，主考官是左春坊左谕德兼翰林院修撰朱国祚，副主考官是金陵国子监司业叶向高。

这年的解元，是松江人吕克孝，是副主考叶向高选定的。可是他所写的抵御倭寇的国策试卷与河南的一份试卷雷同了。御史上疏弹劾，朱国祚和叶向高两人都上疏认罪，都被罚了俸禄。

万历二十八年（1600）庚子科，主考官是黄汝良，副主考官是庄天合。

《易经》考试题"有夫妇，然后有父子"，范文是上海县知县徐可求所写。

这一年负责指挥调度的是应天府丞徐申，苏州长洲人。他利用自己的方便故意把老家苏州、松江、常州三府的卷子和江北的庐州、凤阳、淮安、扬州四府混在一起，先送进考官房里。等到阅卷过半后，才再把应天、镇江、徽州、宁国、池州、太平六府的卷子送进去。因为江南士子的水平一般比江北考生要高，两者放在一起，高下立见，对比过于明显。另外，因为考卷数量巨大，考官对刚开始的卷子，评阅很用心，但越到后来，体力和脑力都下降了，批改起来就不那么认真。所以这一年，江南三府中举率远远高于其他区域。

应天府的考生陈一治第二场考试把卷子都交了，正要出贡院的时候，突然想起卷子上某个地方有错误，于是回去找收卷子的官员治中夏尚金请求修改。夏尚金同意了，命令办事人员从两千份卷子里把他的卷子找出来。陈一治修改后，中了第五十七名。

万历三十四年（1606）丙午科，主考官是冯有经，副主考官是傅新德。

在考试前，两位主考官去弘济寺观音阁旁的江上泛舟游览。有一位秀才在观音阁上对着船连声大喊道："今年考试，我考中第一百三十五名。"两位主考听到了喊声。

等到考完后，主考填写成绩榜，填到第一百三十五名时，想起之前发生的事，就给提调官、监试御史等人讲了。大家讨论后，决定临时调整一下人，就换了一份卷子，换成苏州府学生朱贞一。

成绩公布后，朱贞一来拜会主考官。聊天的时候，又说起这件事。朱贞一说："那天在观音阁上大声叫喊的，就是学生我啊！"

考场里的文书作弊，和一个江西监生、一个无锡监生合谋，把三场的卷子多印了六份，在场外请高人代写。第三场考试的时候带进场，再把考场发的卷子换出去。手段如此高超的作弊行为，就连负责调度的徐大人，号称精明强干，但也没能发现。

万历三十七年（1609）己酉科，主考官是何宗彦，副主考官是南师仲。

秀才方逢明第三场已经被选中，即将填写成绩榜时，发现他的卷面是"皿字号"，于是临时用其他人替换了。

监生孙起都的试卷，主考官批阅道："笔有奇锋，谈多胜理。因纷飞与去住字，不典。"于是他没有考中。

📚 阎君殿春联

朋友与我聊起阴曹地府的几十件事，大多数不是病人神情恍惚胡言乱语，就是牵强附会之说，都没有可信度。只有阎王殿门前的春联"是是非非地，明明白白天"这十个字，绝不是常人所能想出来的。

奖拔

何汝健（号龙厓）很少跟人来往，却喜欢提拔奖励后进，例如濮州的冯禄、冀州的李再命，都是在垂髫之年就被何龙厓看中，为他们聘请老师，传授知识，并给他们买了地，解决后顾之忧。何汝健还到处跟人赞扬他们。这几位后来都成了当时著名的人物。

李再命和何汝健的儿子何公露同年考中了进士。冯禄听说何汝健的夫人去世，赶紧偕妻子南下，一起身着重孝在坟墓前痛哭，深切感念何汝健先生的知遇之恩。

玉皇绦环

守备太监刘琅贪财无度，他不仅花钱建造玉皇阁，还请方士为他炼丹。

有一个方士声称自己有可以降低银子成色的方法。刘琅有一件价值连城的玉器。他谎称，如果丹炼成了，就用玉器酬谢玉皇，可最后玉器却被方士施法拿走了。凑热闹的人就编了一首打油诗：

堆金积玉已如山，

又向仙门学炼丹。

巧里得来空里去，

玉皇元不系绦环。

人们用这首打油诗嘲讽刘琅机关算尽，到头来却落了一场空。

冰霜兆水灾

万历三十五年（1607）冬天，双桥门外地上结的霜像花鸟一样的形态，持续了三天。城里的河以及各处的池塘结的冰纹理像花草树木。

第二年夏天，发起了非同一般的洪水，城中的水深一米，需要撑着小船在街巷穿行。也许前一年冬天冰霜异常的花纹就是阴气发生了变化，是水灾的先兆吧？

建庙鹊异

正德四年（1509）修建东晋献武公谢玄的庙。正在上梁的时候，忽然喜鹊从四处飞来，翅膀搭着翅膀飞，围着庙盘旋不止。不过就算这些喜鹊飞到人肩膀的高低，也没有人敢伤害它们。这些喜鹊真是奇怪啊，难道只是偶然现象吗？

一言丧七命

指挥白鹤龄中过万历二十九年（1601）武进士，他精通写文章。

有一天，他忽然被鬼使带去见阎王爷。阎王问他："白鹤龄，你曾经因为一句话导致七条命丧，你知罪吗？"

白鹤龄把事实陈述了一遍，一个字也不敢胡说。

阎王说："恰好我现在有其他事，没时间和你辩理，你先回去吧。"

于是，白鹤龄就醒来了。但没过几个月他又得了一场重病死了。原来，他在将死未死的时候，七窍里面已经生了蛆虫。

腰有硬软

陈子野说："林某人对别人作揖行礼区别特别大。对方要是腰硬，他就腰软；对方要是腰软，他自己就特别硬。"

他用对人行礼时腰部弯曲程度，活生生地描绘出一个小人的形态。

与之类似的还有张尚举、聂灭秀、杨吃寺三个人，金在衡写了小段子嘲讽他们，那惟妙惟肖的描写听了简直让人拍案叫绝。

痴绝

顾今庶是宝幢居士顾源的长子，他没有任何生存技能，也从来不出去干活赚钱。顾源给他留下了万贯家产，他才三四年就用光了。有一天，他买来纸，糊了好几千个金银锭，挖了一个坑埋进去，每天早上都祈祷说："变！变！"后来挖开看，全都变成了土。他心里愤愤不平地说："唉，没福气，没福气啊！"

应天府学掌教周汝砺（用斋）是著名的进士。秀才们上门拜见送礼，总共送来了五十两银子，分成十锭，全部藏起来。后来有一次取出来，查验之后发现少了十两，就把家仆都叫来，要惩罚他们。一个长胡子狡黠家仆骗他说："每锭银子五两，五八四十两，本来就是这么多啊！"周用斋虽然对他说的有怀疑，但也不再追问。

秀才王楫，有一年元宵节时，请府学掌教周汝砺赏花灯。第二年元宵节，周汝砺偶尔从书里翻到前一年王秀才的拜帖，赶紧叫下人准备轿子出门，说："今天王秀才请我们赏灯。"家人明明知道他错了，但也不提醒他，一家人来到了王秀才家。

王秀才没办法，只好将错就错，准备了酒席招待他们。

魏国公的儿子徐桐冈家里有一棵大柳树，有双手合围那么粗。他偶尔经过邻居家，发现自家那棵大柳树的树阴落在邻居家院子里，回家后就把柳树砍了，说："我们家的树阴，怎么能落在邻居家呢？"

王三槐新建了一栋楼，把自己每日骑的马牵上楼去观赏。看完之后，马却死活不肯下楼，拿鞭子抽也没用，最后没办法，只好叫人把马的四只蹄子捆住才把它抬下了楼。

有一位极品贵人，既不识字，也不通人情世故。

有一次举办家宴，请了戏班子演《绣襦记》，其中一位丑角演员刘淮十分有趣，最逗大家发笑。等演到郑元和倾家荡产，杀五花马煮马板肠，走投无路，鬻卖来兴保儿一段，来兴保儿因为留恋主人而哭泣。

这位看戏的贵人把扮演来兴保儿的演员叫到自己桌前，斟了满满一大杯酒赏给他喝，还劝他："你的主人既然要卖了你，你就不要这么苦心留恋他了。"那个演员不知道说什么，只好嘴上答应着退下了。

这真是戏中有戏，梦里生梦啊。贵人就是因为这样才成了贵人吗？

嘲戏

一位读书人非常好客，但经常不给客人置办酒饭。有一次，一群文人墨客在他家聚会，坐了很久，他只准备了两盘水浸莲藕，那么多人每人吃一口就吃完了。

一位客人因此想起了李白的一联诗："客到但知留一醉，盘中惟有水晶盐。"他笑着说，李白这诗要是删去四个字，变成"客到但知留，盘中惟有水"，就非常符合今天的聚会情况了。在场不论宾主，都忍不住哈哈大笑起来。

一个姓黄的指挥使过六十大寿，姓白的指挥使调笑他说："黄耇无疆。"取"耇"与"狗"同音戏谑。想不到黄指挥使马上反击道："正好对'白圭有玷'。"也取"圭"与"龟"同音反击。

郑仕郑子学与金鱼金慕桢来往甚多，两人经常互相调侃斗嘴。郑家中庭前养了一缸金鱼，里面还有几个绿毛小龟。两人靠在井栏上逗弄鱼龟，郑仕忽然开玩笑大声喊："金鱼乌龟，金鱼乌龟。"金鱼马上回嘴说："金鱼不过只是乌龟的朋友罢了。"

　　陈泰华到北门桥拜访客人，主人留他吃饭。陈泰华调笑说："大家都说城南的人家奢侈，城北的人家节俭，也不尽然啊。城南的人家吃饭，在肉里也会放些菜，而你家在菜里也放了些肉，怎么能说城南的奢侈呢？"

　　我和程孺文、汪子宁一起走路，看见一个小乞丐牵着一条狗讨钱，狗的嘴里衔着一只瓢。孺文说："这只狗也知道瓢吗？"这是在调笑汪子宁。
　　汪子宁马上反击道："这只狗只知道一口瓢而已。"

打油

　　写打油诗不是正道。就打油来论打油，如果讽刺得不够入骨，听者不能拍案叫绝，就写得不够好。像施半邨、王吉山、陈秋碧、郑玉山、金慕桢、王次山、朱企斋、杨万銎、段钟石等人，都是写打油诗的高手。

壁墨阶草

横厓先生陈子野说:"墙上没有悬挂书画,门前台阶上不长草的人家,不值得来往。"墙上挂书画,讲的是主人的品位和修养。而门前的台阶上青草萋萋,说明来人稀少,并非车水马龙的达官贵人家。

唐朝刘禹锡的《陋室铭》有一句"苔痕上阶绿,草色入帘青",表达的也是这个意思。

《雨花台诗集序》

高座寺地处南京城南外二里地的地方,踞于山丘的高处。以前天竺沙门吉友尊者在西晋惠帝末年曾让王位于其亲弟。永嘉中期云游到南京,在建初寺落脚。

东晋丞相王导等人一见到他,就称呼他为"与我同一类"的人。当时的社会名流贤达,诸如太尉庾亮、光禄大夫周颛、太常谢鲲、廷尉桓彝等人,无不对吉友的到来给予热烈的欢迎和亲切的接洽。可吉友却经常在高高的座位上孤身静坐,故时人称呼他为高座。

吉友法师圆寂后,就安葬在这座山上。东晋元帝司马睿初期,人们为他建造了刹冢所。后来有僧人在坟墓旁边修建寺院,由谢鲲等人出钱赞助,就以"高座"来命名这座寺院。

梁天监二年(503),宝志禅师来此处居住,与五百高僧,偕同云光法师,坐在山丘说法,天空落英缤纷,因而把此山丘命名为"雨花"台。

在雨花台上俯瞰南京城，可以见到江山之胜景。自唐李白、卢贵元以下，都题刻有诗作予以颂扬。现在高座寺主持的寂庵法师，静心面壁，默望静修，修习敏锐的洞察力，破除了南北有别的宗旨。他还有收藏诗书的习惯，担心现存的诗作以后也会遭受毁灭，于是计划刻板印刷，让它们广泛流传。刑部给事中兼中书舍人溧阳史巽仲曾与法师有诗约，一直向他捐赠钱粮，以赞助他刊行费用。刻板印刷业已完成，史巽仲请我说点什么，以此为序。

因为时常游历，我对南京极其熟悉，雨花台更是屡次登临。每回我从台上放眼望去，诸般诗情画意的景色，充满于我的面前。那些景物本身没有什么不同，但它们的姿态却千变万化，描绘它们的诗文也就随之变化万端。

当钟山笼罩于云彩，从山坳露出半轮旭日，其诗往往昏暗而洁净；当眼前光影如帝王的黄缯车盖那般高擎云天，在自东方而来的紫气衬映下，显得无比绚烂，其诗则常显得壮丽瑰美；当脚下昏暗的江水奔腾着波浪，江风吹动着摇曳荡漾其间的船帆，其诗则仿佛与之相感应而激荡鼓舞不休。山间楼台高耸，尽显此间繁华。而在秋高气爽之时，又能目睹洁净天空下丝丝的烟缕。雨花台下，金陵城中，因三国六朝等朝代更替累积而来的萧条冷清之感，及王导、谢安、周颐、庾亮等历史人物曾有的含蓄风流的意态，无不隐隐镂刻于这些画面之中。

其他时候，其诗如登山而行，由昏暗处渐渐趋至明亮；又如从平地突兀地耸立起来，冥冥而高远，澄澄而清澈，又有谁能完全将它的奇妙形态和复杂之声形容出来呢？这时才知道，这些诗里有我未曾领略过的景致。尽管它们已经过文人学者的诸般品评，又怎能使影响其中的精华，轻易论断它们的成败完缺呢？

　　我时常默然而长久地坐在雨花台上，将心思集中，让我的思绪往更精深和内在的领域去探索，最终做到心灵与外物的自然合一。让精神世界与广阔幽深的外部空间互动，一同达致虚空玄奥的境界，才能真正和这些诗在空旷深远的太虚之境相逢，实现一种神秘的契合。

　　啊！这样是不是可以从中洞悉万事万物的本质和规律呢？

　　诗从唐朝读至本朝，我读了很多首，都感觉光彩灿烂，所以得知天上所下的珠玉，比花万倍还多。

　　高座寺有八大处风景，除了雨花台之外，还有七处风景，分别是：聚宝山、手植松、中孚塔、拨秀堂、永宁泉、铜钟碑和白石庵。它们各有各的故事，在这里不做全面的叙述了。

　　雨花台曾经有旧志，只是寺中的僧人已经把原板毁坏了，我偶然从桑农那里见到过。因为很喜欢这篇序言，于是就记录下来。

茶有肥瘦

　　云泉沈道人说："茶叶如果是肥大的，那么味道就会甘甜，但甜茶却不香。如果是瘦茶，那么味道就是苦的，苦茶的味道很香。"这是《茶经》《茶诀》《茶品》《茶谱》里从来没有说过的。

夫如何

殼斋主人《独鉴录》里说，写诗推崇优点与缺点互不掩盖。像杜甫的"岱宗夫如何"一句，里面的"夫如何"三个字，读书人的酸腐气特别重。但给这首诗作注的人，反而看作随性不羁。不知道是为什么？

段虎臣说："夫如何，确实有酸腐气，但详细琢磨，'夫'字应该是'大'字误写。上一句'大如何'，下一句'青未了'，正可见泰山之大。"

这样的说法似乎也成立。

王陈优劣

王大成在高座寺里侍奉唐荆川先生，问起王阳明和陈白沙两位先生相比较，有没有高下之分？

荆川先生说："我们这些人对于二位先生来说，只要学他们的好处就行了，他们之间没什么高下的区别。"过了一会儿，他又说，"白沙先生长时间归隐，修养比较纯正。"

增减字法

我一个朋友的桌子上放了一本绣佛斋刻印的诗集。作者是一位姓朱的妓女，咏雪用"玉楼寒起粟，银海眩生花"这样的句子。

我开玩笑说："如今的诗人要是知道增减字的方法，只需要取用古人的作品化用，就可以成名。如 '镂月为歌扇，裁云作舞衣'是唐代李义府的诗句。张怀庆增加了 '生情'和 '出性'四个字，成为 '生情镂月为歌扇，出性裁云作舞衣'。 '水田飞白鹭，夏木啭黄鹂'是唐代才子李嘉祐的句子，王维增加了 '漠漠'和 '阴阴'四个字，成为名句 '漠漠水田飞白鹭，阴阴夏木啭黄鹂'。这难道不是古人增字的好方法吗？苏东坡 的'冻合玉楼寒起粟，光摇银海眩生花'这两句，被她减去 '冻合'和 '光摇'四个字，是何等自然天成，毫无痕迹。"

有一位在座的隐士竟然赞同我的话道："确实可以偶尔这么写。"他不知道我那么说只是开玩笑而已。

旗帜

太祖朱元璋下军令，凡是军营的旗帜破旧了，都要送到光禄寺给厨役使用。太祖皇帝做事竟然精细周密到这种地步。

未沾一命

开国功臣鄂国公常遇春、曹国公李文忠、卫国公邓愈、信国公汤和、诚意伯刘伯温的后人在嘉靖（1522—1566）中期被下诏重封，这种做法非常合乎人情事理。但韩国公李善长的后人却没有得到任何封赏，这真是件遗憾的事。

太师李善长的后人都在南京，地位很卑微，日子也过得很贫困。

⑤ 谋馆背义

杨朝宗，字见卿，别号朴庵。他的性格正直孤傲，循规蹈矩，从不越雷池一步，不合常理的东西坚决不要。他除了收徒授课赚点钱勉强糊口以外，没有任何财产。他曾在徐姓大户人家里坐馆教书。

有一位姓易的同学，因为贫穷没办法生活，想去开封投奔故人。朴庵对他说："这里距离开封千里迢迢的，现在的世道人心难测，你怎么知道自己去了那里就能生存下去呢？"

易同学说："人家让我去，我也没办法推脱啊。"

朴庵说："如果有地方请你教书，你能留下吗？"

易同学赶紧同意了，欣悦欢心，溢于言表。

徐家是兵部杜尚书的亲戚，徐家主人请朴庵专门给儿子教学。朴庵于是把机会让给了易同学，并希望徐家能促成此事。易同学也就此认识了徐家主人，可是朴庵没想到，他这个同学竟然暗自谋划，想要替代他的位子。他总是有意无意找徐家的少爷一起商讨历史典籍，议论文章义理，就像教授学生一般。自此以后，勤勉不倦。

他还经常私下对人说："徐大人很看重我，日后必然会让儿子拜我为师的。"

听了这话的人都觉得他不实诚，义愤填膺地跑来告诉朴庵，并计划要帮助朴庵整治他。朴庵笑着说："老朋友情深义重，哪能这样做嘛？"坚决制止他们这么干。

第二天，朴庵找到徐大人，说自己因故要辞职。徐大人反反复复挽留他，可朴庵态度也很坚决，非要辞职，他说："我可以推荐一位自己愿意代替我的人。"徐大人问是谁？原来朴庵推荐的就是易同学。后来易同学当了官，朝中仍然有人用此事公然诟病他。

正德年间（1506—1521），县里编修县志，要把这件事列入。朴庵听说了内心很不安，他说："宣扬朋友的过错来成就个人的声名，不是正经人能干出来的事儿。何况他当时为贫困所累，那么做也无可厚非。"还专门派遣门下弟子阻止县里把此事写进去。

唉，像易同学这样见利忘义的人太多了。朴庵真是古代传说中的君子啊！

盛唐匡廓

段虎臣说："李攀龙、王世贞、宗臣、吴国伦、徐中行、梁有誉、谢榛，嘉靖（1522—1566）、隆庆（1567—1572）年间被称为'后七子'。他们写诗提倡学习盛唐，但自己不过只是刚摸到边。至于唐诗深沉的幽思，隽永的味道，超脱的情趣，他们还没有入门呢。"

诗社

有个人目不识丁却喜欢邀人一起开诗社，而每次安排的饮食都很不丰盛，且总是错过日期。

有好事者嘲讽他说："纽穿肠肚诗难就，叫破喉咙酒不来。"这也算描述了真实情况。虽然这么说没错，但诗社难道不比斗鸡赌博的场所好吗？写诗嘲讽他的人确实有些过分了。

节料

教坊司在每年元旦后五天内，有时四个人，有时五六个人，一起到有钱有势的人家里奏一套乐曲，名为"送春"，也叫作"节料"。主人都会给他们赏赐。

不过，这样的事如今已经有五十多年没有过了。

石榴笑冷官

苏州蔡羽，字九逵，他才华横溢，视声名比黄金还宝贵，但秉性特别吝啬。他以岁贡生的身份当了南院孔目官后，同乡的文司城送两名弓兵去服役，一整天忙碌奔走，没一点空休息，他却只摘了两颗石榴送给文司城充饥。

他曾在南院的墙壁上写："草色常留上客马，花枝不笑冷官衙。"

王钦佩的儿子王子新嘲讽他说："花枝不笑冷官，但石榴并非充饥的东西，用石榴当饭吃，怎么能不笑冷官呢？"

《原治》二篇

王銮（号西冶）是正德六年（1511）的进士，在吏部实习政事。

吏部尚书杨一清（字应宁，号邃庵）要求所有的实习官员都写一份实习报告，以观察他们的才能。王銮写了两篇《原治》，正好击中当时社会的弊端。杨一清看后特别惊讶，马上补任他为文选主事。

文选主事这个职务以往都是从其他部门调任，没有从本部门补任的先例。王銮算得上是个特例了。

还银生子

南京兵部尚书派遣豹韬卫千户高仲光到北京去送文件，行到山东界内，投宿在一家野外的客栈，他发现房间里有一包银子，大约三百余两。

他问店主："早先谁在这个房间里住过？"

店主说："是两个远方的客人，早就走了，现在应该走出去五六十里路了。"

高仲光心想："这一包银子一定是那两个客人遗失的，我如果就这样拿去，虽然没有人知道，但举头三尺有神明，鬼神会知道。我如今四十岁了还没有儿子，不能爱此不义之财而损人利己。"于是他解下马鞍，住到店里，等着失主来找。

第二天早上，有两个人到客栈里一边哭一边诉说自己丢失了银子。高仲光听后，确认是他们丢的银子，便拿出来还给了他们，只是相互问了姓名就告别了。

高仲光后来生了四个儿子，其中长子高居仁中了万历二十九年（1601）的武进士。

天眼开

梁材（号俭庵）户部尚书考核任满，卸职在家闲居。

有朝廷大臣给皇帝朱祐樘上书说："户部尚书一职事关国计民生，总管国家财务赋税，能胜任者太少了。臣以为梁材，有操守，肯用心，廉洁正直，自始至终不变质。而且管理娴熟，收支有凭据，实在是朝廷所需的人才。他如今尚未衰老，完全可以胜任，恳请早日将他召回，充分发挥他的才能，为国家服务。"

朱祐樘于是传下圣旨，起用梁材继续担任户部尚书，加封太子少保。

金陵礼部侍郎崔铣对他说："自从你被朝廷下旨重新任命为户部尚书，连路人甚至乞丐都感慨：'如今上天开了眼，重新起用梁公了。'这和司马懿入朝有一比啊。"

救娄

陈钦任职金陵兵部武选司时，恰逢兵部武库司郎中娄性被诬告下狱。朝廷找兵部同事们问话，大家都远远避开，担心自己惹祸上身，不敢为娄性说话。只有陈钦挺身而出，为他辩白冤情。朝廷下诏把陈钦也关起来，当作娄性的同谋关了两年。

娄性在监狱里生了病，一天比一天严重，幸亏陈钦对他周旋照顾，这才保住性命。最后，娄性的事被查清，终于被放出来。陈钦因为这件事而扬名天下。

诗学

嘉靖（1522—1566）中期，刑部尚书顾璘在浙江休假，在清溪提倡诗学。跟随他学诗的人有陈凤（字羽伯）、谢少南（字应午）、许谷（字仲贻）、金大车（字子有）、金大舆（字子坤）、高远（字近思）。他们经常一起相伴出游，切磋诗艺，探讨学问，很有古人的意趣。

三似

松江华亭人陆树声（号平泉）声称，殷迈（号秋溟）说："要想安坐不动就可以德服人，就要像唐朝的房琯（字次律）那样；要做到急流勇退就要像宋朝的钱若水（谥宣靖）；要想透彻理解禅学理义就应该像宋朝的杨杰（字次公）和晁回（谥文元）。"

仙官入室

杨道南先生的母亲陈孺人怀孕将生的前夜梦见仙乐飘飘，她走出门去，没一会儿就看见有一大群神仙驾着车从南而来，簇拥着一位仙人进了自己家门。第二天，杨道南先生就出生了。

杨先生写文章的名气和做学问的声誉，在当时没有人可以比，这难道是偶然的吗？

⟆ 小刘祠

南坦先生刘麟从刑部郎中的职务擢升为绍兴知府。绍兴是东汉刘宠当太守的地方。他到任后，立刻详细考察民情，廉洁勤勉，才上任五十天就卓有成效。

因为他出任绍兴知府却没有去拜谢权倾朝野的大太监刘瑾，刘瑾对其怀恨在心，就挑出他担任郎中职位之时的琐碎小事，以此为借口，把他贬为庶民。

百姓知道了这个消息，纷纷给他送去路费，为他送行。刘麟对大家说："辛苦各位乡亲父老了，我的治绩没有超过上一位刘太守，怎么敢受你们的恩惠呢？"

他离开绍兴后，当地老百姓为他塑了像，立了"小刘祠"。

⟆ 埋刀

南坦先生刘麟的夫人是南原公王韦的姐姐。刘麟有一把宝刀，王韦很喜欢，心里想要但却不好说。刘麟也想送给他，可是也不知道怎么开口。

直到王韦去世后，刘麟从湖州来参加他的葬礼，才把宝刀埋在他的坟墓里陪葬。

刘麟如此这般行为，俨然有春秋季札的君子风度。

✑ 预作墓铭

南坦先生早就参透了命运的玄机，也通晓了天道意志，曾经请浚川先生王廷相为他预先写好了墓志铭。

✑ 夫妇伦绝

秀才陈舜胄在万历二十八年（1600）参加第三场会试，分房考官已经选中了他。可是在填榜的时候，主考官黄汝良重新审阅他的《易经》题"有夫妇，然后有父子"试卷，因为不喜欢其中"夫妇之伦绝"五个字，所以没让中举。

由于陈舜胄曾经把跟了自己三十年的妻子逐出家门，还把儿子也赶出去，让母子二人在外乞讨度日，生死难料。他家中仅留下一个侍妾，还把她的头发剪去，随意打骂，让人目不忍睹。他和侍妾的夫妻关系也断绝很久了。

主考官专门指出这一句，是鬼使神差。陈舜胄没能中举，却是他的报应。

✑ 剪刀诗

杨慎在《升庵诗话》补遗里提到，古廉先生李时勉有一首《咏剪刀》诗：

吴绫剪处鱼吞浪，

蜀锦裁时燕掠霞。

深院响传春昼静，

小楼工罢夕阳斜。

古廉先生一生为人刚直，声名清正，诗也写得如此妩媚多姿。

花练黄

洪武二十四年（1391），杭州花纶、黄观、练子宁三人都考中上了榜。起初，读卷官呈送的卷子上是花纶第一，练子宁第二，黄观第三。

太祖朱元璋读完后，御笔改为黄观第一，练子宁第二，花纶第三。所以南京广为流传"花练黄、黄练花"这样的民间俗语。

斗南

斗南老人胡奎在采石江上泛舟游览，遇到李太白和他对诗。南京礼部尚书童轩为他作传，把全诗都抄录下来。这些诗如今收录在童尚书的《枕肱集》里。

亲书考案

陈镐陈矩庵在山东担任提学时，为人清正勤勉，为政能力突出，视察考核细致，公正清廉，周详审慎，始终一以贯之。众多生员考核的升降记录都是由他亲自书写，从不借助手下的办事人员。

如今齐鲁之地如果有人提起知名的督学，必然要先说到陈镐。

读《汉书》

谢与槐担任广西督学时，为临桂县童生张鸣凤文笔的奇特古朴而感到喜悦，还特意教育他说："真正的君子从不担心自己所谓的声名，只忧虑自己内心书读得不够多。"

他拿了《汉书》和《后汉书》，亲自为张鸣凤断句，标点句读，让张鸣凤每过五天来背诵一次。有时候他到外出巡也要带着张鸣凤。等到谢与槐调离时，张鸣凤已经全能背诵这两本书了。都说谢与槐培养后辈不遗余力，这就是实例。

张鸣凤，字羽王，后来他到南京时，专门去谢与槐的墓前参拜，为他立了一块碑后才离开。

医案

有一次，陈御史的儿子大白天眼睛紧闭，口不能言，手脚瘫软。陈御史赶紧请医生治疗。但是医生忙活了半天，也不知道怎么回事。后来有一位叫孟友荆的大夫，只看了一眼就说："孩子没病，只是喝了含有酒的乳汁，喝醉了而已。请让人煮一些六安浓茶，喝几匙就醒了。"果然，按照他的方法，孩子醒了过来。陈御史高兴地拍手大笑说："你真是一位良医啊！"

我的夫人年少时患"血山崩"，出血不止，所有医生都为此忧惧不安。只有刘春斋大夫，用一两当归、一两荆芥、一盅酒、一盅水煎好，服用后，马上就止血了，效果神奇。

给事中冯益斋只要开口说话，肚子里就立刻有声音回应。这是患了应声虫的毛病。他因此没办法做事，只能请了病假，在金陵城里养着。大夫杨守极用蓼蓝煎汤给他服下，他马上就把虫子吐了出来。

江西抚州一位做铜器生意的人得了严重的痢疾，出五十两银子请大夫来医治。太学生倪士实给了他一个方子：把当归粉用阿魏调和，制成药丸，用白开水送服。他才吃了三次就痊愈了。

胡竹亭传授了一个治疗痢疾的方子，采黄花、地丁草，捣出一酒盅汁液，加进去一点蜂蜜，喝下去马上见效。

我的邻居有一个穷人患了风湿病，双脚常年肿痛得不能走路。偶然遇到一位游方道人给了他一个药方。用豨莶草、水红花、萝卜英、白金凤花、水龙骨、花椒、槐条、甘草、苍术、金银花共十味药，烧水熏蒸患处。等水不太烫了，再用药汤洗患处。这个方子已经治好很多人了。

张白门治疗疝气的秘方，是用六钱乌药、五钱天门冬，加白水煎服，有神奇的效果。

黄氏小便不通畅，陈雁麓用芒硝一钱研磨成粉，用龙眼肉包裹着，细嚼慢咽，很快就好了。

孟望湖是淮安人，耳朵里总是听见有人说话，就像是父母亲在谈论家事，窸窸窣窣的，持续不停，就请刘春斋大夫诊治。春斋看了后说："暴病说的是火，怪病说的是痰。"他给孟望湖服用了滚痰丸，这药方有泻火祛痰的效用，果然很快就好了。

我的兄长奇峰长了两个瘤子，大小像人的拳头一般。

有一位僧人给了个方子，先用竹刺在瘤顶上拨开皮，不要让它出血，然后用研细的铜绿撒在拨开的地方，再用膏药贴上。用不了几天，瘤子就自己好了。

接鹤胫

南京兵部尚书李克斋有一天正坐在兵部大堂上。忽然有一只仙鹤从半空中飞下来，十分乖巧驯服，久久不肯离开。他对医生刘春斋说："以前家里曾经有仙鹤飞来，二儿子就中了进士；如今又有仙鹤来，看来大儿子肯定也要中进士了。"

没过几天，他发现仙鹤的一只腿断了，心里很不高兴，就到处打听有没有能给仙鹤接骨的人。有一个人说："我们家有给人接骨的秘方，鸟和人的原理应该是一样的，也许可以试一试。"李克斋赶紧请他到家医治。

那人把土鳖用新瓦焙到半干，再用两钱醋浸泡七次。自然铜、乳香、没药、菜瓜子仁各用相等的数量磨成粉。每服药一分半，用酒调和灌下。后来，仙鹤的腿果真完全好了。

如果是人上半身骨折了，就在饭后服用这个药方；如果是下半身骨折了，就空腹服下。李克斋把这个药方传给了刘春斋。

雷异

太学生陈居业家的楼上有瓷器两橱柜。有一次，盛夏的一声雷鸣，两个橱柜都被震开铜钱大小一个孔。橱柜里的瓷器全都整齐地排列在楼板上，大小都特别相配，场面让人啧啧称奇。

俗话说："雷神很精巧，很有趣。"看来是真的啊！

代族偿银

碧山是齐王的孙子，他设宴邀请周围的有钱人喝酒，目的却只是为了武橙墩。

原来，武橙墩的同族人欠了碧山一千两银子，其中一半是本钱，一半是利息，因为家贫无法偿还，就被碧山关在府中空房里。等武橙墩来赴宴时，碧山假装让府里的下人把消息泄露给武家的仆人，武家仆人就悄悄告诉了武橙墩。

武橙墩从宴席上站起来，对碧山说："我的族人欠债，被关起来，我还坐在这里推杯换盏，这还算是个人吗？你明明白白告诉我，让我替他还钱，我也不会拒绝，何必做这样的事来侮辱我？"

碧山听了这话，马上就让人把武橙墩的族人放了。他亲自过来给武橙墩行礼说："那这件事就麻烦先生了。"随后，武橙墩虽然一直在宴席上坐到最后，但很不开心。

过了几天，碧山让人登门送礼，其实是来催促他还钱。武橙墩手头没有现银，就对他的妻妾说："我平生没有求过人，今天就求你们两位把你们的首饰借给我，让我实现自己的诺言。以后我会加倍还给你们。"

他的妻妾把首饰拿出来放在桌子上，数落他说："别人欠你的钱，你不要，傻就不说了。别人欠其他人的钱，你还要代还，简直是傻子里的傻子。只去喝了几杯酒，就花掉了千两银子，简直傻到无话可说。看来我们马上就要受穷了。"

武橙墩把首饰的价值估算好，带去还给碧山说："这些首饰可以作价八百两银子，还欠二百两，请允许我用四年偿还。"

武橙墩的做法真是大丈夫的行为，真男人！

死同谥异

正统十四年（1449）秋天，中国北边的瓦剌率先叛乱，犯我边境。英宗皇帝朱祁镇震怒，率兵御驾亲征。当时的内阁重臣跟随朱祁镇出征的有张益和曹鼐，两个人都是我的同乡。

大军驻扎土木堡，不幸遭遇大败，两位大人都殉国了。

后来，朝廷评定追封死难的大臣，曹鼐谥"文忠"，而张益仅谥"文僖"。文忠与文僖的区别太大了。杀身报国为忠，小心恭慎为僖。不知道为什么相同的死法，却被追封为不同的谥号。

🦐 钱宁后身

织造商人俞四老的大名叫鉴。他很有钱，而且忠诚可信，是个值得托付的人。

执掌锦衣卫的左都督钱宁很喜欢四老，给了他二三万两银子，请他为自己织造丝绸。后来又陆陆续续在四老家里寄存了很多东西。

钱宁因私通宁王被抄家，但寄存在俞四老家里的东西却没有被抄走。后来钱宁被诛，四老梦见他进了自己家门。过了不久，妻子就生了个儿子，取名弘泽。

弘泽长大后，挥金如土，别人都看不过眼，骂他是败家子，只有四老毫不计较。他对妻子说："弘泽分明就是钱宁转世的，如果这些钱财之前就被朝廷抄没，被别人拿走，那是坏事。现在都是他自己花掉了，花在他自己身上，也算是好事情。跟他计较那么多干什么呢？"

⏎ 尼觉清诗

嘉靖（1522—1566）中期，金陵两任礼部尚书湛甘泉和霍渭厓拆毁金陵尼姑庵及变相的尼姑庵近一百四十座。

在豹韬卫的大营内有一座尼姑庵，尼姑觉清在墙壁上写了一首诗：

> 急忙检点破袈裟，收拾行囊没一些。
> 袖拂白云归洞口，肩挑明月绕天涯。
> 可怜松顶新巢鹤，却负篱根旧种花。
> 再四叮咛猫与犬，休教流落俗人家。

世间只流传这首诗，却不提作者，我现在特意把她的名字写出来。

⏎ 陆卒

郑淡泉（郑晓）说："金陵的水军胜过陆军，骑兵比水军更厉害。"

这种说法不恰当，兵没有绝对的强弱，如果能勤加操练，赏罚分明，就算弱军也能变强。怎么能用一句话就盖棺论定了呢？

⏎ 梦孔雀

龙厓何汝健在濮州任职时，有一天晚上梦见一只孔雀进了家门，接着他的二儿子何淳之（字仲雅）就出生了。他因此写了《孔雀赋》把这件事记下来。

后来何淳之任御史巡按福建,他的儿子森如梦见一只孔雀冲天飞走了。

没过几天,福建就有人送来了他的讣告。

⋚ 金丝金箔

世间最不可能造假的东西就是金子。可是二十年来,金丝有内芯是银子的,金箔有里子是银子的。工匠们的技艺一天比一天精巧,造出来的东西价格一天比一天便宜,人情也一天比一天冷漠。真是让人唏嘘万千。

⋚ 乳母裂书

谢与槐先生特别喜欢藏书。

他家里有一位奶妈因为婴儿啼哭不止,便想了个办法,到书房拿书来撕,用撕书的声音吸引婴儿的注意力,以此制止孩子啼哭。

古人说,藏书有八种劫难,如今又增添了这一种,藏书便有九种劫难了。

⋚ 陈南塘

南塘陈忠因为排行老六,所以人们都叫他陈六。府军卫中所军户补役,巡查新江口。

他从小家里特别贫穷，没上过学，目不识丁。但是他这个人极有胆魄，又很有谋略，而且能在江面上漂浮百里也不觉得疲倦。

高都督新上任，治军严厉苛刻，经常自夸家里养的兵丁拳脚棍棒功夫好，打遍北方无敌手，临阵能以一当十。

军中坐营官听他这么说，就预先选好了陈忠和几个功夫不错的人，等着要和高都督比试武艺。高都督带着家丁，趾高气扬地到军营来演习武艺，没想到陈忠一个人就接连打倒三个家丁。高都督受挫吃了瘪，就想找机会报复陈忠。

有一次，陈忠犯了一点小错，被高都督抓住不放。先用绳索把他捆起来，杖击了一百下，再用石墩子把他锁在军营里。高都督讥讽他道："陈忠，你不是武艺高强吗？今天还能怎样？"言下之意很明显，要置陈忠于死地。

到了晚上，陈忠扭断枷锁，逃出军营。逃回家后，他先送祖母到叔叔家，又把妻子送到岳父家，然后连夜渡江逃命。这个夜晚，其实已经注定了他后来的功名。

江右李公为淮扬开府，有一次夜宿庙湾场关王庙，陈忠住的地方距这里有三里地。陈忠刚睡着不久，梦见一位头戴纱罗软巾、手持象牙笏板的神仙，笏板上写着"火"字，指点他去某处。惊醒后，正是二更天，他叫醒其他士兵，巡逻到关王庙，发现倭寇正在庙前放火。考虑到自己这边人太少，不能硬拼，他就从庙旁边拆墙进去，救出李公。又迅速召来四路队伍，围剿倭寇，一晚上砍下真倭寇首级七十二颗。李公大为欣喜，从此开始重用陈忠。

在牛王河与倭寇大战、胜败将分之际，倭寇忽然出奇兵，从身后袭击。

陈忠赶紧向李公报告："事急从权。"他亲自背着李公过了河，摆脱了险境。李公很感激他，也很喜欢他，就收他为义子。陈李两家都画了一幅渡河图来纪念这件事。

陈忠后来在总督胡宗宪的帐下做事。有一次，与倭寇对阵的时候，倭寇耀武扬威，气焰十分嚣张。胡宗宪说："如果有一员猛将冲到倭寇阵里，灭掉他们的锐气就好了。"陈忠自告奋勇说："我去！"胡宗宪就把自己坐下的马让给他骑。威风凛凛的陈忠骑着威武强悍的战马，身披白袍，挥舞双刀，杀入倭寇阵营，如入无人之境。

当陈忠缓缓策马返回时，倭寇竟然胆怯得没有人敢追过来，气势泄了不少。胡宗宪大喜，命令大军向倭寇发动进攻，一鼓作气，取得了胜利。

陈忠还曾一个人在江苏通州追逐三名倭寇，将其中一个一枪钉死在墙上。其余两个倭寇被吓傻了，也不敢和陈忠搏斗，连忙夺路而逃。

陈忠曾经两次在金陵神烈山打猎都遇见了猛虎，他将老虎打死，为民除了害。当地的官民为他披红挂彩，敲锣打鼓庆贺。

陈忠出身平民，与倭寇战斗了上百次，屡立战功，杀了数十名真正的倭寇，被朝廷任命为游击参将，在南京小教场中军坐营。在武将中，他也算得上豪杰人物。

陈忠去世后，他的儿子陈世文承袭了指挥佥事（正四品）的职位。

🈂 陈夫人拒盗

陈忠住在仓巷里，半生手头都不宽裕，节省下来的财物全都储存在楼上。

有一次，强盗趁着他外出，四五十个人破门而入，想登楼抢劫。陈忠的夫人沈氏毫不畏惧，手持一把铁枪守在楼门口。强盗十分惊惧，没人敢靠近，只能隔着远远地叫喊："枪太厉害，太厉害。"最后，强盗没能得手，于是放火烧楼。

沈氏见火焰烧上来，手持铁枪从后窗跳到了邻居家里，竟然一点都没被烧伤。不愧是陈南塘的夫人，真可谓是巾帼将军。

两义士传

宋景濂先生写过义士杜环的小传，杨道南先生写过义士赵善继的传记，两位先生说的"义"虽然有所区别，但都足以劝勉世人，振兴风俗。

江宁三张

南京户部侍郎张志淳，号南园，祖籍云南金齿，是江宁县人。他写的《南园先生集》流行于世。他有两个儿子，分别叫张含和张合，都以研究《风》《雅》的著作在读书人中获得声望。

张含，字愈光。杨升庵先生著有两卷《千里面谈》，其中记述的内容就是和愈光谈诗。

⌇韫庵长者

沈生予说："我到江西奉新任职，从没有请求他人举荐，是吴韫庵先生从浙江给巡按御史写信推荐我，对我大加赞赏，我才有今天。如果不是巡按御史告诉我，我恐怕一直都不会知道。吴韫庵先生如此的同乡情深，爱才意切，他是真正的君子，真正的长者，让人永生难忘。"

⌇韫庵自赞

吴韫庵先生在自己的肖像上题字自称："遵守道德约束，但不以道德高谈阔论；身处名利场内，却不争名夺利；探究仙道佛学的源头，却不尊奉神佛；通晓诗文艺术的妙趣，却不钻研诗文。世人追求声名显赫，我只求不为人知；世人皆欲不同凡响，我独爱平淡无奇。身在官场，心怀林下，闲中风月，静里乾坤。这简直就是东晋五柳先生陶渊明所说的无怀氏，安乐先生邵雍所说的无名公啊。"

通过这段赞美，可以看出吴韫庵先生的本色。

⌇四苦役

军队里开船送物资的和运送军粮的，以及城里的匠人和开商铺的，这四种劳役是军民里最苦的了。虽然近年来稍稍有所喘息，但国家财力空虚，人民疲惫到极点，负担沉重，饥寒交迫。这种时候，任何难以预料的危机都有可能发生。

以前读太祖皇帝朱元璋减免税赋的诏书说："子孙后代，即便在百代以后，也不要忘记江南的老百姓。岂能只是因为需要向他们征取军费才予以特别优待？这其实是帝王掌握兵权、以制政权的谋略，是削减地方势力、加强中央权力的计策啊。有思想、有理性的当权者，应该记着这些。"

草茅鸾凤

杨道南先生童年时就读过诸多经典著作，他读书时可以一目数行，而且懂得其中的精深蕴意。十四岁时，督学胡大人就以《左传》中的"孔子惜繁缨"为试题考核他：

《左传》记载，卫国人仲叔于奚立下大功，拒绝国君分封城邑，而请求获赐只有诸侯才能用的繁缨。孔子对此评论说："惜也，不如多与之邑。唯器与名，不可以假人，君之所司也。"

杨道南能言善辩，思如泉涌，侃侃而谈，俨然是个学识渊博、修养有素的学者模样。胡大人在他的试卷上批阅："草茅中鸾凤已见"，觉得他很不寻常。

童年却金

督学象岗胡公惊异于杨道南先生的才华，可怜他家贫，便出钱送他到海虞钱有威先生处学习。师友陈原习、唐应德都不拘岁数，对杨道南以礼相待。

杨道南住在学士梁溪华公家里，华公对他特别器重，曾赠送给他一百两银子，可他坚决不要。等杨道南回家的时候，华公悄悄地把银子装进他的书袋里。杨道南登船后翻书时发现了银子，马上让船家返回岸边，把银子退还给华公才安心离开。

后来，钱公把这事告诉了胡公，胡公为一个孩子能有如此之高的志气感叹不已。

会元三梦

许谷，字仲贻，号石城。他在嘉靖四年（1525）乡试中了举人后，三次参加会试都没能考中。

嘉靖十四年（1535），他再一次乘船渡江去京城参加会试，夜里梦见巨灵神从天上降下来，给了他一锭龙墨，上面有"皇明大魁"四个字。

他刚到京城在旅店住下，晚上就梦见有人拿着卷轴向他求画。他大笔一挥，画了一条苍龙，尖牙利爪，威风凛凛，云雾翻腾，变幻莫测。

后来，他又梦见有人给了他一本象牙雕刻的图书，上面有"不负所学"四个字。

一年里做了三个这样的梦，他会试时果然中了第一名。

古语

古语说："金陵市合月光里。"如今的饮虹桥、武定桥上的夜市仍然存在。还有"金陵人好醉妆"的说法，但我从未亲眼见过这样的事。

另外还有人说"金陵以鼎镬相高"，这种习俗现在倒是没有完全消失。

还有人说"金陵人好解字"，不过听了王安石解过字后，人们都觉得牵强附会。现在的读书人已经很久不干这种事了。

附：

《金陵琐事》点校版

原著◎（明）周晖

点校◎何殇

据台北成文出版社有限公司
1983 年影印明万历三十八年（1610）刻本点校

小序

　　余有《尚白斋客谈》数卷，虽兰菊异芬，箕毕殊好，要皆闻之于客坐者。每风雨之夕，时一展玩，聊以消虞卿之穷愁，破韩非之孤愤，慰阮籍之穷途，避嵇康之白眼，全李白之傲骨而已。藏之帐中，未尝示人，亦不忍废也。偶麻城友王元祯氏，借录一通，录毕，且谓余曰："君负懒癖，不即点定成书，又苦家贫不能梓行，曷若转赠王生？王生当分载诸集中，使君之姓字不至泯泯也。"余笑而不答。因思既已付之抄录，能强其不灾于木乎？但性不近道，未能忘情，乃取客谈中切于金陵者录成四帙，名曰《琐事》。盖国史之所未暇收，郡乘之所不能备者，不过细琐之事而已。以细琐之事，与管穴之见相投，故摇笔纪之尔。若挟张无实，与暗昧难稽，余则未之敢也。唐孙光宪《北梦琐言》讥山人唐球诗思游历，不能出二百里外，余甚愧乎其言。嗟夫！余诚金陵之人而已矣。

万历庚戌谷雨

鸣岩山人周晖吉父撰

276

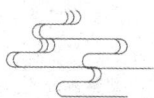

第一卷

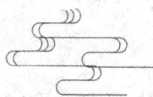

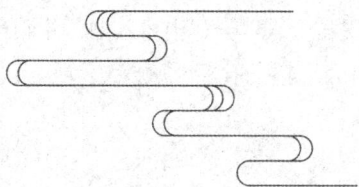

三老

太祖初下建康，闻秦原之、周良卿、丘某德行著闻，以礼延请，询以政事人才，称曰"三老"。乃秦原之遂以静诚先生荐。静诚姓陈名遇，字中行。太祖御书称"中行先生"，以伊、吕、孔明济世安民起之。每询以大计，皆称旨，命以官，始终不受。此太祖第一举动。中行，金陵第一人品。夫秦原之能知中行之贤，又能荐之，不负所举。即此一事，称之以老，名与实称。惜乎周、丘二人，无所考见也。

天子幸布衣家

太祖三幸陈遇家，武宗两幸徐霖家。陈参帷幄之谋，徐进词曲之技。陈、徐皆布衣。

春联

太祖御书春联，赐中山王徐公达云："始余起兵于濠上，先崇捧日之心；逮兹定鼎于江南，遂作擎天之柱。"此二十六字，乃初封信国公诰中语也。又一联云："破虏平蛮，功贯古今人第一；出将入相，才兼文武世无双。"

指挥陪宴

太祖开科取士，宴举子于应天府堂。命府尹云："龙江右卫，与府相邻，须令指挥陪宴。"遂为定例。

前身

中山王相传乃关云长后身。大功坊内赐宅，在胜国时是关庙地基。

魏国公徐鹏举，母梦岳武穆入室，遂产公。因取武穆之字以为名。

署书

太祖定鼎金陵，凡宫殿府部各衙门，与敕建寺观十庙，及诸牌楼题署，皆命詹希源书之。

碧峰寺，寺额"碧峰禅寺"四大字，乃乡先生主事黄谦书。

"大报恩寺"榜书四大字，乃乡先生朱孔阳书。

佘村玉皇观壁间"松庵"二隶字，是大德间状元王龙泽所书，颇极奇伟。

石城许公牌坊"会元"二字，乃徐霖书。

天界寺"万松庵"三大字，仲山王问书。

形势

郑淡泉谓金陵形势，山形散而不聚，江流去而不留，非帝王都也。亦无状元、宰相者，因世禄之官太多，亦被他夺去风水。余极喜其论。及万历己丑、乙未，连中状元，乃知书生之言，不足深信。

耻入乡贤

三百年来，入乡贤祠者，陈公遇、孙公炎、杜公环、张公益、王公一居、李公时勉、童公轩、倪公岳、贺公确、陈公镐、陈公钦、何公遵、刘公麟、梁公材、顾公璘、周公金、邵公清、王公以旂、王公銮、殷公迈、许公谷、沈公九思、李公逢阳、杨公希淳。成化年间，给事中王公徽，强直有大节，论宦官牛玉，言甚激切。诸宦官言于上，欲加以极刑。赖李文达公维持，谪普安州判。将捐馆舍，戒子钦佩曰："乡贤祠，吾耻居其中。"至今未入。

泉品

万历甲戌季冬朔日，盛时泰仲交踏雪过余尚白斋中。偶有佳茗，遂取雪煎饮。又汲凤凰、瓦官二泉饮之。仲交喜甚，因历举城内外泉之可烹者。余怂恿之曰："何不纪而传之？"仲交遂取鸡鸣山泉、国学泉、城隍庙泉、府学玉兔泉、凤凰泉、骁骑卫仓泉、冶城忠孝泉、祈泽寺龙泉、摄山白乳泉、品外泉、珍珠泉、牛首山龙王泉、虎跑泉、太初泉、雨花台甘露泉、高座寺茶泉、净明寺玉华泉、崇化寺梅花水、方山八卦泉、静海寺狮子泉、上庄宫氏泉、德恩寺义井、方山葛仙翁丹井、衡阳寺龙女泉，共二十四处，皆序而赞之，名曰《金陵泉品》。余近日又访出谢公墩铁库井、铁塔寺仓百丈泉、铁作坊金沙井、武学井、石头城下水、清凉寺对山莲花井、凤台门外焦婆井、留守左卫仓井即鹿苑寺井也，皆携茗一一试过，惜不得仲交赞之耳。

秦将白起

正德年间，守备太监富紫泉，建永宁寺于安德门外垒山口。屠一猪祭梁，猪腹上隐隐"秦将白起"四红字。富曰："此白将军也。"遂埋之。

太初诗帖

户部李远庵重，字元任，催浙粮将北上，别孙太初于西湖。太初送之以诗云："苦竹泠泠莎雨青，秋风别我钓鱼汀。好持使节朝天去，莫道江湖有客星。北固云回山历历，洪河龙斗浪冥冥。眼中经济须公等，殿上夔龙有典刑。"送诗帖云："奉别拙作，风调自谓不减古人。为知己者一道耳，非泛泛送行之作也，乞领意。山人野服，不克入城，把袂话别，怅然怅然。"又帖云："拙作书上，笔意终不佳，然技止此耳。观诗可也，一笑一笑。"

空同跋太初诗

李远庵出孙太初诗一册，与李空同看。空同遂跋之云："瑶草载萎，玄鹤竟逝。虽丛有高卑，形分巨细，然闻其馨者，知其为不凡之卉；聆其响者，知其为已仙之禽也。於乎！识斯义者，可与言孙氏之诗乎？孙没数年矣，远庵李子以其诗观我，为题于后。嘉靖二年夏四月，空同山人李梦阳。"

《秋林歌》

王韬，字钦晦，乃钦佩先生之族弟，商于汴京，遂与空同先生善。空同有送王韬一绝云："王郎口谈金虎文，自称师是紫阳君。挂帆明日忽南去，影落龙江五色云。"今载集中。又有《秋林歌》四章，乃与钦晦之父秋林翁寿者，集未收入，今录之："山人食黄精，老步觉转健。秋行林径深，风起落叶满。""露寒山尽脱，乃松林独青。劚根获龟蛇，看看皆白苓。""采苓煮白石，发黑颜复赤。秋清中林坐，傍有鹤一只。""白石浸寒潭，清冽鉴毛发。甘菊垂时花，翁来弄秋月。"

元峰问数

新安汪龙，受数学于异僧，颇有奇验。袁元峰阁老，寄一白围棋子与南史书王三渠，转问生子。汪接棋子遂云："白者，北也。棋子者，子也。北京当局之人问第一着。但此棋子非木非石，经火煅炼而成，了无生气，决不能生子。若以生克之理论之，不久亦当终局。须急下官着可也。"元峰不数月遂捐馆舍。

聚宝奇石

朱孟辨获三奇石于聚宝山间，制为山玄肤、玉芝朵、断云角。黄鹤山人王蒙，图而铭之。宋太史又为作后铭。

典祀

倪文毅公岳，初为礼部尚书，值遣祭金阙玉阙真人。奏曰："徐知证、知详，唐叛臣之裔也。祀典不敢议废，但岁时典祀，一寺官之职耳。宗伯何与焉？"遂为令。

阴消祸孽

约庵周公为给事时，论都督马昂纳女弟后宫，外议或云已娠，请诛昂，而还其女。武宗虽不罪昂，而女竟被黜。此其阴消祸孽，一疏之力也。

针灸

留守卫指挥谢芳，状貌长大白皙，但玉表石中，幼不知学，所识之字，屈指可尽。武选郎中例当看官，见谢之貌，欲用掌卫事。取粉版书"针灸"二字与识之，谢以"铁多"对。郎中一笑，竟尔不用。

梅花水洗研

焦山郭第，字次甫，在金陵市上得一南唐旧砚。曰此砚不可以常水洗。因走崇化寺，洗于梅花水中，又携至西湖洗之。次甫好奇而僻也如此。

念珠

郑石邨御史名濂，事母极孝。进香三茅山，以祈母寿。拈香出殿，从地拾得一串念珠，一百零八粒，遂喜曰："吾母之寿，或与此念珠之数同乎。"归来用盒盛之，供于佛前。数月后视之，被鼠残其十七粒。

母九十一岁而终，实符念珠之数云。

浇坟

诗人孙太初死，刘元瑞、龙致仁二公治其丧，葬于道场山。一日，天大雪，元瑞刘公忽忆太初，遂戴棕大帽，穿大红衣，策一蹇驴，苍头携酒一壶，走太初坟上。取酒一杯浇坟，自饮一杯。酒尽，痛哭而返。

修省疏

清溪倪公岳，弘治十二年任留枢参赞。秉正达变，不激不随，百废顿举，兵民倚重，相戒不敢犯法，留都肃然。适清宁宫灾，条上修省疏：勤正学，开言路，减斋醮，省供应，节亲藩，惩欺蔽，恤困穷，核名实，疏淹滞，择将领，节差遣，慎功赏，停工役，斥奸贪，进忠直，恤刑狱……二十八事。上并嘉纳之。

自作墓志

卢玉田、黄蛰南、杨太岳三公，皆先自草墓志，示不求于人。

尚书二十三人

冢宰张公铭善、周公时中、傅公斯、曹公义、倪公岳；司农梁公材、王公玮、吴公文度、周公金；秩宗倪公谦、邹公干、童公轩；司马齐公泰、胡公汝砺、王公敞、王公以旃；司寇周公祯、端木公复初、周公瑄、张公瑄、顾公璘；司空陈公恭、刘公麟共二十三人。

入阁一人

入阁者，张文僖公益一人。

咏十六楼集句

李公泰，字叔通，号仙源，鹿邑人。洪武时进士，博学，知天文，曾掌钦天监，遂入钦天监籍。有集句诗二册，中有咏"十六楼"诗：

《南市楼》："纳纳乾坤大，南楼纵目初。规模三代远，风物六朝余。耆旧何人在，登临适自娱。皇恩涵远近，莫共酒杯疏。"

《北市楼》："危楼高百尺，极目乱红妆。乐饮过三爵，遐观纳八荒。市声春浩浩，树色晓苍苍。饮伴更相送，归轩锦绣香。"

《集贤楼》："迢迢出半空，画列地图雄。鱼水千年庆，车书万国同。长歌尽落日，妙舞向春风。今古神州地，康衢一望通。"

《乐民楼》："江城如画里，迢递起朱楼。白日催人老，青樽喜客留。

百年从万事，一醉解千愁。帝德尧同大，洪恩被九州。”

《讴歌楼》："西北高楼好，闲宜雨后过。凭栏红日早，回首白云多。广槛停箫鼓，深江净绮罗。千金不计意，醉坐合声歌。"

《鼓腹楼》："翼翼四檐外，居人有万家。盘空斋屡荐，舞破日初斜。小酌知谁共，新诗取自夸。圣图天广大，烂醉慰年华。"

《清江楼》："涵虚混太清，时转遏云声。湖雁双双起，渔舟个个轻。世情何远近，人事省将迎。谈笑逢诸老，终身愿太平。"

《石城楼》："翠袖拂尘埃，烦襟出九垓。清光依日月，逸兴走风雷。鸿雁几时到，江湖万里开。文章成锦绣，临咏日盘回。"

《来宾楼》："地拥金陵势，烟花象外幽。九天开秘祉，八极念怀柔。造化钟神秀，乾坤属远猷。吾皇垂拱治，不待治书求。"

《重译楼》："使节犹频入，登临气尚雄。江山留胜迹，天地荷成功。干羽三苗格，车书万里同。圣朝多雨露，樽俎日相从。"

《澹烟楼》："久坐惜芳尘，莺花不弃贫。关心悲地隔，有酒纵天真。不问黄金尽，应惭白发新。登临聊极目，紫陌万家春。"

《轻粉楼》："郡楼闲纵目，风度锦屏开。玉腕揎红袖，琼卮泛绿醅。参差凌倒景，迢递绝浮埃。今日狂歌客，新诗且细裁。"

《鹤鸣楼》："翠挹凭阑外，楼高不倦登。抑扬如有诉，凄切可堪听。白日移歌袖，青天扫画屏。古来形胜处，重到忆曾经。"

《醉仙楼》："自得逍遥趣，乾坤独倚楼。天笼平野迥，江入大荒流。待弃人间事，来为物外游。蓬莱自有路，云雨梦悠悠。"

《梅妍楼》："天地开华国，招邀屡有期。风烟归逸兴，钟鼓乐清时。对酒惜余景，逢人诵旧诗。平生无限意，莫信笛中吹。"

《翠柳楼》："白帻岸江皋，开筵近鸟巢。交疏青眼少，歌罢彩云消。

落日明孤塔，青山见六朝。平生爱高兴，回首兴滔滔。"

《艺林学山》云："永乐中晏振之《金陵春夕》诗'花月春江十四楼'，人多不知其事。盖洪武中建来宾、重译、清江、石城、鹤鸣、醉仙、乐民、集贤、讴歌、鼓腹、轻烟、淡粉、梅妍、翠柳十四楼于南京，以处官妓。盖时未禁缙绅用妓也。"胡元瑞云："十四楼语近出，足为诗料。"按，金陵本十六楼，今称十四楼，而遗南市、北市二楼。何也？诸楼尽废，独南市楼尚存。

十景

盛仲交自大城山中寄杂忆十诗，命余步韵，且约往游。其题云："祈泽寺龙泉、天宁寺流水、玉皇观松林、龙泉庵石壁、云居寺古松、朝真观桧径、宫氏泉大竹、虎洞庵奇石、天印山龙池、东山寺蔷薇。"此十景，皆众人之所忽，仲交所独取者。

见御史不起身

御史饮虹李公，家在饮虹桥南。每赴衙门，必过铁作坊。铁匠造作自如，多坐不起身。饮虹怪之，言于中城御史，牌拘一坊人，将诘问之，且加责也。众诉云："某等坐不起身，相沿已久。当年倪尚书老爷，家住本坊，亲嘱不必起身，恐妨造作。不识李爷计较，却被倪尚书误了。今蒙治以国法，此后再不敢矣。"御史对李饮虹云："听众人之说，我尚惭悔。"

家若悬磬

顾横泾先生，罢河内副使归家，环堵若悬磬。客过，从邻家乞火，供茗取酒无所具，樽罍而止。

守备厅坐次

守备厅坐次，正统中襄城伯李隆正中坐，户部黄少保福左侧坐。公退，左右对坐。少保卒，兵部徐侍郎左侧坐。襄城去，丰城侯李贤代，徐侍郎升尚书，仍左侧坐。都督赵伦协同地平下左侧坐，后革，靖远伯王骥代。徐尚书为总督，与丰城分左右正坐。靖远左，宁远伯任礼代丰城，仍在右。靖远伯还朝，徐尚书复来，杜侍郎宁始推尚书与宁远分左右正坐。张右都纯监督操军，不预守备事，下教场，与徐尚书分左右正坐，张都御史在左。赵都督仍旧坐。户部张尚书凤来，右边稍偏正坐。户部没，张都御史升兵部尚书参赞，右边正坐。宁远告老，平江伯陈豫代，与张尚书仍分左右坐。平江去，张尚书致仕，魏国公徐显宗代平江，独正中坐。镇远侯顾协同右边稍偏正坐。兵部萧尚书维祯参赞镇远坐左。魏国镇远俱没，萧尚书独右偏正坐。成国公朱仪代魏国，如魏国坐。兵部李尚书宾来，如萧坐。马都督良协同地平上右侧坐。李尚书马都督皆还朝，兵部程尚书信来，如李坐。后添设泰宁侯陈经协同，与程尚书分左右正坐，泰宁左。泰宁漕运，定西侯蒋琬代，如泰宁坐。程尚书去吏部，崔尚书如程坐。崔尚书去，左都御史王恕来，寻升兵部尚书，如崔坐。定西侯还朝，新宁伯谭祐代，如定西侯坐。王尚书巡抚，兵部薛尚书远来，如王坐。

新宁还朝，太子太保丰城侯李勇代，如新宁坐。薛尚书归，陈尚书俊坐如薛。已后守备参赞坐大约相同。惟增内守备太监据首席，而协同者为侯伯则上坐，都督则侧坐耳。

武职袭替

　　南京武职最贫苦，袭替北上，须称贷而行。还时即以俸粮抵偿，有数年之久不得食粮者，有无处那借终身不得袭替者，令祖宗汗马之功损于一旦，岂不可惜？鄙意各省武职，不得不诣京师，若南京自有本兵，即于本处稽查功次，比试弓马，有何不可？倘移咨北部类奏袭职，此是何等省便，何等功德也。国初总小旗袭替至北京并枪，邝公埜题奏改于南兵部，并各省都司比试，不中者后一年仍赴北京。谭公纶具题亦改于南京。二例载武选职掌可援以请也。澹园焦先生向以语选郎卢梦麟，欣然欲行之。曾太宰摄部事，亦大以为然。会曾回籍，未果。今其案具存。

招募不如土着

　　嘉靖中，倭乱。招集义乌、江阴、靖江、崇明人为兵，费用甚多，却专在南都作贼。吴悟斋目击其事，尽汰遣之。昨壬辰，倭侵朝鲜，于中国未以一矢相加遗也。而本兵与操江四出招募，群不逞之徒麇至。戊戌，北部调二千人往戍旅顺矣，复招集以捕。旅顺兵还，又增一倍。此时工部造房屋衣甲，户、兵二部，给粮饷糜费不赀，地方何尝得其分毫之力。今群聚城外，夜即群至人家，劫其财物，乱其妇女。居民稍有饭吃者，尽移入城中，然群盗亦随以至矣。当道明知，不肯散遣。其说有二：以为遣之无名，一也。顾冲庵曾言，炼兵即以消兵。勤其校阅，严其赏罚，汰其老幼，作贼者必诛，物故者不补，如此则兵可渐消，何患无名？又言，此辈既去，地方有警，何人支持？不知此辈赖以讨贼，然不能讨贼，日日作贼，所谓放虎自卫者也。盖招募不如土着，古人言之甚详。南都岂无骁勇有武艺之人，倘以为不习倭事，将此辈拣选一二千却于浙，直曾经战阵处取一二十人为教师，一人教十，十人教百，百人教千，不数年皆为胜兵矣。盖土着之人，与旅处不同，省费一也；父母室家共聚，有所顾恋，二也；生长地方，出门皆是亲识，不敢为非三也。有警则荷戈为兵；无事则各执其业，何等稳便。当道肯一处分，为留都造福，胜造九级浮屠矣。

🜚 城门锁钥

正德己卯，宸濠谋逆。刻日东下，欲取留都。大司马乔公预为战守之具，一时草创皆备，率九卿台谏吁天，誓以死守。每城门设以文武大吏二人，城中伏兵二支，以防不虞。先是濠预遣死士三百余人，混入留都，伏于鼓楼街一揽头家为内应，待期而发。守备太监刘琅，实与其谋。公先缚揽头一讯而得之，以次而擒，枭首江岸，贼计少阻。先是公微闻濠反计，知指挥杨锐才可用。谋于巡抚李公，署为安庆守备。谕之曰："安庆南都，上游密迩江西，贼计汝必先知，知则亟以告我。贼发必先攻安庆，攻则汝以死守之。"未几，贼攻安庆，果为锐所败。及上南狩，叛逆已平，百官朝于行在，有旨命以戎服见。公谓两京礼仪一体，岂宜有异。遂朝服率诸寮如常仪。时江彬怙权宠势，焰倾一时。统边兵数万，屯聚京城，怀不轨心，公以雅量镇服之。彬始亦欲构公，使人捃摭无所得。一日晚，遣人索城门锁钥，人人惊骇，不知所出。督府告于公，公曰："守备所以谨非常，城门锁钥孰敢索？亦孰敢与？虽天子诏，奈何？"督府以公言拒之，竟寝。彬每假传旨有所求，为日数十。公得旨，必请面奏。彬计格不行，都城帖然。驻跸日久，倡九卿台谏三上章劝回銮，扈从扬州而还。至今父老颂其功不置云。

❦ 三人协力

武宗南巡时，乔白岩为参赞，寇天叙为应天府丞，时缺尹，寇署印。太监王伟为内守备。三人者同谋协力，持正不挠，故保南京无虞，不然祸且不测矣。寇亦山西人，与白岩同乡，躯体颀硕，眼微近视，每日带小帽穿一撒坐堂，自供应朝廷之外，一毫不妄用。若江彬有所需，每差人来，寇佯为不见。直至堂上，方起坐立语，呼为"钦差"。语之曰："南京百姓穷，仓库又没钱粮，无可借办。府丞所以只穿小衣坐衙，专待拿耳。"差人无可奈何，径去回话。每次如此，江彬知不可动，后亦不复来矣。

❦ 比试

武宗在南京，江都督所领边卒，躯干颀硕，膂力拳勇，皆西北劲兵也。白岩于南方教师中，取其最矮小精悍者百人，每日与江都督相期至教场中比试。南人轻捷跳趫，行走如飞；而北人粗垒，方欲交手，被南人短小者，或撞其胁肋，或触其腰胯，北人翻身僵仆。移时，江提督大为沮丧，而所蓄异谋，亦已潜折其二三矣。

不道磁石事

偶过盛仲交苍润轩，同诸词客观黄山谷所书《阿房宫赋》旧榻帖。仲交云："此书笔势飞鹜，有金石相宣之意。杜赋甚工，独恨赋中不道磁石事。"

直趋金陵

汉庶人高煦反乐安州。知州朱恒劝庶人直趋金陵。贼党皆言恒乃金陵人，一身一家之谋也，何可听乎？但不知恒是金陵何许人，而设此谋。此谋若行，国家之事不可知矣。

梦征

郑沙村河为秀才时，梦中得一绝句云："城里青山城外楼，夜凉明月五更头。何时了却心头事，重把青蚨换酒筹。"及中嘉靖甲辰进士，授岳州府推官。到岳州府，见城里青山，城外楼阁，宛然梦中诗句。私心郁郁，遂卒于岳州。

疏用"无主"字

陪京有家贫者,亲死付之一炬。湛甘泉先生为礼书时,欲变其俗。择禁门外空地数处,为漏泽园,将葬贫不能买地者。因遣千户王某,持奏疏以请于朝。千户跪禀甘泉曰:"闻老爷疏中有'以无主之地,葬无主之人'两句,恐'无主'二字未可陈于君上之前。"甘泉怃然曰:"殊失检点也。"遂易其语。

瓮中黑气

万表秀才,家住上新河南岸。夜梦一人,丰神似吕洞宾,从地涌出,整衣襟而言曰:"困此不觉五百余年。"天明取土筑墙,深及八九尺,得两瓮相合。启视之,瓮中一团黑气冉冉起于半空,宛如梦中所见之像。仙耶?鬼耶?怪耶?

《非非子》

徐天赐,魏国公之弟。宅在大功坊内,后与府学相接,不能扩充尺寸地。因谋于京兆蒋公、督学赵公,复赂武断生员任芳辈数人,约以尊经阁后民间之地,换学宫右边空地。生员周膏作《非非子》一篇,粘于学壁,极言孔子贫厄,门人售地,语侵上官。督学闻之,畏公论不容,遂已其事。膏乃刑书周公瑄之子,高才博学有声。场屋此举,人颇义之。

陶隐居《瘗鹤铭》一证

姑苏大石山人顾元庆作《瘗鹤铭考》，引黄长睿、张子厚、刘无言、曹士冕、邵公元、马子严，与我朝都玄敬之说，断以为陶隐居书，议论极确，而赏鉴最精，然尚少一证。李石《续博物志》云："陶隐居书自奇，世传《画板帖》及焦山下《瘗鹤铭》，皆其遗迹。"大石山人何不引此以证之乎？余于隆庆戊辰春日游焦山，从崩岩乱石间搨得十六字，友人宋国儒击碎一"也"字，至今惜之。

宦官重谏臣

嘉靖末年，陪京皇城守门宦官高刚，堂中悬春帖云："海无波涛，海瑞之功不浅；林有梁栋，林润之泽居多。"高之意，重刚峰、念堂二公之能谏耳。

举朝皆妇人

海刚峰巡抚应天时，矫激之过，令人不堪言。官劾之。刚峰辩疏有"举朝柔懦无为皆妇人"之语。李石麓朝回，值扬州贡士曾同笔砚者来访。石麓曰："适见海刚峰疏中，谓举朝皆妇人，我非一老妪乎？惶恐惶恐。"贡士曰："只此惶恐，尚有丈夫气。"石麓默然者久之。

清苦回恨

御史陈海楼用红票买米，减半市价，盖积弊然也。民亦敢怒而不敢言。值经纪家有秀才何敬卿，持其票击都察院鼓，告于都御史海公。海公方尚操切，遂尔大怒，欲加惩治，赖诸御史恳求得免。仍责皂隶三十，革去其役，即枷号于陈之衙前，实所以辱之。一时六部两衙门与府县，闻风凛凛，不敢妄取市物。海楼因此官箴有亏，恨之入骨。及刚峰死，海楼同诸御史入其内，见刚峰受用之清苦，有寒士所不能堪者。海楼乃曰："回吾怨恨之心矣。"

执照

秀才何敬卿既告御史陈海楼于海公，又恐诸御史以他事中伤之，复诉于海公，求一执照。刚峰大笑曰："御史视朝廷明旨尚为虚文，海刚峰一纸执照有何用处？我见秀才有些胆气，原来畏首畏尾，岂能做事？"遂叱出。

刚峰宦囊

都御史刚峰海公卒于官舍，同乡宦南京者，惟户部苏民怀一人。苏检点其宦囊，竹笼中俸金八两，葛布一端，旧衣数件而已。如此都御史，那可多得？王司寇凤洲评之云："不怕死，不爱钱，不立党。"此九字断尽海公生平。即千万言诔之，能加于此评乎？

生平奇事

陈横厓子野与余云："曩游天台，遇中秋，赏月石桥之侧。石桥，天台胜处也。及游雁宕，乃九月九日，采菊于山巅。在名山中，而逢佳节，又值天晴，此最是生平奇事也。可多得乎？"

一钱觅酒

陈藻，字子文，号苍厓。家贫，嗜酒。一日，囊仅一钱，市酒饮之。作诗自嘲云："苍厓先生屡绝粮，一钱犹自买琼浆。家人笑我多颠倒，不疗饥肠疗渴肠。"

二仙自写像

世之画周颠仙、张三丰像者甚多。惟颠仙自画一像，在皇城五凤楼上，三丰自画一像，在临淮侯家。

判断食料

俭庵梁公,在广西左布政时,终日坐衙不散。凡属官日用食料,皆有一牌,经其判断,不许过多。右布政林公某,一日欲市肉数斤,俭庵裁去其半。林公大怒曰:"你管得属官,管不得我。"大骂入衙去。俭庵闻之,不动声色。次日林公谢罪曰:"此后不多买矣。"

尚书异命

俭庵梁公,户部尚书也。一日,世宗取刑部尚书印送与梁,命往刑部问三大疑狱。梁到部,即日剖决。又,吏部当大察时,世宗命梁同考,坐吏书之左。去官三百余员,铢两悉称。士林服之,士林荣之。此皆破格之异命。

邵士廉属对

邵佥事士廉,方童时,资性颖敏,有问即答,兼能属对偶。除夕,李黄门致远家爆竹,士廉往观焉。李谓士廉曰:"岁除爆竹惊残腊。"士廉即应曰:"正旦传梅报早春。"李大称赏。

霍公重邵静庵

邵静庵以广西按察司佥事，乞休家居。大宗伯渭厓霍公，初未识面，恒遣存问。适有没官寺庵，命贺掌教查拨送公，将为书院之资。公以非所宜有，托故以辞之。会乡饮将至，霍以公端方之行，仕止有道，命有司敦请，以为大宾。公不敢居，亟以疾辞，强之乃始出。

微之交情

方宗显，字微之，与景旸伯时同习举子业于琳宫。出则更衣而衣，入则共仆而炊。茹水饮蘖，相得甚欢。后景以甲第为中允，方沦于布衣。景公赴都下，方与同舟而行。至真州，景以疫卒，亲为视敛，痛逾手足。今乡闾以为盛事，士人以为美谈。

前溪失仪

武宗在南京行宫，诸司朝参时，景前溪为国子司业。景腹大而矮，几不能俯，颇失朝仪。江彬即大声问曰："第几班第几人是某衙门官？若司业亦是该拿人数。"白岩即应声曰："是国子监堂上官。"遂不拿。盖出于一时权宜，而能全朝廷待儒官之体。古人云："此人宜在帝左右。"

子昂题画

　　西虹太守书画，余从马少虹得以尽观之。独无住庵主画《圆泽三生公案》一卷，笔法高古，宋元题诗者二十余人，皆是梦话。赵子昂绝句云："川上清风非有着，松间明月本无尘。不知二子缘何事，苦恋前身与后身。"识见超脱，过人甚远。

开门望月

　　万历己卯秋，湖塾两农夫取树根为柴，得银一瓮。每锭上有"开门望月"四字，不知是何说。

三墓

　　鲁肃墓，相传在上新河南岸圩田中。今去江不远。土人耕田，戒不敢犯。云此圩田在吴时为江，不宜有墓。但诸郡志皆不载鲁之墓，或者土人之说不诬。

　　谢玄墓，在徐府西园中凤游堂后。建园取土时，曾见其墓石，知为玄墓，遂掩之。去园东南，不五十步，有谢玄庙。庙中碑一通，乃侍郎罗玘文。

　　宋程偃孙墓，在清凉寺后山东北地上。嘉靖初年，久雨地陷，露出朱棺。

视其墓石，知为程墓，里人用土掩之。

梁检校，管尚书

梁俭庵尚书，清修劲节，始终不渝。罢官后，门庭萧然，与寒士无异。同时管检校子山亦罢官归，同在武定桥，南北相向而住。子山造楼居，广田产，会亲友，其门如市。人反而称之曰："管尚书，梁检校。"

钞不可妄得

邵公士廉，秀才时，见门前地有钞一张，私往拾之，乃是荷叶一片而已。忽行路者拾起，却是钞也。邵思一钞，何足重轻，乃不可妄得，况民之脂膏乎？自入仕以至佥事，刻意清苦，常俸外一毫不取，都人至今称之。

惊忧致病

许绅以医仕至工部尚书，掌太医院事。嘉靖西苑宫人之变，圣躬甚危，生死在顷刻间。绅不得已，用大黄、桃仁、红花诸下血药。自云："不效，惟有自尽而已。"上忽作声，去紫血数升而愈。绅以此加宫保。亦以惊忧，得一神魂不宁之病，数月而卒。绅南京人。

❧ 诸葛钱

赵雪岩太守，四川人，流寓南京。顾孝直谈其一奇事云："雪岩曾往泸州，江行阻风，数日乏薪，令人上山樵采。山顶险峻，人迹所不到。有铁船一只，露其半，中皆大钱，有无字者，有文曰'诸葛之宝'者，因取数箩回。忽大响一声，山遂合，船不见矣。行一两日，岸边人众汹汹，泊舟讯之，乃铸孔明像者，方募铜。雪岩惊异，尽以钱施之，像乃告成。"

❧ 诸葛枕

裕民坊民家，淘井得一瓦枕，上有一符。符下有"驱疟"二篆字，相传为诸葛武侯所制。病疟者，枕之即愈。彼此转相借用，遂为邻人所匿。因讼于官，亦不能得。

❧ 历数

唐荆川历数之学，得箸溪顾尚书传其法，又得东皋周台官秘书印证。常云："知历理，又知历数，此吾之所以异于儒生；知死数，又知活数，此吾之所以异于历官。"所著《勾股测望论》《勾股容方圆论》《弧矢论》《分法论》《六分论》，发挥明白精透。周东皋称士大夫能历数之学者，赵大洲上不得算盘，唐荆川上得算盘。但荆川亦未到顶，能到其顶，则僧一行、郭守敬矣。东皋名相，万历乙未进士，周元之祖。

《欣慕编》

陈玉泉有《欣慕编》，纪一时名士。盛仲交刻于苍润轩中，寄一册与谢与槐大参。与槐答之以书，其略云："《欣慕编》中如王辣斋之风节，梅损斋之博雅，李饮虹之能谏，金赤松之文翰，似不可少。且去玉泉不远，从容与玉泉言之，如何？"观谢此书，可补《欣慕编》之遗矣。

存本

王尚书石冈，秀才时，有矮屋三间。贵显后移于园中，不加粉饰，题曰"存本堂"。

识诚意伯

诚意伯刘世延，童年袭爵。王石冈一见其面目，遂戒诸子云："此人不可与之往来，乃多事人也，决不能善终。"诚意屡践危机，竟死刑部狱中。其言乃验。

识人

吴交石之于周约庵，李远庵之于郑淡泉，顾东桥之于张太岳，皆于童年识其贵显，且为名臣，可谓具眼。

秀才气味

谢与槐、张秋渠、陈玉泉，冬日拥炉。玉泉偶露布裤，与槐笑之曰："穷相乃尔。"因出裤视之，与槐是绒，秋渠乃绫。玉泉曰："也要存穷秀才气味。"

陈烈妇拒母

烈妇陈伯之妻，秀才黄心源之女，年十八岁嫁陈。嫁未三月，父心源病死。母氏欲改嫁，告之于女。女苦口谏之曰："妇人不幸而寡，惟有守节与死而已，不可嫁也。"母笑谓女："汝年幼不解世事，不近人情。"竟尔改嫁。一日，母氏念其女，来视之。女闭门不与相见，曰："既适他人，非吾母也。"夫劝之，舅姑劝之，皆不开门。母惭而去。其夫染疾且笃，与之诀，曰："吾疾，决不能生。既无子女，又乏资财，幸早择良家，受金葬我。"妇曰："我计已定，死即同死，决不后时也。"未几，见夫病势沉重，走灶下煮水与夫沐浴。乃碎磁碗割颈，不利，取菜刀继之，先夫而死。时年二十有一。呜呼，烈哉妇也！前之拒母，岂得为过哉？司城张公起凤，验其事实，感叹不已，率僚属为文祭之。时隆庆辛未夏五月也。

处盗

春庵周宾，医士也。寒夜见偷儿入室，呼家人执之，责以十板，赠钱二百文。次日，述之于友，友人曰："此人何病，乃以人参、大黄医之？"

顾愚逸，东桥先生父也。除夜见偷儿伏灶下，呼出，分以鱼肉，赠钱五百文，劝以改行，遣之。一年后，偷儿夜过其门，见有缢死者，潜移他人屋下。次日，具礼到堂，自陈云云。语毕遂遁去。

神龟呈露

颐庵邹公济诗集云："永乐二年冬十月，幕府山阳访碑石，高广中度。寻于龙潭山麓，斫石求趺。既而神龟呈露，昂首曳尾，介文玄苍，形质天成，匪由磨琢。乃于龟下遂得趺材，适与碑称。"

更择何等婿

中山王继夫人谢氏，生四女。长即仁孝皇后，次代王安王妃，又次未聘。永乐丁亥，仁孝皇后崩。长陵谕谢夫人："朕欲得夫人季女，继中宫。"夫人曰："妾女不堪上配圣躬。"长陵曰："夫人女不归朕，更择何等婿耶？"季女竟不敢受人聘，从佛氏为尼，凤台门外有王姑庵是也。庵后有一种奇竹，最堪为杖。

🐚 二宗室

景泰五年，移齐宗室贤爀居南京，敕守备参赞防闲，勿令与亲王诸人往来交通。始贤爀三人来京，今三支之子孙极盛。

景泰五年，谷宗室赋焿与贤爀，同自庐州徙南京。来时七人，不久遂绝。

洪武二十六年，杀梁国公蓝玉。有蓝景昌者，赐与齐王为奴。今宗室府有蓝姓家人，乃景昌之后。余曾见其像，像亦甚伟。

🐚 异镜

驯象门外操军某，耕田得镜，半面能照地中物。持之偷坟掘埋，大有所获。后事犯，镜入于应天府库中。

大中桥陈姓者，忘其名，新买一宅，修理墙垣。墙中得一木匣，匣藏长柄小镜，照面则头痛。遍与邻人照之，无有不痛者。惊异为妖物，举而碎之。

🐚 驸马提学

驸马梅公殷，太祖最钟爱之。曾令提督山东学政称旨，今敕书尚藏于家。

占城议

惕庵张公琮，字廷献，中弘治庚戌进士，官礼部仪制郎中。时占城国王请封制，册封夷王，给事中一人往将命。占城在海外，人惮于往。六科倡议止之，疏不绝上，尚书不能决。公曰："封而告不以封，天王之命讨去矣。礼先告哀，而后请封，国无讣命，将谁与？以是诘之，威信其庶几乎？"卒从公言。

箕仙诗句

友人请箕仙，仙降书是岳武穆。因问将军恨秦桧否？仙书诗一首，中联云："出师未捷班师急，相国翻为敌国谋。"大似武穆口语。

神楼

神楼，乃刘南坦尚书制为修炼者。用篾编成，似陶靖节之篮舆，悬之于梁。仅可弓卧其上下。收放之机，皆自握之，不用他人。文徵仲写其图，诸词人多咏歌之，但诗尽皆不得其旨。

讲书

海刚峰巡抚下学，谒圣后，令府官坐于明伦堂左，县官、学官坐于明伦堂右。诸生讲书只讲《孟子》"其为气也，至大至刚，以直养而无害，则塞于天地之间；其为气也，配义与道，无是馁也"二节。举动迥破常格，殊非俗吏所能。

曾子固

澹园先生云：子固墓志言，公卒于江宁府，岂即葬于此耶？

顾孝直云："成化间，先高祖赠尚书公诚，为始祖处士公海卜地樊家山。穴既定，葬且有期矣。夜梦朱衣象简者曰：'我故宅也，能相让五尺乎？'已赠公穿穴下所定丈许，堪舆家执之不听。葬后，复梦前人谢曰：'毋坏我宅，甚善。无以报德，当托生尔家，以亢尔宗。我有宋曾子固巩也。'越一年，而尚书公伯祖璘生。此李广文元江蕃所传，李世代居先茔，左右当有据。"

义激裂脑

成祖杀方孝孺，令人食其肉。食肉一块，银一两。有吏之仆，食肉得银。归家说其事，吏闻之大怒，喝仆一声，激裂其脑而死。义哉吏也！惜不得其姓名。乡里顾孝直谈。

三丰蓑笠

张三丰留蓑、笠二物与岐阳王曰："公家不出千日有横祸。绝粒当急难时，可披蓑顶笠，绕园而呼我也。"去二载，而大狱兴，遂全家幽于本府。不给以粮，粮垂绝。乃依所言，呼之。俄前后圃中及隙地内，皆生谷米，不逾月而熟。因食，乃得不死。谷甫尽，而朝廷始议给米。其后呼之不生矣。人有病，取棕煎服，病即愈。掌东厂一太监病痢，用势取去，煎棕服之，痢转甚而死。后蓑、笠归于大内。

梦李太白

浙中山人陈鹤，号海樵。游金陵，将造尚书顾东桥公。东桥公先梦李太白来访，次日见所投诗卷，乃山人陈鹤。与之延誉，诗名遂振。

布鞋

李远庵居官极清苦，常俸之外，一毫不取。即门生故吏，不敢以一物馈之。郑澹泉，乃公得意门生也，宦南京数年，岁时只寒温而已。一日，侍坐最久，有一布鞋在袖，逡巡不敢出。远庵问袖中何物，郑曰："晓之妻手制一布鞋，送老师。"远庵遂取而着之。生平受人物，仅此而已。

🐍 思屯乾道人

万镒，字乘时，号与石。家贫，发蒙拆字度日。隆庆庚午，得末疾，以帛络臂于项，左手执杖而行，服药亦无效。忽十一月廿一早，过普德禅林，觅一舆往。既毕事，出寺下舆而便。见道人自对山直下，遥呼镒为老儿。镒以一褴褛人，素未识面，今将来乞我，而乃轻我如是耶，故佯不应。道人又行又问，渐与敌面。镒乃曰："我不幸得偏枯疾，乃如此。"道人厉声曰："何为偏枯？偏枯者，树之荣悴相半也。树若此，即属于火，不得为木。人岂如是耶？"因问："汝疾始何时？"曰："今年七月廿一日。"曰："此乃密云不雨，阴气上升，阳气下降，正欲交感，化生万物，于时或春夏有雷，秋冬有风，则遂不成。汝少饶今涩，怒盛于肝，以致生火。其如雷击风旋，二气不合。是以火不生土而土焦，土不生金而金铄。金不克火，火反克之。子孙拂意，方致汝蹶，血气停滞于脉络，乃至如此。此非密云不雨之象耶？"因问道人以号。曰："思屯。"又问姓。曰："姓乾。"镒曰："何谓，屯思之何也？"曰："屯于义为难，思屯者，常以难自思也。古者圣人列卦，首乾坤，次屯蒙，各有其义。且乾坤之后，胡不用震巽继之，而乃以屯蒙者？此乃朝廷定君臣之位也。帝王止传之子孙。蒙乃师生，师生既定，方有训诂，五伦始明，庶无杀戮。"镒又曰："出家人成仙，即如读书登第者。何有患难，而故思之耶？"曰："读书者，登第固不易，出家人成仙尤难。而我之思屯者，正以人有正命，不当罹患难，如天灾世变，战斗盗寇，皆非正。我一遇此，即思避之，故号思屯。且汝欲知屯之义乎？气始交未畅曰屯，物钩萌未舒曰屯，世多难未泰曰屯。今汝乃以肝气致疾，即人之屯也。"言毕，因呼曰："老儿，可往桥上一行。"镒不觉遂扶杖随出寺。是时，日初升，见道人桥边对日而立，口喃喃诵而无声，因复问镒：

"汝非江右人，能测字者耶？且汝既测字，则当知《易》。今于屯之义尚未明，何以测为？"镋曰："我略知小数尔。"曰："数岂有小耶？汝慎勿爱人一钱，因钱而断，此乃忿欲。伏羲皇帝曾向何人索钱耶？龙马负图，天公亦爱人钱耶？文王、周公、孔子，亦何曾爱人钱耶？"因又呼曰："老儿再往前一行。"镋辞以不能。道人若略以手强拽者，遂自桥及雨花台之麓。倚树坐，以手于衣外打镋腰臂，曰："酸乎？"曰："不。"又再打至膝，"酸乎"？曰："酸矣。"曰："此乃环跳穴所在。汝既知酸，他日将弃此杖矣。"又见镋手有悬帛，因将手向衣内上下打者三，曰："幸瘦，可愈。汝五脏俱火，不必饵药。惟武夷茶能解之。茶以东南枝者佳，采得烹以涧泉，则茶竖立。若以井水，即横。"镋至是始感其意，乃曰："多慢先生，寓何处？"曰："清元观。倘相寻，可问思屯乾道人。"镋既久与语，忽舆人来促，乃觅所乘舆还。居数日，忽不知手举足步，循几而行，逾出限外。友人毛俦见之而惊。告以故，俦曰："公遇仙矣。思者，丝也。以丝合屯者，纯也。乾，阳也。所遇乃吕祖纯阳也。"因同至清元观，则止塑像在堂。二人拜像而返。盛仲交有《与石老人遇吕祖》传。

🖺 画壁法被

灵谷寺经回禄后，尚有吴伟画壁三堵。严介溪诗："回廊古壁留名画，坠叶泠风助梵音。"盖指吴画。今已不存。姚元白最好事，曾临三幅藏于家。

灵谷寺有宝志公所遗法被，四面绣诸天神像，中绣三十三天、昆仑山、香水海，高一丈二尺，阔如之。真齐梁时物。

🐍 神示郭字

马汝骥、潘鹄与同笔砚友六人，祈梦于城隍庙。神命判官引二人上殿，曰："汝二人功名一亨。"又命小鬼，将蒲包挂于二人之右耳。二人惊觉，说梦与二人闻见，皆同。嘉靖丙子科，郭朴主试，取潘鹄中试。嘉靖壬子科，郭盘主试，取马汝骥中式。因思"一亨"者，亨字也；挂蒲包于耳者，大耳也，合之成郭字。

🐍 牛首山吼

盛仲交作《牛首志》，亦载山吼之说。余每游牛首山，便寻老僧，焚香煮茗，谈因果，说山中故事。舍利塔下，老僧明寿，号万延，出家弘觉寺中六十余年。曾云："正德十五年七月初三日，车驾驻跸牛首西峰祠堂中。说者谓江彬有异谋，山灵夜吼，兹事乃讹以传讹也。当时从驾数千人，僧房家家占满，殊无措足地。师兄明智，遂露宿于塔殿台基上。梦中翻身，忽尔坠地，不觉大叫，惊动三军，一夜传呼不息。江彬纽锁住持及明智进城，欲加以惊驾之罪。赖乔司马诸公，权词山吼，以竦动军心，亦且解释僧罪，遂放住持与明智归山。江彬不轨之谋有无，难以悬断。但彬不据城中举谋，乃谋之于空山中，何所恃乎？必不然也。山灵夜吼，足以增重此山。老僧不附和众人已信之言，因身亲见其事，那得诳山灵乎？"此语朴实可信，足破群疑。

疏复漕运

倪文毅公尝疏乞复漕运，以足兵食而纾民力。略曰：今关陕所需，皆山西、河南所给。而二方之地，俱近黄河。其间虽有三门、析津、龙门之险，然昔汉唐粮饷，由此而通，即今盐船木筏，往来无滞。今令户部所计，山西米豆必运贮榆林及保德州县诸仓；河南米豆必运贮潼关卫及陕州诸仓。其诸州卫地，皆濒河可通舟楫，踵往古故迹而行，免当今陆运之害。公私之利，奚啻万万。况今河道，当潼关之北数十里，接连渭河，可通陕西及凤翔、巩昌。渭河西流数千里，接连洛河，可通延安及北，上源可通边堡。渭河西流三百余里，接连泾河，可通泾阳河，可通庆阳。又龙门之上，旧有小河径通延绥。倘加修浚，必可行舟。此宜简命水部之臣，示以必行之意，相度地形，按求古迹。某处避险可以陆运，某处可以立仓倒运，某处可以造船装运，淤塞悉加导涤，漕河务在疏通。毋惮一时之劳，而失永久之利。如是，则不但三方之困可纾，虽四方之物，无不可致矣。

识赞字去官

姚湘幼攻举子业，不售，遂纳粟入太学，选河间卫经历。巡按李名，进士也，点名呼"王赟"为"王贲"，秀才不应。姚禀云："赟音焚，乃刘赟下第之赟。"巡案依其音呼之，随呼而应。巡案曰："好个经历，能识赟字。"竟以此去其官。经历识赟字而炫能，巡案不识赟字而忌刻，其失也均矣。

🍂 五大部文章

太守李载贽，字宏甫，号卓吾，闽人。在刑部时已好为奇论，尚未甚怪僻。常云："宇宙内有五大部文章：汉有司马子长《史记》、唐有《杜子美集》、宋有《苏子瞻集》、元有施耐庵《水浒传》、明有《李献吉集》。"余谓《弇州山人四部稿》更较弘博，卓吾曰："不如献吉之古。"

🍂 雅谑

友人沈生予云，张江陵钤束科道，两衙门官不敢扬眉吐舌，略陈异己之说。士人因编一谑语云：科道缺官，文选郎中请于张江陵。张谓科道官最难得其人，即如孔门四科十哲，未必人人可用。文选云："德行如颜回，何如？"张曰："回也，于吾言无所不说（说训言说，下皆同），未可用也。""文学如子夏，何如？"张曰："子夏入闻圣道而说，出见纷华美丽而说，未可用也。""政事如冉求，何如？"张曰："求也，非不说子之道，力不足也，未可用也。""政事如子路，但恐其好勇耳。"张曰："子见南子，子路不说。尽可用也，尽可用也。"文选唯唯而退。此可谓士林之雅谑。当时科道，曾亦闻此谑语矣乎？

🍂 张江陵对句

东桥公填楚，张江陵仅十余岁，应童生试。东桥曰："童子能属对乎？"因曰："雏鹤学飞，万里风云从此始。"张即曰："潜龙奋起，九天雷雨及时来。"东桥大喜，解腰间金带赠之。曰："他日贵过我也。"

失金杯

橙墩武昌，富而好学，且好客。有爱妾苏氏，善持家。一日谯客，失金杯，诸仆皆啧啧四觅之。苏氏遂诳之曰："金杯已收在内，不须寻矣。"及客散，对橙墩云："杯实失去，寻亦不得。公平日好客任侠，岂可以一杯之故，令坐上名流不欢乎？"橙墩颇善其言。近有监生谯客失物，百遍搜坐客者，较之苏氏，可愧死矣。

黄鹤楼知己

休斋沈公钟督学湖南时，笑指黄鹤楼曰："此余之知己也。"士林传以为故事。

空中鬼斗

周蒙泉县令、沈颐贞举人，俱在北门桥，相邻而住。周之内人，忽梦空中两鬼相斗，胜者落沈家，负者落本家。次日，两家各生一子，特时不同耳。周之子名应魁，袭千户职。沈之子名凤翔，中万历壬辰进士，官至给事中。夫武之不能胜文也，在鬼已然，况于人间乎？

东桥见王梦泽

顾东桥巡抚湖广时，在黄州，要见王梦泽，与知府言之。知府云："王是发配士夫，凡府县与过客，皆不得一识其面。"东桥知为俗吏，不足与言。乃嘱通判云"我定要见王梦泽，勿如知府"云云也。通判访王狎游之人，一善讴者，一蹴球者，呼二人至，喻之曰："抚台要见王乡官，你二人设一谋见之。见则有赏，不然且有责也。"二人领命去。梦泽一日出门，至园中，二人传一消息，通判报之。抚台拥门而入，梦泽方欲走避，一人拽其左，一人拽其右，且陈抚台之意云。梦泽身不得脱，东桥方得与之相见。

高风

湛甘泉、霍渭厓在南部尚书同时。府学训导邓德昌，字顺之，广东顺德人，乃二公同社友。相见只论齿，不论爵。或途中相遇，亦不回避，且策一蹇驴，与之并行。后邓死府学，二公制朋友之服，经纪其丧。京中文武官无有不吊者。如此高风，古人也，非今人也。三公均之不可及。

两次还金

秀才何岳，号畏斋。曾夜行拾得银贰百余两，不敢与家人言之，恐劝令留金也。次早携至拾银处，见一人寻。至问其银数与封识，皆合，遂以还之。其人欲分数金为谢，畏斋曰："拾金而人不知，皆我物也。何利此数金乎？"其人感谢而去。又曾教书于宦官家，宦官有事入京，寄一厢于畏斋，中有数百金，曰："俟他日来取。"去数年，绝无音信。闻其侄以他事南来，非取厢也。因托以寄去。夫畏斋一穷秀才也，拾金而还，暂犹可勉。寄金数年，略不动心，此其过人也远矣。畏斋，即观察何矩所之曾祖。

双芝轩

万历四年丙子，天界寺僧圆慧，号秀峰。庵中忽生二芝，喜为文明之瑞，因以"双芝"颜其轩。请盛仲交、盛伯年父子读书其中，以应其瑞，时盛最有声文场也。八月尽，将揭晓，前一日，盛携酒至双芝轩候榜。日晡时，何公露、何仲雅昆玉敲门而入。仲交赋一诗云："街鼓喧阗榜欲开，敲门何事有人来。韦颛自是科名客，何必鸮鸣混俗猜。"天明榜开，公露、昆玉高中矣。公露名湛之，仲雅名淳之。盛诗寓二何字，二芝寓二之字，鬼神之泄其机也，微而巧如此。

《正杨》

封部黄蛰南云："我朝学问渊博著述最富者，莫过杨公用修。用修摇笔著书，直写胸中之闻见，定不屑屑更检书册，误处自不能免。若予同年陈晦伯之《正杨》一书，乃就用修之引用者，从而考证之。即所正皆当，已落第二义矣。"

《采石吊太白》

黄蛰南云："余同年宗子相集中，有《采石吊李太白》七言十绝，当为压卷。但十首内用月字云：'忆君乘月下金陵'，'千帆明月大江涛'，'醉来江底抱明月'，'独留明月照江南'，'明月窥人恐是君'，'可怜一片寒江月'。何其重见叠出也。不如少作数首，少用月字，亦可名世。"

世宗记注二臣

东桥与罗印冈书，其略云：不肖治陵之命，发自渊衷。直以抚楚微劳，不知何缘，遂蒙记注。谕诸臣曰："顾璘在楚，尽心肯任事，以此委之。"夏曰："已交代。"上曰："赶回。"或曰："彼入京，在途可遇。"严曰："渠南京人，水路去矣。"上又曰："但委之，不患不来。"夏曰："吏部缺当补。"上曰："以工左升吏右，迹如左迁，彼必不乐，仍留原缺待之。"璘未至之先，数问之，众大为恐。至宜城，见璘疏。谕诸臣曰："璘至矣。"故事，陵寝仍当用礼部侍郎一人。昨奏，乃又曰："不必差，再添一人，则不专矣。"前有传帖，谕内阁勿称工部侍郎，恐某动心。但云，说与侍郎璘，皆殊眷也。璘不肖，何以承此？故虽劳且远，更不敢辞。唯丈至爱，敢告，幸不他闻也。又俭庵公昨驾发时，欲取公居守，以道远期近而止。谕诸臣曰："梁材执法甚固，虽应变非其所长，守法有余也。"众云："俭翁之召非久矣。"观东桥此书，世宗之记注二臣也如此。

志公谶

何元朗《丛说》解宝志公谶云："杖上悬尺者，梁也。拂者，陈也。剪者，齐也。镜者，大明也。"其谶甚明，其说最确。但中间尚有隋唐宋元，何不一谶之乎？志公生于金陵鹰巢，朱姓者探于巢而养之。志公葬于钟山，太祖迁其地，而葬之。此更是一大谶也。志公真神僧哉！

死为神

陈矩庵钦，广东提学，死于任，即为广东城隍。周蒙泉珊，永定知县，死于任，即为永定城隍。山人金鱼，能写赵承旨字，死为判官。

☙御史迎举人

嘉靖七年，张公廷献以右都御史掌南都察院。子恕，适中乡试榜一百二十名，属官十三道御史，同具鼓乐彩旗迎之，最是胜事。

☙兵书报捷

正德六年，石冈王公以旍中杨慎榜进士，同乡竹堂王公任兵部尚书。揭晓日，竹堂五鼓早朝，过其寓，叫开其门，对使云："你相公已高中。我是头一报。相公官只做兵部尚书罢。"后石冈官果至兵部尚书。王凤塘谈。

☙薝卜花

白云寺，一名永宁寺，在凤台门外与牛首山相近。太监郑强葬地，坟旁多名花异卉。有薝卜花一丛，乃三宝太监西洋取来者，中国无其种。余曾三见其开花，花瓣似莲而稍瘦，外紫，内淡黄色，与佛经云薝卜花金色者同。花心嗅之，辛辣触鼻。远远闻之，微有一种清香。杨用修、胡元瑞皆云，薝卜花即栀子花者。非也。栀子花瓣极俗，色极白，香极浓，品极贱，处处有之。若以为即薝卜花，恐栀子不敢当也。杨、胡二公特未见薝卜花耳。

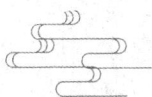

第二卷

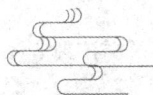

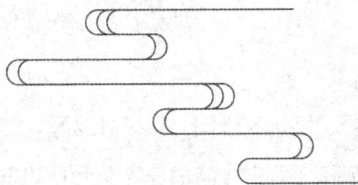

🐲 《二京赋》

御史余公光，号古峰，有《二京赋》，嘉靖十五年已经进呈，圣旨送入史馆，赏新钞一千贯。大城山樵盛时泰尝曰："孟坚当卯金末造，犹以《两都》擅名。太冲遭列国鼎分，尚藉《三都》振响。今圣明混一，天地再辟，列圣相承，重光累洽，文物之盛，亘古无前。奈何使竖儒专美千载也？因为《二京赋》期上之，惟藏筒中，竟归覆瓿矣。"又长史黄琮，字元质，有《金陵赋》。

🐲 佳句

孙总制炎，字伯融，《游仙》云："天与数书皆鸟迹，身留一剑是龙精。"

周滇，字伯宁，《舟中望九华》云："岩回气如熿，峰去势犹引。"

杨翩，字子举，《游广教寺》云："云间闻梵语，烟外听斋钟。"

夏煜，字允中，《康郎山奉旨》云："绝壁秋声清漱玉，白沙月色烂堆银。"

史京兆谨，字公谨，《七星关》云："路远家难问，愁多酒易醒。"《西山精舍》云："碉户蜂留蜜，松巢鹤堕翎。"《游清凉寺》云："古径依山转，清猿向晚哀。"《览秀楼》云："残霞拥树作秋色，空翠袭衣生暮寒。"《送屠先生》云："南浦斜阳芳草色，东风啼鸟落花天。"《日晷为张布政赋》云："静递青春回禁柳，暗移白发上朝簪。"《万松轩》云："秋声出树晓无迹，云气入帘风满庭。"《游天界寺》云："地暖渐生眠鹿草，松枯欲折挂猿枝。"《赠吴羽士》云："松下剪云缝鹤氅，花间滴露写鹅经。"

马俊《赠王鼎归田》云："幽斋藏岛屿，深径入林峦。"《江行》云："霜蒲藏水鸟，烟树隐柴荆。"《和杜》云："翠微深见寺，绿野暗啼莺。"《山居》云："溪畔游鱼吹柳絮，竹边啼鸟避茶烟。"

汤参将胤勋，字公让，《漫兴》云："长身惟食粟，老眼渐生花。"《咏守宫》云："鸳鸯肠断魂堪冷，蜥蜴形消血未干。"《秋思》云："决明阶下好颜色，郭索沙边多路岐。"

蒋主孝，字宗伦，《长啸》云："重阴接海蒸沙雨，轻雾连山煮石云。"

蒋主忠，字存恕，《经龙潭旧居》云："古镇东西市，长江旦暮潮。"《过镒公方丈》云："宝殿迥临飞鸟上，疏钟遥隔暮云深。"

蒋御史谊，字宗谊，八岁赋诗云："青天阁雨云归岫，紫气乘龙水入江。"

顾教授言，字如纶，《题画》云："沙上闲鸥如有约，堤边幽草不知名。"

贺山人确，字存诚，《城南雅集》云："开帘山纳翠，扫径树留阴。"

《都门送别》云："花落谩惊春已去，愁来恰值酒初醒。"

史山人忠，字廷直，《偶成》云："爽气催诗兴，凉风散酒时。"又云："云山开画障，槐柳映蓬门。"

李祭酒时勉，《送僧》云："柳带天边雨，松回岩际云。"《草亭宴集》云："一径浓花发，满庭芳草多。"《送王教授》云："水满沧江杨子渡，云连绿树富春山。"

倪尚书谦，字克让，《南郊草堂》云："林鸠唤雨山光暝，畦稻舒花水气香。"

倪尚书岳，字舜咨，《芳池春水》云："新涨受风牵翠縠，好山随月堕青螺。"《登兜率岩》云："晴色扑帘知日近，轻阴过槛觉云低。"《和鸣治有怀》云："幽壑雨晴泉响近，隔林风细鸟飞轻。"

童尚书轩，字士昂，《九日》云："黄菊酒香人病后，白蘋风冷雁来初。"《南坡草堂》云："草堂夜雨生科斗，花径春风叫栗留。"

李应祯《和吴匏庵》云："春树暮云无限思，薰炉茗碗有余清。"

沈佥事钟，字仲律，《黄县》云："秋残群木老，野迥乱山高。"《题画》云："江山秋色净，风雨暮寒多。"《新嘉驿》云："风定凉生树，庭空月近人。"《钜野》云："沙草酿寒残雪在，野云翻影断鸿悬。"《青阳驿》云：“寒凝帘底炉烟细，尘净墙阴竹色幽。”

徐佥宪完，字用美，《送何省叔还京口》云：“霜冷江涵秋雁影，雨晴岸拍晚潮声。”《湖山楼》云：“窗含山色晴横黛，帘卷湖光晚映霞。”

姚太守黼，字大用，《报恩访僧》云：“松云晴覆地，花雨昼飞空。”《送人还金台》云：“舟从江上发，人向日边还。”《淮阴夜泊》云：“灯影遥临岸，月光低近城。”《旅馆岁暮》云：“冻云低欲坠，远雁断还联。”《送周别驾》云：“将雏檐燕留人语，卫足葵花向日妍。”《凤台别墅》云：“花深门径人稀到，帘卷春风燕自来。”《北山吟》云：“瀑布飞空千尺雨，春风吹老一庭花。”《春暮》云：“红雨落残清昼永，黄莺啼尽绿阴稠。”

罗大理辂，字质甫，《花岩寺》云：“山色远含千古秀，洞门深向半岩开。”

王尚书敞，字汉英，《渡大同江》云：“花明春欲暮，沙暖水生烟。”《登浮碧楼》云：“石磴斜通郭，烟村半掩扉。”《宿碧蹄馆》云：“树绿入夏重阴合，鸟为留人着意啼。”

张学士益，字士谦，《映草帘》云：“卷露来春燕，摇风入晚萤。”《绿筠》云：“润含春嶂雨，阴送午窗凉。”《秋夜》云：“露寒蛩韵切，云淡月光微。”《文会图》云：“帘卷高松苍雪堕，窗开群岫翠屏寒。”

罗太守凤，字子文，《九华遇雨》云：“凌霄缥缈牵高兴，入夜淋漓负夙期。"

向知州簧，字序伯，《登下钟寺》云："危磴苔封滑，虚坛草色幽。"
《中秋泛月》云："风动鱼龙吹沸浪，露寒蟾兔泣清秋。"《集会仙楼》
云："逐江芳草自生态，绕陌繁花偏冶颜。"

朱山人宇，字子容，《弘济寺次韵》云："望中峰翠云遮断，座里花
香风送来。"

方山人宪，号听泉，《弘济寺》云："云出晓堂龙去远，雪残晴树鸟
啼新。"《重游弘济寺》云："五更江色浑无夜，二月梅花别有春。"又云：
"数声啼鸟林中晓，万树桃花洞里春。"

景司业旸，字伯时，《忆蒋水部》云："云竹晴还雨，风花落更飞。"
《石驸马山庄》云："移席怜歌歇，贪杯较句迟。"《送唐汝立》云："潮
声翻石壁，山色入虚楼。"《送沈华父》云："情深惟纵酒，发乱似惊秋。"
《夜酌对曹十四》云："风帘分坐月皎皎，夜榻剪烛花纷纷。"《游永宁寺》
云："竹阴到午风犹冷，石磴穿云路转幽。"

陈指挥铎，字大声，《斋居》云："晚树低分雾，春云淡隔城。"《夜
往新丰乡》云："山月巧窥人影瘦，夜凉先向客衣生。"《送毛都督》云：
"刁斗夜严山月冷，旌旗晴散野云平。"

刘尚书麟，字元瑞，《赠吴隐君》云："七步似曹常醉后，五言逼杜

少愁时。"《和张石川》云："省己正愁题凤字，忘形翻得换鹅书。"

朱山人实，字子元，《弘济寺次韵》云："花雾拂檐浓似雨，柳风春浪怒于雷。"又云："雨开素练波光净，云揭青屏岫色新。"

马郎中琡，字公信，《晓行》云："马蹄入树鸟梦堕，月色满桥人影来。"

陈副使钦，字谅之，《送外兄北上》云："长风万里兴，芳草一春愁。"

金秀才琮，字元玉，《丹阳道中》云："朝霞推日出，阴壑带冰流。"《雨泉煮茗》云："细浪卷风生蟹眼，怒涛翻月起龙腥。"

伊佥事乘，字德载，《游寺》云："野鹤盘云下，清风挟水凉。"《落花》云："银塘水泛鱼吹沫，华屋泥香燕补巢。"

梅明府纯，字一之，《舟中即事》云："雨深烟寺晚，风急海门秋。"

李副使熙，字师文，《秋兴》云："秋深茅屋鸣寒杵，月上山城起暮鸦。"又云："风急暮云闻断雁，雨晴沙渚泛双鸥。"

顾尚书璘，字华玉，《通城山中赴岳阳》云："石出泉争响，林幽树漫生。"《小江口》云："兴在烟霏际，年销马迹中。"《饮柳山上》云："江横群水合，野阔万峰开。"《山中晚兴》云："饮牛临古涧，射雉出平田。"《送人还京》云："衣随行处敝，剑就醉中看。"《登清凉山》云："古寺频来僧尽老，重阳欲近蟹争肥。"《拟宫怨》云："御前却辇言无忌，众里当熊死不辞。"又云："君王自信图中貌，静女虚迎梦里车。"

顾副使瑞，字英玉，《晓行》云："鸦翻初日动，马过断冰妨。"《快雨有述》云："片云生昼暝，急雨净高天。"《夜渡黄岩江》云："水国寒多眠未稳，城霞路近梦先通。"《孟有涯载酒息园》云："惊鸦忽翻庭露下，暗萤时度水烟深。"《送罗侍御还南京》云："心同江月随君远，家在秦淮得信稀。"

顾贡士屿，字懋涵，《白牡丹》云："玉妃罢醉春无晕，素女凌波夜有香。"《天阙山》云："山深六月藏寒雾，地迥诸天散晓钟。"

顾秀才应祥，字孝符，《过龙山别业》云："云起移山色，风鸣乱鸟音。"《江上晓行》云："晓行江路月，人语夜船灯。"《送朱子价》云："人去天涯春草绿，望迷江上暮烟平。"《游栖霞寺》云："流泉激石常飞雨，灵草经寒不断香。"《除夕》云："今宵对雨娱残岁，明日逢人说去年。"《登楼》云："宫阙半从云里出，山光多自雨余来。"

谢山人承举，字子象，《游寺》云："深林下马苍苔滑，野寺入门秋爽多。"又云："春雨洗山诸寺近，秋花薰梦一楼空。"《病中答华玉》云："山与诗肩齐耸瘦，菊随病眼对争开。"

谢布政少南，字应午，《杨少室自粤入贺》云："月出烟中树，星窥水面舟。"《严子陵钓台》云："故人不预兴亡事，太史空劳处士猜。"

《十六夜少室右史招宴》云："尊前宝炬留明月，帘外金花缀彩云。"

龙佥宪霓，字致仁，《姑苏道中》云："野鹤巢难定，春蚕茧自忙。"《饮东麓亭》云："墩传往昔名空在，剑化何年气尚浮。"《寒夜饮里中诸公》云："气回檐雪融还细，雨湿楼烟重不飞。"

管检校景，字子山，《游幕府寺》云："秋色霜中树，寒声雨后潮。"又云："峰断青萝合，江空白练长。"《秋阴》云："风随黄叶乱，雨逐黑云来。"

金举人大车，字子有，《楷上人山亭》云："败叶秋皆堕，寒烟晚欲无。"《幽兴》云："放棹晚潮至，开门春草生。"

金秀才大舆，字子坤，《游城南诸寺》云："黄叶喧高树，青山起夕烟。"《固湖城》云："山城晴自湿，水国晚多寒。"

徐山人霖，字子仁，《泊杨青驿》云："云轻难掩月，海近易通潮。"《冬游虎丘》云："冻鸟自高树，寒梅或背岩。"《归舟漫兴》云："览镜愧难留黑发，当杯狂欲醉青山。"

王参议徽，字尚文，《舟中夜雨闻雁》云："凄凉应带雨，悲咽为兼风。"《题王子成壁》云："雨过苔侵壁，潮来水到门。"《登大观台》云："秋声带叶翻林下，暝色随云渡水来。"

王太仆韦，字钦佩，《秋日游城南》云："寒花散幽馥，午树结团阴。"《秋居杂兴》云："闲行无剩事，孤坐有余思。"《寄罗敬父》云："尊前花气风生席，湖上箫声月满船。"《西堂偶兴》云："一春人醉斜阳里，三月莺啼细雨中。"《秋日即事》云："梧桐月上风初到，蟋蟀声中雨渐凉。"

王秀才逢元，字子新，《对酒》云："潦倒不忘桃叶句，萧闲应恋竹皮冠。"

张士瀹，字心父，《秋郊》云："野梅当涧落，山鸟隔花鸣。"

李明府晓，字子晦，《江上望金山》云："涛声风外壮，云影日边轻。"《沧州道中》云："断霭斜阳迷去雁，平堤古木集寒鸦。"《春寒夕景》云："山腰绕树岚初起，天末轻阴日欲沉。"

周尚书金，字子庚，《过杨六郎城》云："山河未改豪华尽，夷夏平分草树迷。"《涉忽都河》云："极浦遥山无去雁，古城荒堞有啼鸦。"

许山人镗，字彦明，《秦淮步月》云："疏钟城外寺，曲槛水边楼。"《晚泊毗陵》云："西风疏雁阵，斜日变山容。"

许太常谷，字仲贻，《何元朗移居》云："买得曲池堪斗鸭，种成芳树好藏莺。"《集沈大理》云："檐前香篆将花气，院外松风杂鸟声。"

胡副使汝嘉，字懋礼，《过黄华山》云："林鸦翻暝色，岩树驻秋云。"

《啸台》云："淡云千里色，落日半岩阴。"

王太守可大，字元简，《寿州渡河》云："沙净空山雨，风香野岸花。"

沈御史越，字中甫，《风雨忆城南杏花》云："湿云带暝酣清昼，芳草含烟靓绿苔。"《冬日诸君集楼上》云："待腊江梅初抱萼，凌霜篱菊尚留妍。"

陈太仆沂，字鲁南，《遂初斋》云："苔痕双屦齿，花影半帘钩。"《经牛首山寺》云："鸟声林叶暗，山影石溪寒。"《入西山》云："山出晓云乱，鸟鸣春日迟。"《燕集西园》云："烟横村远近，月出树扶疏。"《永福寺晚睡》云："峰峦树色初晴后，楼榭烟光欲暮时。"

陈同知时伸，字元晋，《试灯夕得楼字》云："火树参差人影乱，香烟缭绕月光浮。"

陈明府时万，字孟锡，《元宵大雪》云："人间矜火树，天上放冰花。"《登大观亭》云："帆开二水天逾阔，云尽三湘鸟共低。"

张坐营鹏，号竹渠，《登水云亭》云："月明江似洗，波动石如浮。"

张指挥维，字管文，《官舍夜怀》云："风穿灯影乱，寒逼雁声高。"

杨贡士希淳，字道南，《除夕》云："酒能扶病客，春欲傍愁人。"

《秋晓述怀》云："病常欹枕昼犹梦，瘦不禁秋雨更寒。"《浔阳阻风过海天寺》云："地邻彭泽怀陶令，山枕匡庐忆远公。"《牛首》云："去日僧非怜我老，旧游人远得书难。"

郑侍御濂，字师周，《送乡人归》云："江空秋雁影，砌冷夜蛩声。"《疏请归省》云："寒雁投阳书未寄，秋风报冷客先知。"

郑推府河，字师程，《至江上》云："愁客难为别，闲云漫不开。"又云："天地水为际，江山雪满楼。"

罗主簿焘，字元溥，《晚过东山寺》云："闻钟知寺近，逢鹿觉山深。"《宿高座寺》云："月来半榻寒松影，风送满山秋叶声。"

陈明府芹，字子野，《寄玄超》云："水村寒气早，山馆月明孤。"《焦山》云："烟横沙市远，船过海门稀。"《游灵谷寺》云："重檐卷雾青欲滴，曲水穿云净可怜。"《与诸友集姚园》云："奕散青林寒日堕，歌翻白雪冻云高。"

李郎中逢阳，字维明，《关庙》云："志许乾坤合，身先吴魏亡。"

杨秀才谷，字惟五，《宿大城山庄》云："隔树林穿暮，披榛径转微。"又云："败壁青苔应殢雨，寒潭碧水似澄霜。"

黄验封甲，字首卿，《陈氏园亭》云："曲径沿溪入，疏峰带雨青。"《春日》云："鸟声侵梦断，竹色映阶虚。"《秋兴》云："山高月出雁初下，水远天空人自愁。"《天宁寺》云："短剑孤悬凌夜月，敝裘初纫薄秋风。"

马明府应龙，字呈道，《和杜秋兴》云："兴发新秋翻宋赋，卷吹芦叶拟胡笳。"

张副使铎，字鸣治，《宛马》云："盘旋风欲动，拂拭雪仍迷。"

陈佥事凤，字伯羽，《寄题石塘》云："波闲先受月，池迥不惊鸥。"《腊日》云："沙白常含冻，云昏易作阴。"

高汝州远，字近思，《泊舟对月》云："风清沙岸净，月满浪花圆。"《弘济寺》云："江豚吹浪出还没，野鹭得鱼栖复惊。"

临淮侯李言恭，字惟寅，《小桃源》云："山折路疑尽，花深鸟自藏。"《暮投伏城驿》云："乱水斜穿径，空山曲抱村。"《送安茂卿南还》云："梦回芳草远，人去落花多。"

朱沅州衣，字正伯，《神策城楼望玄武湖》云："湖光荡云日，山色印寒流。"《登弘济江阁》云："孤帆荡漾缘何事，远岫依微莫辨名。"

景山人霁，字光甫，《山寺避暑》云："红尘朝易夕，绿荫夏疑秋。"又云："篆烟萦佛牖，雨气暗云峰。"

吴侍郎自新，字伯恒，《神策城楼望玄武湖》云："树色含风冷，溪声带雨寒。"《湖阴夜泛》云："九天忽驾冰轮出，万里遥瞻玉镜开。"

马山人光灵，字一卿，《漫兴》云："风微鱼浅戏，泥暖燕先知。"又云："疏雨长虹断，遥山积翠微。"

何参议汝健，字体乾，《秋雨晚晴》云："余霞明反照，疏柳淡轻烟。"《暮春鸿石园》云："坐久花香细，谈深鸟语幽。"《灌园》云："天涯飞鸟外，人事落花初。"《宿牛首》云："山色有无朝雨后，江光隐见夕阳时。"《竹素园漫兴》云："花片飞来情自惬，松阴结处坐偏深。"《雪夜次韵》云："槛外冰花侵履迹，庭前竹翠湿人衣。"

何御史淳之，字仲雅，《别陈师宗伯》云："潮痕迎雨急，帆影带烟过。"《晓川》云："月泻空潭水，霞余几树枫。"《登繁台》云："斜日窥疏雨，归鸿缀远天。"《无题》云："云连楚岫还轻散，潮向浔阳总未通。"《秋日李王孙园亭》云："清光曲引秦淮水，紫气飞来钟阜峰。"

顾居士源，字清父，《燕子矶》云："浅沙披月蚌，高浪出风豚。"《虎洞小庵》云："石冷灯无焰，香消火尚薰。"《山寺晚归》云："散策冲寒翠，搴裳踏晚晴。"

金山人銮，字在衡，《徐太傅园》云："杨柳晚风静，芙蓉秋水香。"《悼梁姬》云："江梅空索笑，湘竹自成斑。"《静海寺》云："长风吹老树，斜雨过疏篱。"《次通津驿》云："风轻云气薄，月净水光寒。"

《北河道中》云："归鸟乱啼原上树，夕阳多在水边村。"《送李谷阳》云："客中候晓霜如月，马上逢春草似烟。"《梦雀》云："窃归灵药三山月，吹落榆花一笛秋。"《岳少保墓》云："临危叩马书生口，立主班师宰相心。"《忆江南》云："风檐听竹心先碎，雨槛移花梦亦香。"

马明府汝徯，字诚望，《新秋》云："明月半窗能自至，白云满榻似相留。"《秋日永宁庵社集》云："山色遥连秦树碧，溪声常带梵钟幽。"

姚鸿胪溮，字元白，《闻雁》云："数声风处断，孤影月中翻。"《顾孝符见过》云："旅怀秋欲尽，乡思客初来。"《赠周文美》云："燕市风霜凋客鬓，越山兵燹限河梁。"

姚太学之裔，字玄胤，《喜诸君子入社》云："寒花照座金为蕊，明月窥帘玉作钩。"《冶城饯吴莫魏张四子》云："黄金旧铸双龙剑，白雪新传四杰才。"

姚太守汝循，字叙卿，《绮霞阁小集》云："酒边过白鸟，镜里出青山。"《浪禅房》云："闲花苔上落，疏磬雨中沉。"《送胡懋诚》云："离愁随草长，别泪迸莺啼。"《江南春游》云："宿雨青郊润，和风白袷轻。"《题江濲垂纶卷》云："羊裘双短鬓，虾菜一扁舟。"《邀笛阁》云："岸柳秋清夜，汀葭月白时。"《和幼安泛秦淮》云："潮起轻风生远浦，夜凉明月满扁舟。"

宋兵宪存德，字惟一，《叩转南曹述怀》云："枥下骊驹淹岁月，庭前苍桧饱风霜。"

焦明府瑞，字伯贤，《谢公墩晚眺》云："夜雪万家鸿影度，江声千里岸痕高。"《后湖》云："无数鸥凫天上下，几重楼阁树高低。"

盛贡士时泰，字仲交，《登宾峰楼望雨》云："一径穿云上，千山送雨来。"《天界寺》云："松声寒绕塔，竹影午过墙。"《三茅峰》云："鸟飞青嶂外，人语白云中。"《幽栖寺》云："钟阜断云连古戍，秣陵黄叶下西风。"《集瞻云楼》云："林下卷帷凉欲度，花边迎扇暑将无。"《试灯夕谦瞻云楼》云："绕树银花初试火，隔帘香雾半垂钩。"

盛秀才敏耕，字伯年，《山居杂咏》云："花发临危岸，莺啼过远林。"《宵征》云："水暝萤光乱，风秋雁语清。"又云："衙晚催蜂去，巢危促燕飞。"《赠张羽王》云："潮声绕屋初消雪，梅蕊知春竞放晴。"《游三台洞》云："石扉藤蔓迷樵路，流水桃花引客来。"《送大安和尚归庐山》云："送客溪头防虎啸，逃禅树底借枝封。"

卜长史锴，字子振，《送人还吴门》云："衰柳带烟迷远浦，片帆随雁下长洲。"《遂闲堂》云："日高卧榻茶烟细，昼静钩帘树色深。"

郑太守宣化，字行义，《九日燕邸遣怀》云："丛菊自开吴地蕊，疏砧故捣汉宫声。"《送安伯惺之成安》云："萧骚鬓为风霜短，拓落官惊岁月流。"《春寺谦集》云："海日倒衔天外影，江云遥落坐中杯。"

万明府梦桂，字稚徵，《腊尽客芜江》云："冻云仍易合，残雪未全消。"《客愁》云："情淹黄绢字，身敝黑貂裘。"《吴门有感》云："天青鸿雁近，水长鳜鱼肥。"《程孟孺北上》云："池上墨花春雾重，阁中玄草锦云长。"《秋日过怀玉山下》云："花沿石窦晴偏润，树拂凉飙秋正分。"《赠景光父》云："长林风细花香暖，古寺云移月上初。"

周明府元，字长卿，《集宜远楼》云："栏干千嶂瞑，砧杵万家秋。"《过栖霞柬之读书处》云："六代碑存谁幼妇，百年书就恰名山。"

余祭酒孟麟，字伯祥，《问胡太史病》云："闲身称病易，春色闭门多。"《集邀笛阁》云："花深云不去，水阔月全低。"《野兴》云："褰衣经树湿，悬榻待云还。"《过天界寺读书处》云："花垂竹户迟归燕，书满藜床落蠹鱼。"《早春喜晴登凤皇台》云："草逢霁后留烟细，花入春初抱日明。"《送杨道南入楚谒耿师》云："风尘傲世游偏壮，贫贱藏名道益尊。"

焦贡士尊生，字茂直，《寄子余》云："病从秋思得，懒任鬓毛蓬。"《送周安阳》云："语向韩陵堪片石，迹陈漳水尚高台。"《白云洞》云："千林落日稀人迹，一径疏钟散鹿群。"《燕子矶》云："微风山郭酒帘动，细雨江亭燕子飞。"《泛舟秦淮》云："疏雨乍迷桃叶渡，泠风时度竹枝歌。"《闲居》云："抱瓮丈人时共井，卖浆任侠旧为邻。"

谢秀才黄钟，字元声，《焦山》云："沙市月明潮似雪，海门风起浪如雷。"《贺余移居城东》云："闭关领略溪山好，拟易勾除月露才。"

徐公子邦宁，字仲谧，《秋日庄居》云："树密云来暝，山深雨过寒。"《日涉园》云："水翻细浪鱼衔藻，露滴空阶鹤隐松。"《牛首》云："寺静野云穿石窦，洞虚飞雨湿莓苔。"

张秀才振英，《潭西楼》云："松稍白月供长啸，楼角青山伴苦吟。"

崔秀才士元，字伯仁，《薄暮宝应湖》云："水边绿草依晴鹭，岸上青林叫夕蝉。"

陈秀才弘世，字延之，《冬日登清凉寺》云："林枯千嶂削，烟冷半江昏。"《清凉山坐月》云："孤亭全受月，绝巘半沉烟。"《献花岩》云："云归一巘白，霜过半山红。"《送王曰常》云："惜别淹尊俎，含情怅管弦。"《罗惟一移家冶城》云："委巷树深疏辙迹，短墙花发灿棋枰。"

马氏芷居，陈石亭夫人，《苦雨》云："杨柳深藏径，梨花静掩门。"

僧来复，字见心，《谢太祖赐食》云："阙下彩云移雉尾，座中红芾动龙光。"

僧溥洽，号南州，《应制题江东桥》云："浮鼋晓渡江流稳，役鹊晴瞻汉影遥。"

僧宗泐，字季潭，《梦清远兄》云："剧知情是妄，翻说梦成真。"《往南陵》云："人烟千嶂里，客路百花中。"《闲行》云："幽花不碍路，偃木自成桥。”

天界寺僧果斌，《同诸官长游牛首》云："官闲何待隐，僧老欲忘禅。"《和沃州吕公》云："鸟栖云外树，龙护钵中莲。"

天界寺僧圆慧，号秀峰，《夏日即事》云："草阁凉生今夜雨，海榴花发去年枝。"

宽悦，号矓鹤，普德寺僧，《云杜早发从潘景升度岁》云："谷口梅花晴带雪，望中烟树冷孤村。"《春日山中寄景升》云："千树夕阳啼暮鸟，一溪残日掩寒扉。"

弘恩，号雪浪，报恩寺僧，《郭次父舍宅》云："江山空姓字，楼阁但云烟。"《宿箭阙》云："半岭云生空翠合，满林花散曙烟封。"《小桥望月》云："一片清光孤玉笛，千家烟树乱疏钟。"

吴山人扩，字子充，《崔驸马山池》云："帝女巧将霞制锦，仙人长以鹊为桥。"《长吟阁述怀》云："城中艺圃甘遗世，屋里梯云好看山。"

🐍 字品

杜太常环，字叔循，宋景濂称其正书入能品。

陈中复工楷书。

陈孟颐工楷书。

朱孔阳，洪武中以楷书名，榜书更妙。

朱铨，字士选，乃孔阳弟也。太宗文皇帝选写金经，入翰林习书。

江瀫，字子澄，仁庙潜邸召写金泥字经，最眷注之。

顾谦以楷书荐举官主事。

蒋主孝工小楷。

翟太常瑛，字廷光，作字运笔如飞，结体流丽可爱。

李太仆应祯，字贞伯，景泰癸酉举人。成化时有旨，命写佛经。上疏言："臣闻天下国家有九经，未闻佛经。"近阅《杨君谦外集》，集中载贞伯全疏。

枕肱童士昂，楷书遒劲有法。

辣斋王尚文，小楷工。

马郎中璥，字公信，法赵孟頫。

紫芝黄谦，字扔之，行草遒劲古雅，而榜书更妙。

景前溪伯时，初工真行，后师周伯琦小篆，颇得风骨。

南原王钦佩，真草清雅有法。

东桥顾华玉，真草皆清彻可爱。

刘南坦元瑞，法羲献片纸只字，人得之为至宝。

顾英玉，真草皆有晋人风味。

徐子仁，九岁作大书，操笔成体。正书出入欧颜。大书初法朱晦翁，几乱其真。后喜赵松雪，笔力遒劲，布构端饬，成一家书。至于篆字，得法于异客，更造阃奥。西涯李相国、白岩乔太宰，时号篆圣，见则吐舌下之曰："吾辈不及，吾辈不及。"

周约庵子庚，有王右军风骨。

王吉山子新学《圣教序》，最擅书名，但恨其过于圆熟耳。

山农金元玉，初法赵子昂，晚年学张伯雨，精工可爱。落笔，人便持去。

吴中文徵仲，极喜元玉字，凡得片纸，皆装潢成卷，题曰"积玉"。

石亭陈鲁南，法苏眉山。评者谓不减于吴匏庵，篆隶亦佳。

玉泉陈伯羽，行书笔笔晋人。

马南江呈道，嘉靖二年贡士，四体俱工，极有书学。

邢太常一凤，字伯羽，嘉靖辛丑进士及第，工篆书。

顾宝幢清父，法孙过庭，笔力遒劲古雅。

马鹭汀诚望，刻意《圣教序》，幼年者佳。

横厓陈子野，法钟王，俊逸可爱。

秋宇胡懋礼，得意之笔酷似枝指生。

云浦盛仲交，小楷法倪元镇，行书出入于苏米两家。古拙中有拔俗之韵，隶字更优，有《玄牍记》一册，品题古今名帖。

姚秋涧元白，行书出入于黄山谷、赵松雪两派，而得于赵松雪者为多。

许石城仲贻，工行书。

杨虚游道南，真草自成一家。

金慕桢名鱼，乃赤松山农家学，笔力稍软。

谢髻九子象，出于苏黄两家，笔力清硬。

金蓉峰名元初，字玄予，行书有法有趣。

何太吴仲雅，工行书。

🌀画品

静诚陈先生遇，善山水，曾写太祖御容，妙绝当时。

陈中复，静诚先生弟，绘事精雅。幼年在静诚先生侧，戏弄笔墨。静诚叱曰："吾岂他无一长，汝乃习其下者乎？"亦工写照。

史谨，太仓人，工绘事。弱冠从军滇阳。洪武末年，有荐其才，授应天府推官。未几，左迁湘阴丞，遂流寓金陵。自号吴门野樵，长于寒林雪景。自题其画云："雨余山色翠如苔，树杪寒烟湿未开。童子无端扫红叶，隔林知有故人来。"

张益，字士谦，号蹇庵，永乐乙未进士，喜写松竹。与同榜夏昶同邸舍，昶曰："子当以文名世，墨竹小技宜让我矣。"故蹇庵之画最少，有《画法》一卷藏于家。

沈诚，字文实，别号味菜居士。喜绘事，兴到落笔，自成一家。

金太守润，字伯玉，号静虚。工山水，神会天出，传世者绝少。予曾见其《长春麀》卷，乃公宦游所见吕洞宾故事。

殷善，字从善。花木翎毛，自吕廷振、林以善两派中来，殊有清致。从善之子名偕，能专其业。

傅礼，字公绪，与同时郑春、郑堂，皆善禽鸟花木。布景染色，三人如出一手。

马俊，字惟秀，号讷轩，山水仿唐宋人。最古雅，独以鬼神驰名。

吴珵，字元玉，号石居，成化己丑进士，官至郎中。山水法戴文进。

李葵，字诚伯，见人绘画辄能模仿。虽百物像貌，无不曲尽。

蒋子诚幼工山水，中年悔其习，遂画佛像，观音大士为国朝第一手。

许昂，字世颙，梅花清楚不俗。

胡隆，字必兴，蒋子诚门人，工于神鬼。陈鲁南赠之诗云："生此南都住北都，十年踪迹遍江湖。归来为忆当时事，醉里淋漓入画图。"

史大方，工山水，谢子象题其画云："朱檐画舸系神都，翠筱黄茅覆酒垆。好似石头城外景，隔溪歌舞莫愁湖。"

史痴，山水人物自写胸中，逸气不可以画之常格求之。

汪质，字孟文，浙人，流寓南京。山水专师戴静庵，但用墨太浓耳。

吴伟，字鲁夫，一字次翁，号小仙，江夏人。童年流寓金陵，工山水人物，荐入仁智殿供奉，有"画状元"之称。临绘用墨如泼云，旁观者甚骇。少顷挥洒，巨细曲折，各有条理，若宿构然。

山农金元玉，画梅花，有逃禅老人笔意。自题绝句云："一别西湖未得归，孤山风月近何如。春来剩有看花兴，又向君家写折枝。"

金璿，字元善，号松居，精于医，旁及绘事。曾写《袁安卧雪图》。兄元玉题云："一片坚贞天地知，甘贫岂但雪中饥。平生耻作干人态，纵使天晴也不宜。"

严宾，字子寅，号鹤丘，精于赏鉴。与文翰林徵仲交好最厚，得徵仲画百余幅。画小景酷似徵仲。

蒋嵩，号三松，善山水人物，多以焦墨为之，最入时人之眼。

九峰徐子仁，虽不以丹青驰誉，所画松竹花草蕉石，皆精雅可爱。

许宷，字尚文，工山水。

马稷，字舜举，号醉狂，善山水、人物、花木、竹石。

薛仁，字子良，号半仙。山水、人物、花草专学吴小仙之笔。半仙之号，谦词半于吴小仙云耳。

李著，字潜夫，号墨湖。童年学画于沈启南之门，学成归家，只仿吴次翁之笔以售。缘当时陪京重次翁之画故耳。谢子象题其画云："银河无路泛仙槎，一舸空江此是家。残月照人秋睡稳，不知清梦在芦花。"

秋碧陈大声，山水仿沈启南。余藏《送史廷臣》一小帧，自题绝句云："情深此日难为别，相送元方又季方。万里楚江孤棹迥，稳吟秋色到维扬。"

景卿，字梦弼，善小景花草。常写杏花，自题绝句云："晴团红粉护春烟，仿佛江村二月天。记得踏青回首处，一枝斜拂酒楼前。"

王子新画法赵松雪，得其神俊。

黄珍，字怀季，花草有黄荃笔意。

许通善画牛，可乱戴松之笔。晚年自悔用心之误，恐堕畜生道中，乃专工佛像。

林旭，字景初，少聪敏，善画山水。品格甚高，尤精于传真。年未三十而卒。

陈子野，墨竹花草，绝无一点俗气。文徵仲称其竹枝清气逼人，且戒门下士，到南京不可画竹，彼处有人，盖指子野。

陈石亭，六七岁便搦笔模仿古人之画。后入翰林，与文徵仲讲论，其画更进。凡宦游所历览之名山大川，皆图成卷轴。最得马河中、夏禹玉之妙。

邹鹏，字远之，号筠居，工山水。

盛安，字行之，号雪蓬，居聚宝门外五圣巷。为人梗介清约，以梅花驰名。詹景凤云："盛行之画梅，豪纵而爽趣胜，陈宪章、王谦皆不及。"

王孟仁，字元甫，山水清润有法，文徵仲极喜之。谢应午题其画云："吾爱王摩诘，从来老画师。铅华浑欲洗，墨韵自生姿。疏树秋云合，孤舟晚镜移。烟江曾独泛，相对正堪疑。"

胡懋礼，山水脱去尘俗，但所画者不多耳。

谢宾举，字子隐，山水人物，步骤于戴静庵，可谓具体而微。画毕，其兄子象即题诗于上。子象赠子隐诗，其略云："图成便索老丑作，每幅空处题一篇。我诗借君画增价，君画资我诗并传。弟兄依附有如此，人夸玉树芝兰全。"

顾清甫究心禅理，与高僧结西方社，别号宝幢居士。家藏宋元名笔甚多，善云山，斟酌米元章、高彦敬，而自成一家。不受人润笔，多画与骚人、衲子。有"百年智巧消磨尽，惭愧人传粉墨痕"之句。余藏一轴，清父题五言绝句云："策杖青林晚，山寒雨湿衣。野云仍有意，相伴宿柴扉。"诗与字俱妙绝。

云浦盛仲交，有逸才，有妙赏，博学多闻，落笔成诗，文不烦点定。家有小轩，文徵仲题曰"苍润"，以仲交爱临摹倪元镇竹石，取沈启南诗"笔踪要是存苍润，墨法应须入有无"之句。杨用修先生与之作记。枯木竹石可乱元镇真迹。

秋涧姚元白，晚年工画梅枝。

杨秀才一洲，字伯海，山水小幅可观。好游名山，足迹几遍五岳。人讥之云："伯海手不如脚。"曾寄谢茂秦山水图。茂秦答之以诗云："画逼辋川工，王维信可同。云微天若远，石断水如空。裂素写能尽，披图意不穷。相知万里合，相望一书通。神会江天月，名传海岳风。君才变化里，吾道寂寥中。猿鹤交年久，渔樵化岁丰。懒时犹蒋诩，圣代岂杨雄。地胜闲多赋，山灵暗有功。寒暄依古柏，霜露感秋虫。养拙聊幽事，探奇奈老翁。丹青长在壁，逸兴满蒿蓬。"

王秀才建极，字用五，工山水。

何侍御仲雅，工山水。戏写兰竹，最有清趣。

胡宗信，字可复，山水最秀润，惜寿不永耳。

史元昭，工山水，谢子象题其《云山图》云："玉芝堂前两日雨，问病无人不开户。东墙卧对溪山图，雨瀹云蒸互吞吐。画师云是史元昭，心法妙传公系祖。高峰一二或可见，老树千枝不能数。微茫远水通桃源，削拔横空类天姥。林间一亭苍翠深，溪叟山翁作亭主。山中雨多溪涨添，已隔渔郎在汀浦。洞口云昏昼欲迷，似阻樵人出幽坞。岩崖豹栖知变文，雨晴出山西日曛。"

沈硕，字宜谦，号龙江，长洲人，流寓南京。曾学画三年不下楼，工于临摹。

姚太学衍舜，字光虞，工写松枝。

杜大成，工草虫。

齐庶人朱庆聚，字仲贤，号似碧，山水与枯木竹石，清雅可观。

卢氏名允贞，字德恒，号恒斋，倪文毅公夫人。白描精妙，有《九歌图》《璇玑图》二卷，藏于家。文毅公曾孙蕲水令，名民悦者，曾出以示客，予得以观之。

马氏名闲卿，号芷居，陈鲁南夫人，善山水，白描画毕多手裂之，不以示人，曰："此岂妇人女子事乎？"

沈氏，沈宜谦女，杨伯海妻，工折枝花。吴中黄姬水题其《杏花》云："燕飞修阁帘栊静，纨扇新题春思长。妙绘一经仙媛手，海棠生艳复生香。"

僧可浩，号月泉，灵谷寺住持。画蒲桃有生意，不减温日观之笔。丰坊南隅题其《蒲桃》云："龙宫倾洞不可测，下有七宝光琉璃。老师手掣千尺干，粒粒总是真摩尼。掌取摩尼和壳吸，八部呼惊龙女泣。醍醐入口冷暖知，醉卧青林满身湿。昔有大师名日观，解图蒲桃至今传。我师天机通道妙，绝精何代其无贤。出定堂前如一戏，四壁萧萧风雨至。从今福慧并圆明，三界虚空青击碎。南宫仙人初下马，欣然长歌为师写。请师持此诣灵山，应道无非妄语者。"

广礼，号大镜，报恩寺僧，陈子野授以画竹之法。

曲品

马俊，小令不减元人。

史痴，工小令。

陈全，秀才，有《乐府》一卷行于世，无词家大学问，但工于嘲骂而已。

陈铎，有《秋碧乐府》《梨云寄傲》《公余漫兴》行于世，咏闺情《三弄梅花》一阕，颇称作家所为。散套稳协流丽，被之丝竹，审宫节羽，不差毫末。

徐霖，少年数游狭斜，所填南北词大有才情。语语入律，娼家皆崇奉之。吴中文徵仲题画寄徐，有句云："乐府新传桃叶渡，彩毫遍写薛涛笺。"乃实录也。武宗南狩时，伶人臧贤荐之于上，令填新曲，武宗极喜之。余所见戏文《绣襦》《三元》《梅花》《留鞋》《枕中》《种瓜》《两团圆》数种行于世。

陈鲁南，有《善知识》《苦海回头记》行于世。人最脍炙者，《梅花序》。

罗子修，《雪词》绝妙。

盛鸾，有《贻拙堂乐府》二卷。

邢太常一凤，字伯羽，所填南北词最新，妥入弦索。

郑仕，字子学，工小令。

胡懋礼有《红线杂剧》最妙，同时，吴中梁辰鱼亦有《红线杂剧》，脍炙人口。较之于懋礼者，当退三舍。

杜大成工小令，有词评一卷，名《纳凉偶笔》。

金銮，字在衡，有《萧爽斋乐府》，最是作家。华亭何良俊，号为知音。常云："每听在衡诵小曲一篇，令人绝倒。"

吉山王逢元，最是词曲当家。

沈韩峰越，工小令，铁面御史能作风流软媚语。赋梅花者，岂独宋广平乎？

盛壶轩敏耕，工小令。

石楼高志学秀才，工小令。

段炳，字虎臣，秀才，和元人马东篱《百岁光阴》一套，金在衡见之，极口赞赏，曰："押如此险韵，乃得如此妥帖乎？足以压倒东篱。"

张四维，字治卿，号五山，秀才。有《溪上闲情》藏于家。友人刊其《双烈记》《章台柳》两种戏文行之。

黄方胤，有《陌花轩小词》。

诗话

　　南原王韦，秀才时，梦中闻人诵两句诗云："起来小步傍阑干，花雾袭衣寒气重。"及中弘治乙丑进士，阁试庶吉士，以"春阴"为题。南原忆梦中语，遂写入诗中。主试李公批："二句有神助。"储静夫索南原诗看，读至"朱楼十二昼沉沉，画栋泥融燕初乳"，击节叹赏曰："绝似温李，绝似温李。"陆俨山在座，乃曰："分明王韦，何止温李。"盖指姓名以戏之也。坐中皆笑。

　　汤公让幼年在府学，恃才负气。府尹传筹不到，责以十板。遂弃其巾服，题诗府门合扉有云"从今袖却经纶手，且向江头理钓丝"之句。后以荐官至参将，有《东谷集》。

　　山人徐霖，武宗皇帝召命禁直。霖作诗纪之云："久嗣豳风学老农，圣恩忽漫起疏慵。身离陆海三千里，目睹天门十二重。封禅无书何献纳，清平有调幸遭逢。临流久洗巢由耳，也许来听长乐钟。"及放归，作诗云："放归吾愿遂，计日便还乡。免上乞骸疏，将求辟谷方。无心判恩怨，有道管行藏。耿耿思君念，他生亦不忘。"夫霖以布衣召对，除夕应制，百韵立成，虽雅俗并陈，词多谲谏，在帝左右从容顾问，游从竟日夕，可谓不世之奇遇。武宗屡命以官，辞而不拜。终更事变，拂衣遂初。冥鸿高骞，戈人徒慕。此其人岂与嗜甘腐鼠、蹇裳濡足、卒与祸会者同日语哉？既归，而名益震，词翰益奇。又几二十年，竟以隐终。

　　杨用修、王元美二公，品题梅花诗，皆取杜子美"幸不折来伤岁暮，若为看去乱乡愁"，李商隐"玉鳞寂寂飞斜月，素手停停待夕阳"。此论一出，却令"淡烟疏影"之句顿尔减价。吾乡黄吏部首卿有句云："野客佩寒星欲堕，佳人钗暖日初融。"焦弱侯翰林有句云："花开暮雪人归后，香满寒庭月上时。"一似商隐，一似子美。

苏侍御舜泽《咏西阙梅》云："此日韶华开禁苑，向来吟思绕江干。"吾乡谢与槐极口赏咏之。

杨伯海诵乡先生《咏枯木》一联云："有枝撑晓月，无叶响秋风。"句颇清致，今不记为何人之作，姑载于此。

杨谷，上元尹以苦役役其父兄，谷往诉之。尹以"衣巾生员"为题，令其作诗，盖轻之也。谷援笔成诗。尹见其"草中射虎心空在，天上屠龙事已非"之句，遂免其役。

顾东桥公镇楚，三司请游黄鹤楼，先磨一石，饮后乞公留诗。东桥在舆中已得"云荒赤壁周瑜垒，江绕青山夏禹祠"二句，遂援笔书石上云："黄鹤仙人身姓谁，空传崔灏旧题诗。云荒赤壁周瑜垒，江绕青山夏禹祠。浮世古今堪洒泪，高台歌舞几衔卮。天寒月白孤鸿远，徙倚阑干送目迟。"三司皆服其工。

何太吴淳之，中万历癸未会魁，未及殿试，告病归。同榜殷都送之以诗，有句云："收来骏骨还归市，画就蛾眉不入宫。"可谓事切而语工。

354

姑苏刘翰林瑊，字玉俦，在南京读书时，携酒邀沈重巽惟申、盛时泰仲交同游清凉寺，上环翠阁，睹壁间诸诗，玉俦因以"佯狂张藏庢"为韵苦仲交。仲交即走笔书壁上云："三人阁下共徜徉，此日风流压楚狂。读书不数郑监税，任侠那夸许少张。风生虎向谷旁吼，雾尽豹岂山中藏。从来陆云最文弱，休笑形貌多羸庢。"诗成，二君吐舌相视。

　　吴扩，字子充，昆山人。少喜为诗歌，有声吴中。以布衣游缙绅间，玄冠白袷，吐音如钟。每对客，多言平生游武夷、憩匡庐、入天台雁宕诸胜事。朗诵其所赋诗，听之者如在目中。嘉靖年间，以避倭寇，挈家来金陵。爱秦淮一片水，造"长吟阁"居之。曾元日赋一诗，怀严介溪相国。友人戏之曰："开岁第一日，怀朝中第一官。如此诗情，便到腊月三十日，岂能怀及我辈乎？"坐客皆大笑。李于鳞《古今诗删》取子充《崔驸马山池》一诗云："平阳池馆接青霄，阆苑瀛洲路不遥。帝女巧将霞制锦，仙人常以鹊为桥。楼前叠石云生座，洞里探梅雪满条。词客惯来陪赏洽，月明酣听凤皇箫。"

　　余喜孙太初赠刘坦翁一联云："闭门句好香残后，捣药声高月上初。"友人张子明云："此句有清趣，格乃晚唐耳。且'闭门句好'两事也，'捣药声高'一事也，对之殊觉不工。"余深服其论。

　　金大舆自夸吴中友人所赠之诗云："家散千金尽，诗成万口传。"可谓说尽生平。金鱼闻其语，因戏之曰："家散千金是矣，足下曾济人利物乎？试添二字，何如'家散千金尽为甚，诗成万口传何曾'？"大舆遂拂衣去。

盛仲交游祈泽寺，从佛龛中得弊纸，上书诗一律云："研池满座落花香，墨透纤毫染汉章。静卧衲衣云似水，高悬纸帐月如霜。杯浮野渡鱼龙远，锡振空山虎豹藏。幸对炉烟坐终日，煮茶清话得徜徉。友人褚俛呈雪庭法师座前清览。洪武辛亥暮春书清隐小轩。"俛字本中，不知是金陵何许人也。

吴中黄淳甫与姚元白、盛仲交在竹素山房拥炉，分韵赋春雪。仲交得韵，点笔成诗。淳甫索观，仲交不与，笑曰："若先饮一卮，乃可观。"淳甫遂饮一卮，仲交诗云："三冬寒始尽，初阳气尚微。谁言六出后，犹作五花飞。入柳惊棉早，粘梅讶蕊肥。座中同咏客，谁是谢玄晖？"二君极喜"谁言六出后，犹作五花飞"二语之工。

王逢元诗，为字画所掩。余三十年前，集其诗百首，张羽王见而爱之，欲草一序刊行，竟尔不果。今偶得其二诗，遂录之。《和人无题》云："晴绽东墙杏子红，露溥南内牡丹丛。承恩未必因词客，捐宠何劳怨画工。独听远鸡啼晓月，几随孤燕领春风。琐窗寂寂眠初定，梦见笙歌在别宫。"又云："两日闲心梦里宽，一春花事雨中残。垂杨不解青丝结，明月先亏白玉盘。琴调思长和泪鼓，镜铜衰尽带愁看。频过女伴颠狂甚，故着罗衣刺合欢。"

罗敬叔云："昨从休宁令丁元父扇头，见焦弱侯一诗，有'别来野老频争席，归去门生半在楼'之句，门生何必在楼乎？殊为未惬。"余戏之曰："君自不读书，乃议焦为杜撰乎？此句用陶弘景三层楼故事。"敬叔勃然面赤者久之。敬叔名治，南昌人。

周洁，字玉如，家江东城南隅胭脂巷中。年十四，父周碧山遣侍京兆张羽王。羽王弃官归，不数年，寄诗一册，名《云巢诗》。《晚晴》云："久雨愁无极，斜阳喜乍开。树披残霭出，山挟断云来。的历穿花径，逶迤过诸台。更须林月上，清赏一追陪。"《江边思家》云："北望一含愁，归心俯碧流。漓虽注南海，湘亦接巴丘。天阙当牛斗，台城枕石头。侬家生长地，终岁信悠悠。"《秋山》云："闻道秋山好，重岩湿已消。沙头文舫待，石上白云招。喜探飞琼篆，羞吹弄玉箫。桂岑多胜概，不数赤城标。"《立秋》云："白帝严金驾，乘风下紫微。德惟宣湛露，令即屏炎晖。乍警青桐落，将催赤雁飞。何须赋团扇，恩顾似君稀。"《喜雨》云："入伏炎难度，迎秋雨乍行。新凉增雅咏，甘澍满欢声。甫脱冲波厄，那堪悯旱情。吾家安石喜，恐亦为苍生。"《登楼》云："凭栏一望白云重，松竹萧森裹露浓。树外连漓流不断，依稀如听秣陵钟。"《戏诸姊作假花》云："镂花雕叶百般新，巧手分明遂夺真。自是深闺无定鉴，金钱输与弄虚人。"《秦淮》云："秣陵无处望，漓水正前流。何不教东下，将心到石头。"《梦还京》云："自去长干侧，终年桂岭西。新秋望乡处，无奈白云迷。"《忆父》云："忆昔当残腊，还家雪正飞。三年无一字，不忍见鸿归。"《思母》云："慈母头已白，忍见绿萱开。空号忘忧草，偏令首重回。"《伤长姊》云："花落空萦恨，莺啼更助哀。芳魂似流水，一去不重回。"《中秋赏月忆诸弟》云："本共一枝生，谁知各南北。今逢三五时，会尔何能得。"观此数诗，固江东一才妇也。

徐姬《咏杨花》云："杨花厚处春阴薄，清冷不胜单夹衣。"吴中徐昌谷极喜其句，作一诗赏之。

妓朱斗儿，号素娥，与陈鲁南联诗，有"芙蓉明玉沼，杨柳暗银堤"之句，人多诵之。送所欢于江干，题一绝云："扬子江头送玉郎，离思牵挽柳丝长。柳丝挽得吾郎住，再向江头种几行。"又托所欢买束腰，其人书问尺寸。朱答之云："寄买红绫束，如何问短长。妾身君抱里，尺寸细思量。"凤阳刘望岑尝访素娥，素娥不出。乃投一绝云："曾是琼楼第一仙，旧陪鹤驾礼诸天。碧云缥缈刚风恶，吹落红尘四十年。"素娥欣然见之。

旧院妓赵四，号燕如，《答人寄吴笺》云："感君寄吴笺，笺上双飞鹊。但效鹊双飞，不效吴笺薄。"

赵氏小妓，十四能诗。客命作寄情诗，以"床"字为压。女吟云："思君君不见，明月照牙床。"

徐翩翩，旧院妓，友人诵其"红拂当年事，青楼此日心"之句，余曰："徐姬已办走路矣。"后竟从良去。良人死，削发为尼。

旧院妓湘兰马守真诗云："自君之出矣，不共举琼卮。酒是消愁物，能消几个时。"何减唐之鱼玄机、李季兰乎？湘兰死，吴中王穉登挽之云："歌舞当年第一流，姓名赢得满青楼。多情未了身先死，化作芙蓉也并头。""石榴裙子是新裁，叠在空箱恐作灰。带上琵琶弦不系，长干寺里施僧来。""不待心挑与目招，一生孤负可怜宵。只堪罚作银河鹊，岁岁年年只驾桥。""黄金不惜教婵娟，歌舞于今乐少年。月榭风台生蔓草，钿筝锦瑟化寒烟。""明珠缀在凤头鞋，白璧雕成燕子钗。换得秣陵山十亩，香名不与骨俱埋。""舞裙歌扇本前因，绣佛长斋是后身。不逐西池王母去，定随南岳魏夫人。""水流花谢断人肠，一葬金钗土尽香。到底因缘终未绝，他生还许嫁王昌。""平生犹未识苏台，为我称觞始一来。何意倏然乘雾去，旧时门户长青苔。""佛灯禅榻与军持，七载空房只自知。试向金笼鹦鹉问，不曾私蓄卖珠儿。""兰汤浴罢净香熏，冉冉芳魂化彩云。遗蜕一坯松下土，只须成塔不须坟。""红笺新擘似轻霞，小字蝇头密又斜。开箧不禁沾臆泪，非关老眼欲生花。""描兰写竹寄卿卿，遗墨都疑泪染成。不遇西川高节度，平康浪得校书名。"

☙ 画谈

戴文进，永乐初年到南京。将入水西门，转盼之际，一肩行李被脚夫挑去，莫知所之。文进虽暂识其人，然已得其面目之大都。遂向酒家借纸笔，画其像，聚众脚夫认之。众曰："此某人也。"同往其家，因得其行李。

汪肇，号海云，休宁人。山水人物，出入于戴文进、吴次翁，但多草率之笔。曾来南京，误附贼舟，值祭江神，约夜间劫掠一太守舟，欲汪备数。汪不逆其意，自陈善画，开厢取扇，以示无物。人各画一扇赠之。及饮酒，用鼻吸饮，又做戏事，以娱劝之。贼首不觉沉醉，遂误其事。次日，因舍舟就陆而行。常自负"作画不用朽、饮酒不用口"云。

吴小仙，春日同诸王孙游杏花村，酒后渴甚，从竹林中一老妪索茶饮之。次年，复与诸王孙游之，老妪已下世数月。小仙目想心存，遂援笔写其像，与生时无异。老妪之子得之，大哭不休。

朱朗，字子朗，文徵仲得意门人。徵仲应酬之作，多出于子朗手。金陵一人客寓苏州，遣童子送礼于子朗，求徵仲赝本。童子误送徵仲宅中，致主人之意云云。徵仲笑而受之曰："我画真衡山，聊当假子朗可乎？"一时传以为笑。

文伯仁，衡山之犹子，画名不在衡山下。好使气骂坐，人多不能堪。寓栖霞寺白鹿泉庵中数年。有东山徐姓者，礼请伯仁至家水阁上作画，水阁即临太湖。宾主相谈，微有不合，伯仁遂掀拳大骂。徐隐忍不过，乃曰："文伯仁在我家，敢如此无状。今投尔于太湖，谁得知之？"急呼家僮数人来缚。伯仁计无所出，长跪求免。徐据上坐，以大石压顶，历数其生平而唾骂之。伯仁唯唯而已，乃免为鱼鳖饵。

文伯仁幼年与叔徵仲相讼，囚于图圄，病且亟。夜梦金甲神呼其名云："汝勿深忧，汝前身乃蒋子诚门人。凡画观音大士像，非斋戒不敢动笔。积此虔诚，今生当以画名于世也。"醒来，殊觉病顿愈，而事亦解矣。此伯仁亲与余言者。

蒋子诚工神鬼。《江宁县志》载其一事云：潘烂头，居骁骑营中，相传因雷火焦其额，遂疮烂，竟不愈，故号曰"烂头"。每出，群儿买雷，每钱一文，以指染头烂处，取脓少许，书"雷"字群儿手中。行数步，开手即云气上冲，轰然有声。病者索符，亦以脓书之，或悬于门，或火灰而服之，即愈。烂头浼蒋子诚作瘟元帅像，久弗与。一夕，召瘟帅遣至子诚家。子诚交睫，辄见元帅。未几，像成。烂头见而讶之曰："神像旧所，悬金字牌，上书'出入天门'，此像君何易曰'无拘霄汉'？"

子诚曰："岂敢擅易之耶？旬日每夕吾见神像所悬者如此。"烂头悟。自是天下始改牌面，皆曰"无拘霄汉"云。

陆治，字叔平，号包山，吴诸生。工于写生，能得徐黄遗意。曾见画一丫兰，寄吾乡盛仲交，自叙云："广南梁中舍遗我丫兰，品质异常，随其感遇，赋诗一绝，得六首。《每茎十六花，花各一丫》云：'不与秋兰并九英，仙葩二八自天成。只缘无力禁香重，幻作骿支驾玉茎。'《心带微红，迎风舞动》云：'新裁鲁缟绉秋衣，肌骨冰瑛酒晕微。独立嫣然风自举，低回翻学舞容玑。'《花枝应节，六叶丛生》云：'玉戟棱棱应节分，枝枝柔玉匀香云。凝妆拟待三更月，露染生绡六幅裙。'《瓣若轻绡，色带青黄》云：'方空轻翼窈青黄，制得霓裳称淡妆。香抱幽怀娇不语，含情如欲待迎将。'《直干玉立，露下尤香》云：'亭亭浴露立西清，淡薄秋容幻态轻。独有檀心禁不得，一庭香思动蜂婴。'《叶过三尺，花多晓发》云：'三尺丰标高髻妆，两行钗玉一奁香。朝朝拟待烟屏展，徐揽轻罗上画堂。'"

邹鹏家贫，资画以养母。一日，两青衣到门，自陈主人商于芜湖，特请画卷轴围屏。先奉白金五两，权办薪米安家。远之持以问母，母喜曰："汝速去，是汝运通时也。"遂别母，同两人登舟。行三日，远之忽疑曰："吾闻芜湖风便半日可到，那得有三日程乎？"两人曰："实不敢诳，吾主人家在鄱阳湖。恐以路远不行，故托言芜湖耳。"远之业已在路，无可奈何，只得随行至湖上，又陆行数里，到其住处。主人相见，礼意殷勤，饮食丰洁。令四僮相伴，小室中作画数日。后偶闲步，窥其厅事，见主人金冠红袍，收诸豪客货物，乃知为绿林长。因速完其画，以情告归。主人曰："汝贫，人留此亦不恶。"远之对以家有老母，欲归慰倚门之望。

遂厚赠之，遣人送至上新河。远之归家，对母痛哭云云。后无事只闭门。凡有求画者，必熟其声音，方与之相见。

云浦盛时泰，高才博学，有声场屋。学画云山于宝幢居士顾源。一日，宝幢、云浦同聚僧舍，友人陈泰华举蔡中郎戏文中二语，嘲之曰："云浦，云浦，大丈夫当万里封侯，怎肯守故园空老？"盖故园之音，与顾源同也。一坐皆笑。

金静虚先生在南安太守府中，古庙前有空心枯树一株。忽乞食道人坐于树中，遂发生枝叶，感动郡人，观者如市。道人忽不见。追思道人布袍上有补痕，宛成"吕"字，知是洞宾显化。静虚先生异其事，画成一卷，名曰《长春卷》。题诗者三十余人。予从市上买得，盛仲交借去未还。

吴小仙饮友人家，酒边作画，戏将莲房濡墨，印纸上数处。主人莫测其意。运思少顷，纵笔挥洒，成《捕蟹图》一幅，最是神妙。

林奴儿，号秋香，成化年间妓，风流姿色，冠于一时。学画于史廷直、王元父二人，笔最清润。从良后，有旧知欲求一见。因画柳枝于扇，写二十八字以拒之云："昔日章台舞细腰，任君攀折嫩枝条。从今写入丹青里，不许东风再动摇。"

妓朱素娥，山水小景，得陈鲁南授以笔法，更入作家。一闻鲁南选入翰林庶吉士，尽以平日往来诗画尺牍，缄封寄与鲁南。上写云："昨日个锦囊佳句明勾引，今日个玉堂人物难亲近。"即此一举，素娥之风流儒雅可占矣。

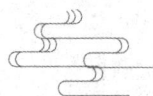

第三卷

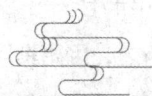

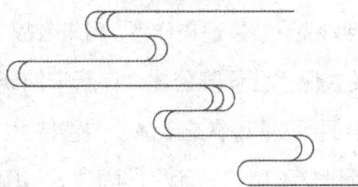

❧ 清甫论字

评顾清甫之诗画者，谓其诗中有禅，画中有神。至于字画之遒劲古雅，赏识者甚少。余藏清甫论字一纸云："写字之法，不必拘字形势如何，人要在心笔与古人相通。通会之妙，要须自悟，终难言说。如金赤松，是拘其形似，而得通会之妙者；祝枝山则如风樯阵马，临机变化，得妙于言意之外。二老之书，如李杜之诗，并世间不可少者。若必欲评其优劣，正是痴人前不可说梦耳。"

❧ 《吴小仙传》

小仙姓吴，名伟，字鲁夫，湖广武昌人也。祖吴知州，用廉干迁转两州，居官三十年。初治南阳之豫州，后治大名之开州，著声籍籍发闻，至今民思之。父刚翁，中乡举人榜高等，有文学，行义，妙书画。今两京旧人家，往往藏其墨迹为珍重。翁性豪华，用烧丹破其家。生小仙数岁，翁死。又数岁，小仙年十七。一日来游南京，以童子负气性，至则整衣冠，晨出，馆人不知其所之，因尾其后，见乃谒今太傅成国朱公。公一见奇之，曰："此非仙人欤？"因其年少，遂呼为小仙。小仙亦以自号如公称。而人因亦称为小仙云。收为门下客，待如亲近子弟与通家。小仙亦善画，有父风。人云用墨过前人远甚，而风韵神妙变化，直追古作者。用朱公故，往见今太傅吏部王公，公时为兵部，及太保平江侯陈公、太保新宁伯谈公，皆请为揖客。小仙貌严而礼谨，言语侃侃不阿。久之，诸公益善待之。由是士大夫莫不愿与小仙纳交，请见者日夕不离门。而小仙固独乐与山人野夫，厚性盖然也。尝一游京师，行将至，闻之于城中。今太师英国张公、太傅保国朱公、驸马都尉周公，先戒馆谷为小仙。待宪宗皇帝闻之召见，特授小仙冠带，将与一官，欲常置左右。小仙固请辞，乃得脱归，复来南京。自是戒云："吾今识仕宦矣。"乃始为落魄游。予往年自山中来，曾一接小仙，未熟，因以为江湖一豪客尔。以是王公大人敬爱之意无他。及今年又来，又与小仙接，颇有暇与语，语亦未能尽，予又别去。其于知小仙多往日。又以为古诗文人，故能文与诗者，争与游取下服之，今复至此。小仙过予馆数数，又数与相拉出南门游。入高座寺，或与野坐，方得剧谈。尽出所怀，始得探其胸中。其胸中浩浩乎其无涯，汩汩乎其无穷，浑浑乎其源而有归。其于古今，事无不知；其论人高下，无有不当。其行高，其事称，其言宏而信，其为人夷旷而高明，其古之隐君子欤！其能随世俯仰，而不屑于世者欤！其抱道自重，有所待而为者欤！今之人，莫测其为也。小仙以狂名，然而言谨甚，无妄泄语。故人多不知其心之所存如何，独以书画称重于时。画亦不肯苟作，故亦不多见。或时出一幅，辄即与穷困人，而即为人传去，为富势家买取，云"得之小仙"。小仙实未尝为其人作，其自高每如此。小仙画多自题，识人以是别其真伪。逸史赞云："小仙之才行，自多隐不外见。人不知莫可执论。今只以可见者诗与画论之。王摩诘画《辋川图》，人谓其画中有诗。杜少陵入蜀诸作，人谓其诗中有画。以是古今特奇怪之争，传道至今。今小仙两得之矣。"此传乃繁昌徐宾兴之撰，未曾板行。余录藏笥中三十余年。近见祭酒郭公正域，与吴同是江夏人，亦撰《小仙传》，以小仙为农家子，因出此传以证之。

❦ 王画禊帖

冯开之祭酒，买胡秋宇家王维《江山霁雪图》一卷，后有沈石田跋；买金石庄《定武兰亭》一卷，后有宝晋斋数帖，卷尾宋僧一跋。字画甚佳，忘其名。二卷乃麟凤芝草，皆世间罕有者。今王画，冯家且索价千金矣。

❦ 收藏

蕴真黄琳，字美之，家有富文堂，收藏书画古玩，冠于东南。吴中都玄敬，自负赏鉴，且眼界甚富。一日，同顾华玉先生联骑，过美之看画。玄敬谓美之曰："姑置宋元，其亦有唐人笔乎？"美之出王维着色山水一卷，王维《伏生授书图》一卷，又出数轴，皆唐画也。玄敬看毕，吐舌曰："生平未见，生平未见。"

❦ 赏鉴

世之收藏书画古玩者，品为好事、赏鉴两家，其论甚当。吾乡静虚金太守、蕴真黄锦衣、鹤丘严秀才、石川田千户、宝幢顾居士、秋涧姚鸿胪、云浦盛贡士、秋宇胡翰林、太吴何御史，皆精于赏鉴者。若印岗罗太守、西虹马太守、凤麓姚太守，尚是好事家。何也？观其所收藏者，便见矣。

唐江宁诗人

庾抱，江宁人，开皇中为延州参军事，后补元德太子学士，礼赐甚优。会皇孙载诞，太子宴宾客，抱于座中，献《嫡皇孙颂》，深被嗟赏。有集十卷。

王昌龄，江宁人，开元十五年进士，补秘书郎。又中宏词科，迁汜水尉，晚贬龙标尉。诗四卷，人称为王江宁。

徐延寿，江宁人，开元间处士。

孙处立，江宁人，长安中为左拾遗。善属文。常恨天下无书，以广新闻。

冷朝阳，江宁人。李嘉祐《送朝阳登第归江宁》诗有云："长安带酒别，建业候潮归。"

许恩，江宁人，开元中进士。岑参有《送许子擢第归江宁拜亲兼寄王昌龄》诗。

孙革，韩翃有《送孙革及第后归江宁》诗。

陈羽，陆贽下第二人登科，历官乐官尉佐。

项斯，会昌四年，左仆射王起下进士及第。始未为闻人，因以卷谒杨敬之。杨苦爱之，赠诗云："几度见诗诗尽好，及观标格过于诗。平生不解藏人善，到处逢人说项斯。"南谯张泊序其集。

康洽，周贺有《送洽归建业》诗，李顾有《送洽入京进乐府歌》，但歌中云："朝吟左氏娇女歌，夜诵相如美人赋。"又云："白袂春衫仙吏赠，乌皮隐几台郎与。"详其语意，不是士人。

中孚，高座寺僧。李太白之族侄。有赠太白诗，太白答之以诗。

李太白《上裴长史书》云："白家本金陵，世为右族，遭沮渠蒙逊之乱，奔流咸秦，因官寓家。"观此语，太白亦金陵人，但余不敢认。

王司寇凤洲，叙一太学生诗集，谓金陵在唐无诗人。余因举此数人。

进士袭武职

梅纯，驸马都尉曾孙，成化辛丑进士，为定远知县。与上官不合，遂弃官归。后复袭指挥官，至中都留守司副留守。

进士以医用

黄谦中，成化壬辰进士，授工部主事。管砖厂三月，被宦官刘朗诬害去官。耻归金陵。遂卖药于燕市。后医太后有功，授太医院判。

焚奸臣传

郑澹泉晓在南太常时，作《吾学编》，日草一奸臣传。方成，夜梦是人来，辩其生平。澹泉不能胜其谭锋。天明遂焚其稿。

武状元

武学中武状元六人：周旋、文质、袁吉、尹凤、董永遂、解元。

四杰

顾华玉、陈鲁南、王钦佩、顾英玉，人称"金陵四杰"。

二才子

谢承举、徐霖，人称为"江东二才子"。

使朝鲜

奉使朝鲜者，有三人：清溪倪公岳、竹堂王公敞、兰嵎朱公之蕃。

土木之难

土木之变，死难者有二人：阁老张公益、太常卿王公一居。

僧之后身

成国朱公希忠、山人徐公霖、太常陈公沂、临淮李公言恭、县尹周公元，与今翰林朱公之蕃，皆僧之后身也。

市隐园

姚元白造市隐园，请教于顾东桥。东桥曰："多栽树，少建屋。"故市隐园有疏野之趣。

白塔

　　裕民坊街心白塔，香火颇胜。俗传太祖活埋张士诚一骁将于下，因建塔以镇之。此说非也，乃龙翔寺前旧塔耳。

瓦官寺井

　　骁骑卫仓，乃瓦官寺基。中有一井，与江河通，大旱不竭。井中四方有铁金刚托之。

东虹

　　东虹桥一名升平，在上元县衙之左数步。修桥时见砖上有"尉迟恭监造"字。

醉石

　　宋张垂厓醉石，在徐府西园中。石上文字磨灭几尽。仅徘徊其旁，绍兴丁卯十数字可识而已。

⚙ 铁锭

铁塔寺仓中，有一铁锭。俗不识，呼为铁剪。户部郎中造一亭覆之，遂以铁剪名亭，误矣。

⚙ 铁塔正觉禅寺化缘疏

虎贲卫仓乃正觉禅寺地基，独一塔尚存。嘉靖初年，相传塔上有鬼物凭之，遂撤其梯不敢登。至万历三十四年，户部管仓郎中董开其塔，用名香熏之。中秋点灯其上，人皆谓此寺其后复兴乎。万历十一年大风，塔上吹下经数卷，化缘图疏一纸。余从友人金开父家携归。今录之，以为他日复兴张本。疏云："本寺居阛阓之地，绵历岁年，久而废弛。沙门宗广于建文二年正月初四日，于奉天门午朝奏。奉圣旨钦依重新修造铁塔。结庪塔顶，黄绿琉璃，宝珠，覆盆仰盆，生熟铜铁，颜料油漆，砖瓦木植，塔灯，四门佛像，诸天圣像，韦驮尊天，大权修利，斋粮，人功匠钱，周围塔殿，大佛宝殿，千佛阁，藏殿，大悲殿，天王殿，大山门，土地堂，祖师堂，僧堂，法堂，旃檀林，东方丈，西方丈，厨库，两廊，茶寮，□□寮，浴堂，周围涌壁，塑□，大佛，观音像，罗汉像，四天王像，各殿□，洪钟，法鼓，云板，各殿小钟，大锅，大殿香炉，大花瓶，大磬，各殿香炉，花瓶，大藏尊经，幢幡，幔帐，宝镜供棹。奈缘功力浩大，独为难成，未免辄持短疏，遍扣王公大人、达官长者、同道高流及善男信女，随力喜舍，同发罕遇心，共成殊胜事。上报国恩，下及黎庶，福有所归者。伏以祇园梵刹，赖给孤长者布金；广利名山，须大德檀那出力。开关起钥，年年宝藏丰盈；指廪挥金，日日资财进益。钟鼓杂鲸音之震荡，以警昏朦；楼台显猊座之高明，而昌吾道。庄严三宝，永为住世福田；供给众僧，大布出尘功德。六波罗密，布施为先；四无量心，慈悲为上。今生布施，皆因宿世修持；此日功勋，定作来生受用。修真福德，还他大福德人；结好因缘，为我有因缘者。知音乐施，有道欣从。功圆指日，而成缁素□□风而生□□□之正定，用报恩麻，转无字之真经，祝延圣寿。京都铁塔正觉禅寺化缘疏，募缘比丘宗广。"

❧ 古碑碣

　　南岳碑，神禹治水告成之文也。始以"承帝曰嗟"，终于"窜舞永奔"。凡七十七字，原嵌新泉书院壁上。张江陵毁天下书院，有司不知书院此碑乃难得古物，亦同砖瓦售去。今在临淮侯李惟寅园中。焦淡园先生云，乃湛甘泉门人重勒者。

　　秦泰山碑，李斯篆，在府学。

　　秦峄山碑，李斯篆，在府学。

　　天发神谶碑，吴皇象书，又定为苏建。旧在紫岩山，后归天禧寺，又归筹思亭，又移府学棂星门。嘉靖年间，又徙入尊经阁下。世称为"三断石"云。

宋修升州文宣王庙记，绍兴六年编修江宾王著，在府学。

明道先生祠堂记三，朱熹、游九言、真德秀著，马光祖跋。

重建建康府教授西厅记，嘉定癸未，起居舍人兼国史编修郑自诚著。

府学御书阁记，游九言著。

府学上舍，登科题名记。

府学赆送贡士规约碑，嘉熙元年，姑熟陶炽、旴江孔圣义立，教授郡
人吴箴记。

建康新建义庄记，淳祐十一年，制置吴渊置，教授宋自强记。

太平门外花林田中，六朝遗刻有始兴、安成二碑。

卞忠烈墓前华表，乃宋龙图阁学士叶清臣书。

牛首山辟支佛洞前方塔上，有宋如愚居士《满庭芳》词一小碣。又一碣，
乃皇祐二年记，不著撰人。

宋刘次庄真书仁寿县君墓志。正德中祈泽寺修佛堂，此志背嵌墙角。
僧欲碎以为路，东桥顾公见而止之，遂传于世。

陈韦霈书摄山栖霞寺碑，在殿庑下。

唐高正臣行书明徵君碑。高宗御制，王知敬篆碑，阴有"栖霞"二大字，乃大中庚子岁所立。

本业寺碑，僧契抚撰，东山任德筠书，乃南唐乾德五年所立。

方山定林寺碑，乃宋嘉定庚辰免解进士建康府校正书籍朱舜庸撰，迪功郎新平江府录事参军秦铸书，从正郎辟差充江南东路安抚司准备遣危和篆额。舜庸，金陵人。

高座寺宋季布楷书新公塔铭小碣，乃绍兴中甘露传灯正祖太师法永，为东讲院主慧新立者。文与字虽不甚佳，实雨花台之遗迹。

衡阳寺石幢，有南唐年号，但文字已磨泐，仅存数十字。

祈泽寺殿壁，有高逸上人与梵仙诗碣，皆宣和四年夏日，住持道升勒石。

永兴寺何太监祠堂，壁上有苏东坡三过堂诗。石刻字最清奇，又是一格。

灵谷寺有吴道子画宝志公像，李太白赞，颜真卿书，赵子昂又书《十二时歌》。世谓之"四绝碑"。

王荆公书《此君轩》诗碑在府学，惜已破碎。

元人碑碣，仅有可观者，容再考入。

御史奏查流移

都人产薄差繁，困苦已极。却有流移诸色人户，置屋置产，交结缙绅，侵夺民间生理，以致富厚不赀，或寄庄于图里，或挂名于行当。影射安享，并无差役。猾者开张当铺，违禁取利，不下数千百家。县差绝不相及。一经告发，百计夤缘求脱。先年御史司马泰具题，比照宛、大二县事例，查出流移二千三百余户，咨行户部转行本府，编入两县坊甲，久亦不行。如蒙申敕，将客户住坐年久者，附籍当差，余照湖广荆州排门夫例。临江富客，每季出役银贰两，或一两、八钱、五钱不等，着落坊甲随处报征，庶无籍之流移，不致漏网。而积苦之小民，亦可少纾矣。所谓民不劳而事集，亦便人之一节也。司马公，号西虹，南京人。

宝幢二偈

宝幢居士顾源，自称为在家僧。有四句偈云："无像光中僧是我，有像人疑未是僧。白发满头休见笑，为留些少拜燃灯。"将示寂时，家人问

376

托生何处，因书一偈云："日出于东，而没于西，谓其自然耶？非自然耶？我今西归，亦犹是也。问我托生何处，何处即此处。此处既明，何处不明？此处既了，何处不了？了之何如，一心观佛。"书偈毕，莲花香满一室，遂化去。

分外

葛清，嘉靖辛卯举人，深于禅旨，寓北京。将易箦，仆请遗言。令取纸笔，惟书"分外"二字，放笔即长逝。

爬痒口号

道南杨先生夜坐爬痒，因成口号，云："手本无心痒便爬，爬时轻重几曾差。若还不痒须停手，此际何劳分付他。"弱侯焦先生和之云："学道如同痒处爬，斯言犹自隔尘沙。须知痒处无非道，只要爬时悟法华。"栖霞寺云谷老衲闻口号，乃曰："二先生不是门外汉。"

因果

吏书陆五台、刑书王凤洲、侍郎王麟泉、京兆许敬庵，偶集礼书姜凤阿官舍。凤阿问佛氏因果之说，五台、凤洲极言之。麟泉曰："因果既历历可信如此，然则吾辈之堕落也多矣。"五台遂大笑曰："不长进。"噫！五台果能超于因果之外乎？恐难以口舌争也。

断桥卦

卖卦薛老，有子秀才名盘，中嘉靖丙午举人。亲友皆劝令勿卖卦，薛老摇首云："此资身生计，何可废也？"及子未沾一命而死。方云："盘中举时，占得断桥卦，如何靠得他？使当时从亲友之言，今日有何颜更卖卦乎？"人深服之。

午时见虎

武宗南狩时，要见活虎。因猎人数日不获，武宗遣一火者问卦。薛云："明日不过午时，当见虎。"果午时见虎，遂赏米一担。

识宝

金陵多回回，善于识宝。今纪其可恨、可笑之三事。

应主簿，余之旧邻也，有祖母绿，龙游客出银五百两，不售。索姓回回求见，方持玩间，即吞入腹中。应主簿欲讼其事，既无证见，又涉暗昧，竟付之，无可奈何而已。

沈氏老妪，乃富家侍妾，老年无依，卖翠花度日。马回回窥见所戴簪头，乃猫精石，遂租屋与沈为邻。每每奉以酒食，久之因求其石。沈妪感其殷勤，令出银二两办棺木，以石与之。马喜不自胜，觉石稍干，因市羊脂一片裹之，暴于烈日中。从旁坐守，方筹算得利时，如何经营，如何受用，忽饥鹰飞下爪去。马遂怨恨，染病几死。

索姓回回，避雨人家。见佛几净水碗中一石，遂问卖否？主人漫答之曰："有价即卖。"回回次日携银往来两三遍，辄添其价。主人谓，石久尘埋，回回尚与高价，因磨洗一新。数日，回回又至，见石磨过，大惊长叹曰："如何毁却至宝？此石列十二孔，按十二时辰，每到一时有红色蜘蛛结网其上。后网成，前网即消，天然日晷也。今已磨损蜘蛛，乃一片死石矣。"不顾而去。

黿啮虎死

孙弘彝，府学秀才，家在太平门外蒋庙之旁，有田在栖霞寺前。嘉靖己未年大水，孙田中水高三尺，遂与江通。秋深水退，有一大黿落塘中不能去。农夫戽塘水，取黿缚于树上，约次日分肉。夜有虎闻其腥味来噬之，被黿咬其爪。虎不能脱，黿不肯放，彼此力尽。天明虎死，而黿亦死焉。夫黿，水族也，农夫缚之。虎，山兽也，黿乃死之。其事亦甚异矣。

狗偿主债

吴可菊，吴县人，寓笪桥，开香蜡铺，养一黑狗，甚驯。忽见人便咬。因呼狗屠卖之，出钱七十五文，可菊坚要百文。夜梦青衣人来诉，云："我欠七十五文债，不欠百文也。乞消帐放我托生。"天明，遂七十五文卖之。

猫报僧仇

华严寺僧，忘其名，饮酒食肉，不修行检。养一猫善捕鼠，但窥有盖藏鱼肉，必偷食之，且尽。僧恨甚，用钉锭猫四足于片板上，投之寺前河中。流至下关静海寺，卖丝鞋僧救而养之。一年后，华严僧买鞋至其房，猫忽绕衣哀鸣。僧因抱猫怀中，认其毛色，识其钉痕，询所从来，方谈说而叹息之。猫乘僧不意，咬其喉不放，僧遂死。夫僧固甚惨，而猫能报仇，亦奇矣。

史痴逸事

史痴，名忠，字端本，一字廷直，复姓为徐。生十有七岁，方能言。外呆中慧，人皆以痴呼之，又谓之痴仙。

性卓荦不羁，好披白布袍，戴方斗笠，鬓边插花，坐牛背，鼓掌讴吟，往来市井，旁若无人。

诗写自己胸次，不以煅炼为工。盛仲交合金元玉之诗，编为《江南二隐稿》。

喜画山水、人物、花木、竹石，有云行水涌之趣，不可以笔墨畦径求之。自题其画云："名画法书无识者，良金美玉恍精神。世间纵有空青卖，百斛难医眼内尘。"

才情长于乐府新声。每掷笔乘兴书之，略不构思，或五六十曲，或百曲，方阁笔。同时陈大声、徐子仁，皆以词曲名家，亦服其敏速。

妙解音律，尝云："古今知音者不过数人。余少年游冶得罪儒门，乃于此事目击心悟，颇窥见一斑。"

雪江汤宝，邳州卫指挥，雄武有文艺，爱与骚人墨客游。尝以事来金陵，闻痴翁之名，夜造其门。时盛暑，痴翁散发披襟，捉蒲葵扇而出，握手欢甚，不告家人，即登舟游邳去。

痴翁无嗣，一女既笄，婿贫不能娶。与婿约，元夜略具只鸡斗酒，我当过饮。至元夜，诳其妻与女曰："家家走桥，人人看灯。曷亦随俗可乎？"携妻与女，送至婿家，取笑而别。后补女妆奁，大半是平生诗画耳。

家世饶于资，不问生产，又复好施，晚年家用困乏。有妻弟寡妇，自徐州携四男二女来依，痴欣然养之。凡书画器用，素所钟情不能舍者，尽鬻之以供朝夕，略不介念。人多义之。

妻朱氏，号乐清道人，颇贤淑。爱姬姓何，号白云，聪敏解事，喜画小景，工篆书，知音律。痴翁寻两京绝手琵琶张禄授之，尽得其妙。每制一曲，即命白云被之于弦索。所居在冶城，去卞忠烈庙百余步，有卧痴楼。楼中几案笔研、图书彝鼎、香茗饮食、一一精良雅洁。吴中杨吏部循吉与之作《卧痴楼记》。

吴小仙画痴翁一小像，沈石田赞之云："眼角低垂，鼻孔仰露。傍若无人，高歌阔步。玩世滑稽，风颠月痴。洒墨淋漓，水走山飞。狂耶？怪耶？"众问翁而不答。但瞪目视于高天也。

相知具酒食，邀之作画。痴翁且饮且画，略不经意，顷刻数纸。酒醉，则兴愈豪，画愈纵。甚至发狂，大叫以自快。

痴翁买舟，特访沈启南于吴中。到门，值启南他往。见堂中幛有素绢，濡墨摇笔成山水一幅，不题姓名而去。苍头请留姓名，痴翁笑曰："汝主人见画即为神交，何必留姓名乎？"启南归，见其画曰："吾阅人画多矣，吴中无此人，非金陵史痴不能也。"遣人四觅之，邀回，果是痴翁，相与一笑。留启南话堂中，三月而返。后启南来京，多馆于卧痴楼中。

痴翁年八十余尚康健，饮酒、步履，如少壮人。预出一生殡，杂于亲友中，送出聚宝门外。又知死期，无疾而终。

余收痴翁诗画一册，痴自书于册尾云："余年六十矣。发白，精神尚健快。闲处终日，高卧痴楼。蒸香煮茗，四望皆远山拱翠。飞鸟时鸣，不留繁杂之冗，静观自得，而与车尘马足了无所系于心。贫处如常，足以乐矣。日有诗人文士往来，以诗酒为谈笑，以风月为戏谑，弄笔作林木泉石。人以为债索，亦可笑也。吾妻乐清道人朱氏，亦年五十七矣。更索吾作戏墨，乃为图此。若好奇博雅求古者见之，则可发一胡卢耳。弘治丙辰十月十三日痴书。"

牛首解嘲

吕泾野先生《游牛首山记》云："俗传太祖怪牛首双峰不北拱，乃杖之，此或误传乎。盖天地间万山环列，而江河四绕，其中则堪舆也。此牛负而载之，宜其南向耳。"泾野之论，可与牛首解嘲。

河南残石

盛仲交云："南原王公视学河南时，于寺中掘得残石，皆右军《阴符经》《心经》十七帖。拓而视之，笔意翩翩，有东晋风韵。曩见其子子新为予言，是胜国时一少年僧所临，不知彼何所据。然子新随父宦游，似得其实也。子新爱此石，归时以紫毡包置车上，后为南原公所止，遂弃驿中。今不知所在。"

北门桥

北门桥一名草堂桥，桥洞中有石刻"草堂桥"三字。

逍遥楼

太祖造逍遥楼，见人博奕者、养禽鸟者、游手游食者，拘于楼上，使之逍遥，尽皆饿死。楼在淮清桥东北临河，对洞神宫之后。今关王庙是其地基。

菌毒

江东门里皮行井某，嘉靖壬子年四月，见竹林中丛菌，采而食之，数口皆毒死。仅老仆有事他往得免。

瓜毒

张椿瓜园中，西瓜留一极大者自用，剖而食之，方食两片即死。闻其香者亦病。

芋毒

　　万历三十七年秋日，余侄梦兆馆于陈家。主人食芋，沾唇则唇麻，沾舌则舌麻。急吐之，尚服药数日方愈。

洪武三十五年

　　秀才蔡某，指挥白某，争坟地讼于刑部。经十三司问过，皆未成招。复批推府何公跃龙问焉。指挥执洪武三十五年红契为据，何公曰："洪武三十五年，乃建文年也，岂有民间先知有革除之事，预写洪武年者？乃伪契无疑。"指挥方服，遂断坟地与秀才。刑部诸公皆服何之吏才。

牙板随身

　　指挥陈铎，以词曲驰名。偶因卫事，谒魏国公于本府。徐公问："可是能词曲之陈铎乎？"铎应之曰："是。"又问："能唱乎？"铎遂袖中取出牙板，高歌一曲。徐公挥之去，乃曰："陈铎是金带指挥，不与朝廷做事，牙板随身，何其卑也。"

天竺扁

余游西湖，见天竺寺一扁，乃魏国徐公辉祖之笔。因忆野史载公能榜书，曾学于詹希源，最得其笔法云，惜不多见也。

宴举人

国初新中式举人，魏国公设一晏以晏之。送一拜帖，惟书"魏国公拜"四字，不具姓名。其尊如此。

更名中举

二淮向公簧任兴国知州时，曾白罗二之冤狱。夜梦阅应天试录，有向德象名，云是公子。二淮子实名辰参，久不得入泮。因忆昔年之梦，更名德象，遂中万历辛卯举人。

《出猎图》

印冈罗公，题徐廷威公子所藏景帝画《出猎图》云："朔吹潜消塞上尘，长扬纵猎捷书频。侍臣谁奏相如赋，赢得君王为写真。"

豆腐

豆腐，杨业师名之曰"淮南子"，取其始于淮南王也。

画眉

画眉鸟，一友人名之曰"京兆鸟"，乃取张敞故事。

蛛丝网屋

马文原制扇为生，性朴实不欺，百钱赁钞库街房一间住。万历三十六年八月朔，母子梦蛛丝网其屋，不露一孔。天明谈梦，人不能解。至初十日一方回禄，独马之房无恙。方悟蛛丝之梦，乃天祐焉。

医中有人

松居金璿，精于医，不计利，好责人礼貌。户部尚书某公延医夫人痰火，两服而愈。尚书公写数百言叙病源，索丸药方，因圈其句读以与之。金援笔修一书奉复，亦圈其句读。尚书公见其文法古，字画工，乃曰："吾之过也。"命驾访之，遂为知己。对人云："南京医中有人。"

评《圣教序》

《三藏圣教序》，世传王、褚两本。盛仲交评之云："王书如千狐聚裘，痕迹俱无。褚书如孤蚕吐丝，文章具在。但知有右军之刻，不知中书之拓者众也。"

二花

石村郑公濂，正德丙子年将入场。梦女子持桂花授公，手中尚有杏花一枝。公索之，女曰："尚早。"是科遂中乡试。至嘉靖癸未，会试入京。所寓卧房中，挂画一幅，画一女子持杏花，像与昔年所梦无异，乃中进士。

阳宅

童枕肱、陈自庵二公之祖，皆精天文。太祖征入钦天监。两家相约云："金陵，秀气所钟，阴地发迟，阳宅发速。"童定居淮清桥西，陈定居淮清桥东，皆精择之处。后枕肱、自庵兄弟皆贵显。

军变先兆

嘉靖丙辰，总督粮储公署檐前，有蜂房大于斗，群蜂成阵。至庚申年，振武营军变，黄侍郎遂遇害，盖蜂屯固先兆哉！刘石圃、郭少溪、杨虚游皆有文纪之。

《竹溪诗集》

竹溪金公铢，字子宣，有《竹溪诗集》。张公西铭称其"绿水行门外，青山立酒边"之句，有翛然之趣云。竹溪二子皆进士，名章者南道御史。

见天子方言

青城僧永杰，字斗南，国初时住牛首山，日惟默坐。会仁祖为太子时出猎，见而问之。杰起身瞽论。后人问之。曰："见天子不言，更待何时耶？"仁祖许他日为造寺，与之同宿兜率岩者一夕。后不久化去。亦工诗。

送饭入场

正德年，太监刘琅掌厂事。丙子科士子入场科举，场门一闭，只待揭晓方开，此定例也。刘太监敲开场门，送饭与相知监生。其庸横坏法也如此。

塔影

牛首山禅堂右傍门隙内，塔影倒射纸上，阴晴俱有。吕泾野太史辨其塔尖，自门孔中透入，故有影。未知是否。

促织

促织，独金陵者斗，谓之秋兴。斗之有场，盛之有器，掌之有人。必大小相配，两家方赌。傍猜者甚多。此其大略也。马南江有《斗促织赋》。

不用鼓乐

庐陵孙公鼎，正统间督学南畿。故事：士子中小试，赴举者插花挂红，鼓乐导送。时睿皇北狩之报方至，孙公语诸生云："天子蒙尘在外，正臣子泣血尝胆之时，不可用花红鼓乐也。"乃亲送至察院前门，人皆称其得体云。

卖药用术

甲卖药于市，车载观音大士像。问病，将药从大士手过。有留于掌者，曰："大士许服此也。"市上皆神之。乙旁观，思得其术。邀饮酒家，相约饮毕竟出。酒佣见如不见。饮三遍后，甲问："何能如此？"乙曰："聊戏作小术。君能以术相易乎？"甲因自陈大士掌是块磁石，丸药中有铁末，是以相粘。乙曰："吾之术不足奉报，不过先以钱付酒家，戒出门勿问而已。"此验封黄公所谈，嘉靖初年事。

❦ 《沁园春》

陈霆，字震伯，尝僦居白下。所著有《唐余纪传》《两山墨谈》《渚山堂词话》。尝言《夺锦标》曲，不知始何时。世所传者，僧仲殊一篇而已。予每浩歌，寻绎音节，因欲效颦，恨未得佳趣耳。庚辰，卜居建康，暇日访古，采陈后主张贵妃事，以成素志。按后主既脱景阳井之厄，隋竟戮丽华于清溪。后人哀之，即其地立小祠。祠中塑二女郎，次即孔贵嫔也。今遗构荒凉，庙貌亦不存矣。感叹之余，为作此阕《沁园春》云："独上遗台，目断清秋，凤兮不还。恨吴宫幽径，埋深花草，晋时高冢，销尽衣冠。横吹声沉，骑鲸人去，月满空江雁影寒。登临处，且摩挲石刻，徙倚阑干。　青天半落三山，更白鹭洲横一水间。问谁能心比，秋来水净，渐教身似岭上云闲。扰扰人生，纷纷世事，就里何尝不强颜？重回首，怕浮云蔽日，不见长安。"志云：保宁寺即凤凰台，太白留题在焉。宋高宗南渡，尝驻跸寺。中有石刻，书王荆公赠僧诗："纷纷扰扰十年间，世事何尝不强颜。亦欲心如秋水净，应须身似岭云闲。"又言："金猊瑞脑喷香雾，向晓寒多深闭户。窗明残雪积飞琼，风起乱云飘败絮。锦帏细看霓裳舞，小玉银筝学莺语。梅香满座袭人衣，谁道江桥无觅处。"此陈太声冬雪词也，寄《木兰花令》。论者谓其有宋人风致，使杂之《草堂集》中，未必可辨。

西溪词

西溪龙公诗词，未有刊本，仅从人家卷轴上见之。今得其一，词云："田庐重葺，劝溪翁，休作千年调指。新屋数间，连旧屋，团转不愁风雨。买得林丘，旋开亭榭，意思而已矣。虽然节省，短景只消如此。　陶宅李庄幽邃，深藏少出，安乐从今始。夏麦秋粳时岁好，舍舍鸡肥酒美。妇要城居，儿嫌产薄，絮语常常在耳。劳生自苦，更到何年知止。"乃《念奴娇》词也。

定解元会元

提学裁庵杨公宜，嘉靖癸卯科方揭晓时，京兆送试录至察院，遂问解元是瞿景淳、是尤瑛？对是尤瑛。裁庵公曰："会元终让瞿景淳也。"瞿果中甲辰榜会元。如此文章眼，不枉做提学。

鸡鸣寺基

鸡鸣寺基颇窄隘，今委曲如数亩，令人不觉其窄隘者，乃铁冠道人所创制。

化缘疏

太祖赐鸡鸣寺一化缘疏。凡有修造，捧疏到功臣府化之。数年后雷火焚焉。寺僧再求疏，太祖弗与，曰："此天意也。"

报恩寺回禄

成祖造报恩寺于聚宝门外，乃旧长干寺基，数年方成。佛殿画廊，壮丽甲天下。嘉靖丙寅年二月十六日，异常风雨，雷火焚之，不两三时而尽，独僧房无恙。

修塔

报恩寺佛殿尽焚，一塔尚存，斜向东北。万历庚子年，本寺讲僧弘恩化缘修之，用万金焉。此塔未修之先，早晚日射，光彩万状，令人目夺。既修之后，觉光彩顿少。

宝塔文章

报恩寺宝塔有三篇名笔：陈石亭文，盛云浦赋，淡园焦先生化缘疏。弘恩号雪浪，金陵人，黄野王之叔，与余云："修塔完时，作一文纪之。"

竟未果。

衡水

黄梦麒宰分宜县时，每每梦行通衢中，忽遇水阻，惊醒。及万历十未觐察当调，闻调衡水县之命方下，一夕而死。盖水阻者，衡水也。其梦始验。

鼠出头

驾部王仲山问邀四司饮天界万松庵。见鼠过，因各谈鼠事。一人云："世间鼠多猫少，猫一鼠百。若百鼠出力共敌一猫，寡能胜众乎？"僧官理苇航曰："只是无一鼠敢出头耳。"众皆笑。

定不闻雷

一缙绅访鼎庵讲僧于卧佛寺中，因问夜来好雷，鼎庵遂云："小僧入定，不曾闻得。"缙绅知鼎庵大言欺人，默令门子市一纸炮，俟宾主谈锋锐时，从鼎庵背后放之。鼎庵出其不意，顿尔惊皇失措。缙绅遂曰："入定时，雷亦不闻，出定时，炮声亦怕，此僧之贵于定也。"鼎庵面赤，不能对矣。

推敲磨洗

嘉靖年间，御史刘公行素命书办顾峣写诗轴。顾擅易一字，刘公略不介意。复命写送行诗，辄易两字。刘遂大怒，痛责之，格去其役。又上河经纪高霞峰，好以俚句涂抹寺壁，且无处不到。偶诸御史游鸡鸣寺，一道长指壁上诗戏高姓御史云："此高霞峰想是贵族，不然那得如此好句？"高公问住持："此是何等人？好拿来枷号示众。"高霞峰闻此语，觅数人各寺洗诗。人遂云："顾秋麓、高霞峰之诗，皆不可及。一经御史推敲过，一经御史洗磨过。"此两事可为的对。

山荒

张揆，字端孟，临桂人。以大田令入觐。过金陵，约余游灵谷寺。问寺松枯死故。余谓万历十七年，有一种毛虫，长寸许，食其叶。叶尽即堕地死，树遂枯。乡人谓之山荒。端孟云："山荒二字甚新，二十一史中无此二字。"

鲁桥相会

秀才徐九功，兄九经、九畴正德癸酉同中乡试。九功遂取书厨焚却曰："留些有余与后人。"一日，饮友家。夜归，月明径静，见南门河中突出一女子，姿容妖冶异常。同行里许。九功家在上浮桥南岸，敲门而入。

登楼开窗，再玩月色。忽女从楼窗而入求合。九功严拒之曰："汝妖物也。"女取笔书几云："吾非妖物，乃与君有缘耳。后日鲁桥相会。"复从窗中去。及兄九畴选邹平知县，九功送母就养，路经鲁桥。值流贼阻路，不敢行，暂借民居权住数日。忽沂州兵备顾英玉先生过，乃九功社友，又二兄同年也。识其仆，问所从来，入拜其母。主人乃一民兵，点御流贼，已误三卯。顾之令严，不敢犯，一卯该责四十。主人自料有死而已，哀恳徐母救之。英玉先生遂免其责。主人愿以闺女酬谢活命大恩。九功见女之貌，乃南门所遇之女，地又是鲁桥，坚不肯受而去。英玉先生作《九功传》，有"遇女不乱"之语，乃指此事。

文德桥吉兆

万历十四年，府学前建一板桥，名文德。至万历丁酉，桥圮。提学御史陈子贞更建，以石易木，桥下泥中，得锁子甲两领，人以为吉兆。

李素居

李素居幼攻举子业，往往不遵朱注，坐是失意于有司，乃弃儒学医。医未成，得风寒病，不能行动者半年余。从友人借刻本八段锦工夫，行之一月而效，更强健于未病时。遂不娶妻，专意学仙，以卖膏药度日，无钱者，辄与之。药肆不过五尺地，积三十年坐立有常，冬夏一棕帽，一青布袍，尝曰："人生只怕饥寒，吾已打过寒字；若迟两年，可以绝粒，便逍遥于世外，亦无用卖膏药为也。"余曾过其家，居无庋庋，床无枕席，灶无柴米，仅一药炉而已。与予谈《道德经》"圣人不死，大盗不止"云："圣人入水不濡，入火不热，决是长生不死，死者凡夫也。圣人盗天地之元气，日月之精华。大盗也，焉能止得他？可止者，鼠窃狗偷之人也。如此，则斗与衡，皆无用处。剖之折之可也，而民又何争之有？"又云："颜子死，孔子哭之痛。徒哭何益？若老子，只消投以一丸药，便起死回生矣。"其议论乃尔。后数月不见。忽传服丹药而死，死时端坐如生云。

❦ 遇洞宾不善终

姚二，弘正年间人，住通济门城湾中。孑然一身，画扇面度日，仅能画洞宾立片云上。积二十余年，感动洞宾。洞宾化作风鉴道人访之，指所画像云："此是世上旧样，若如此如此，便有仙风道骨也。"因市酒饮之，且曰："君之气色，不出百日，便当袭祖上一官。再来相访。"遂别去。姚二有兄，是羽林卫千户。兄死无嗣，卫中唤姚二袭职。方谋借贷，道人忽至云："赠君银五钱，此是汞银，用时须留三五分。原银在，便如子母钱，用之不竭矣。傥不妄用，当再相访。"又别去。姚二得此银，殊不守分，纵酒狎妓。北京袭职，将出哈达门，道人又至。问前银在否？姚云在。道人云："此银尚少，不足用。"袖中取出三两一锭，与之换去前银。道人行百步外，冉冉在片云上，宛然所画吕洞宾也。姚二自喜遇仙，更费用，三四日尽，不知其银有减无增矣。甚至乞食而归，到家数月，暴病死。

西林马

　　嘉靖年间，报恩寺僧住持名永宁，号西林。蓄一马，每自寺赴礼部，辄骑之。上马时必默诵《法华经》。至礼部门下马，经一卷终，率以为常。后报恩寺对门一妇方产，夜梦此马入其室，遂生一男。天明向寺访之，其马死正其时也。此家后即以子为僧，为西林徒，极愚蠢无知。授之书，一字不识，惟口传《法华》一卷，能熟诵，此外略不能上口。信为马闻经得度者矣。今寺中尚有西林庵。姚允吉谈。

破砚

此砚今在汪太学孟公处。

　　破研制方，其广六寸横亘，上池虚其腹以受墨，周遭重以回文，阔十分之八，高一寸有奇，背池三分，以为足。思陵作铭，正书十有六字，瓢印"御书"二篆在焉。石出端溪，质坚色紫。然流落人间，不知何年。击破为两片。其大片出鹿苑寺井中，实为嘉靖丙午张姓者得之。其小片出萧氏颓垣中，实为隆庆辛未，亦归张氏。旧物宛然，良亦不偶。友人锦衣陈天枢以端溪完研易之，乃万历壬午岁也。诸文士赏鉴之，作赋铭歌咏者十余人。焦漪园赞云："其盛也，陪天球大弓之侧；而其衰也，落颓垣废井之间；其离也，似神剑丰城之析；而其合也，如明珠合浦之还。岂其数之不终于陆沉，抑理之不必于瓦全者耶？虽然，衰起于盛，合生于离，斯又奇而常，常而奇，而子墨客卿所以咨嗟今昔，而动其文笔之淋漓也。"

松根砚

嘉靖初年，鼓楼旁，园丁从枯井中得一松根研，背镌一铭，有"开宝八年"字。严子寅以数百钱得之。锦衣徐缵勋用势强夺去。严世蕃门下客罗龙文见而爱之，言于世蕃，遂为世蕃物矣。严氏抄没后，不知更落何人手也。

杨凤

万历三十年间，担夫杨凤往溧水县，途中拾银一锭，重二十五两。即于途次，剪银边买米二斗，暗将银包藏米中，负回家。次日，发包视之，乃一阙边纸银锭也。疑其嫂窃去，阿嫂誓天自明，因怒而掷纸银于空园地。后见邻人李义来乞火，即于地欣然拾之去，依然真银也。杨凤知非己财，遂不与之争，惟浩叹而已。姚允吉谈。

银走

张汝璧，太学生，秋渠兵宪子，淫荡不检，用银如土。秋渠遗以万余金，不数年用尽。将售住居，母云："吾预知汝浪费破家，埋有七千金在某处。"指其地取之，惟存空器而已。盛仲交乃其姨夫，曾与予谈之。

张治卿云："家有一亲亦姓张，乃应天府承差。在湖塾住，曾将银一千两埋于厅堂墙下。偶一日，见埋银处地高起，如蛇行。急锄开视之，乃其银走出。因取兑之，仍是千金，殊未耗也。不数日，横遭人命事，千金用尽，方得事妥。"

江东门外坝上，有陈姓夫妻二人。半生拮据勤苦，积银二十四锭，约百金，千封万裹，缝于枕头内，逐日枕之。忽夜梦二十四白衣秀才，揖于床前曰："别汝，去三牌楼鞠家去也。"夫妻惊醒，言梦皆同。遂开枕视之，银已去矣。夫妻数日不能去怀，因往三牌楼访于鞠家。鞠云："曾拾得银二十四锭，方延道士修醮，以答天地也。"此友人陈孟芳谈。

﹃喻直指使

刘南垣公，嘉靖时为工书，请老家居。遇有直指使者来南，颇以饮食苛求。属吏稍不精腆，辄被诮让。所过郡县患之。刘公闻之，曰："此人乃吾门生，会当开谕之。"俟其来谒，因款之曰："老夫欲设席相邀，恐有公务废阁，不如今日留此一饭。但老妻他往，无人治具，能从家常饭对食乎？"直指以师命不敢辞，唯唯就坐。则又故延缓之，自朝过日，午饭尚未出，其人饥甚。比就案设食，惟脱粟饭与豆腐一器而已。遂各食三碗，直指又觉过饱。少顷佳肴美酝，罗列盈前。直指不能下箸，公强之，对曰："适已饱甚，兹不能也。"公笑曰："此可见饮馔原无精粗，人饥时自易为食，饱时自难为味，时使然耳。"直指喻其训言，遂绝不敢以盘飧责人。

虹桥铁物

万历己酉八月，虹桥园丁地中得一铁物，大都与铁塔寺仓铁锭形制相同。考之小说，亦无定见。或云拒敌锁江之碇石。又云厌胜之铁枷。又云海船之铁锭。谓之铁锭可无疑矣。

割耳救母

秀才许吴儒，长女性极孝。母病将危，哭跪观音大士座前，诵《观音经》。中数句哀求代母。忽取刀割一耳，相连者仅四五分。祖母惊觉，将艾支其中，用帕束于头上。女与祖母皆闻所割耳中隐隐诵经声。数日后视之，耳已长完。异哉！非大士佛力，乌能然哉？

良工

徐守素、蒋彻、李信（修补古铜器如神）、邹英（学于蒋彻，亦次之）、李昭、李赞、蒋诚（制扇骨极精工）、刘敬之（小木高手）。

五谷树

五谷树有二株，一在皇城内，一在报恩寺。不但结子如五谷，亦有似鱼蟹之形者。乃三宝太监西洋取来之物。

焚灯草

矿税繁兴，万民失业，均之取怨也，而税尤甚焉。有陆二者，往来吴中，以卖灯草为活计。万历二十八年，税官如狼如虎，与强盗无异。陆之草价不过八两，数处抽税，用银半之。船至青山，又来索税，囊中已罄。计无所出，取灯草上岸，一火焚之。此举可谓痴绝，而心之怨恨也，为何如哉？

匿银丧命

秀才李龙云，为湖广抽税。太监陈奉主谋。有顾敬竹又与龙云用事，买京货与古玩。李托顾寄银六百两归家。适当民变，取回陈太监，李死狱中，顾遂匿其银。一日与妻祝寿谯客，忽见李来，不觉对客大叫曰："李相公，李相公，我偿你银，你留我命。"如此叫不住口者数日，遂死焉。

负心

林松溪与应天府书手张大，交情莫逆。张忽染危疾，料无生理，请林至床前，出妾拜之曰："此妇我所钟爱，自誓守节，甚美事也。但年幼无靠，君念平日交情，常过看顾看顾。"枕上垂泪，顿首恳求者再四焉。林曰："决不负心，决不负心。"张喜曰："君能许，死亦合眼矣。"及张死数日，与妾相通，设谋娶以为妾。妾携数百金归之，对人曰："此张之遗命也。"一日，妾对镜，见前夫数其罪而骂之，妾便昏倒于地。次日，复对镜，夫扼其喉，七窍流血而死。半月后，林对镜，见张与妾同来曰："已告尔于阎王，同去对理。"林扑镜于地，述其语于家人，亦七窍流血而死。人不可负心，不可欺也如此。

꩜ 神迷御史

佘嘉诏，广东人，中嘉靖乙丑进士。隆庆年任南道御史。冬至，习仪于朝天宫，路经小教场。场中关壮缪庙，极有威灵。才践其地，忽见周仓肩刀，手提一灯引之。行绕将台，旋转不休。书手、皂隶、轿夫二十余人，皆迷而不觉。及日出，人行者众，如醉方醒，遂误习仪。佘公之魄，鬼神已默夺之矣，乃告病去。

꩜ 兄弟三同

矩庵陈公镐，自庵陈公钦，成化丙午同乡榜，丁未同进士榜。矩庵山东提学副使，自庵广东提学副使，同日命下。弟兄生时有此三同，后入乡贤祠，又同焉。可谓难兄而难弟矣。

续乐天诗

幼峰余公，自拂衣后，朝政不谈，门刺不通，独骚人棋客倒屣迎之。性不能饮酒，席上任客豪饮。饮至更深，对之殊无倦色。偶夏日，亲友携酌溪亭，命童子歌以侑之。因诵白乐天诗"亲朋治杯酒，僮仆解笙歌"二句，遂足成一律云："小榻临流设，高轩冒暑过。亲朋治杯酒，僮仆解笙歌。荷气分凉入，松阴受月多。莫矜狂态在，年鬓各蹉跎。"观此诗，公之乐闲旷而爱真率也，可窥其一二矣。

考论历法

枕肱童公轩，成化年任太常寺卿，掌钦天监事。有教谕余正己奏言历法之差，上命公与之考论，不合。公上言："岁差置闰，其来已久。我朝考历制象，尤为精密。虽日月薄蚀，不无先后晷刻之殊，分秒多寡之异，则以土有南北高下故耳。正己乃谓：'天地有自然之冬至，以至朔望置闰，皆非人力可为。'是不知古人以数求天之术，顾以小智乱成式，宜下之更，以正其妄。"从之。

父子谥文

国朝，父子为学士翰林，得并谥文，自倪文僖、文毅父子始。皆有文集，并传于世。

两帝不能杀

李公时勉，洪熙改元，上疏触忌讳。仁庙大怒，命武士扑十八金瓜，折其胁曳出。明日下诏狱。先是折胁，内向不相着，及用梃断骨，忽自接，得不死。宣德元年十月，上恨公赣触仁考，怒令："缚时勉来，朕面鞫，必杀时勉已。"又令王指挥缚时勉斩西市。王指挥出端西旁门，公已为先辈使者缚入端东旁门，门中相左。王指挥至狱，知公入，亟走还缚公送西市。公已得见上，上怜时勉忠臣，能直言，立脱公桎梏，复其官。夫二帝欲杀时勉，而卒不能。信乎！有命也与。

赐第回禄

万历三十年正月初十日，魏国公室内火起，延烧钦造故第祖庙，并奉祀皇陵敕书。给事祝公、御史朱公皆有疏题奏，大意谓中山之奇勋可念，而弘基之横遭可矜。圣旨命工部重造其第。

恩泽侯伯

皇亲王镇，上元人，孝贞皇后父也。天顺六年为中府都督同知。子王源封瑞安侯，王清封崇善伯，王濬封安仁伯。

皇亲夏儒，上元人，毅皇后父也。正德二年封庆阳伯。

皇亲方锐，江宁人，孝烈皇后父也。嘉靖十九年封安平伯，二十一年进封侯。

志感诗联

梅殷驸马，恭谨有谋，善骑射。太祖最爱之，尝受密命辅建文君。靖难兵起，充总兵官，镇守淮安，悉心防御。志感赋诗，有"纵使火龙翻地轴，不容铁骑渡天河"之句。卒之，文皇假道，竟不得由淮安，乃渡泗水，破盱眙，出六合，至金陵。

买太史公叫

山人黄白仲之璧，自负其才，旁无一人。宋西宁延为记室。偶过内桥，闻乞儿化钱之声悲切，遂谓之曰："如此哀求，能得几何？若叫一声太史公爷爷，当以百钱赏汝。"乞儿连叫三声，白仲探囊中钱，尽以与之，一笑而去。乞儿问人云："太史公是何物，值钱乃尔？"

致刘

孙公炎，太祖渡江，既奇其才，及取括苍，遂以为总制。钱谷兵马之籍，悉以委之，不取中报，且以敕牒未署者付之，听其辟任。时括苍有才能者，见方战争，胜负未分，皆伏居山谷中不肯出。公患之，钩致一二人，录其姓名，为书遣使者招致之。而故中丞刘基、章溢，知府叶琛，皆为括苍士所推。基最有名，亦豪侠负气，与公类，自以为不当为他人用。使者再往返不起，以宝剑送公。公作诗答之，以为剑当献之天子，斩不顺命者，我人臣不可私受。封还，草数千言，开陈天命以谕，文词甚美。基不答，逡巡就见，置酒与饮，论古今成败之事，如倾峡滚滚不休，略无枝复。基乃深服，叹曰："基自以过公，观公论议如此，基何敢望哉？"遂致基于京师，上遂用之，为开国元勋，封诚意伯。夫四海之内，皆知诚意刘伯温。而金陵一方，且不知总制孙伯融矣。

不妄受束修

镜川焦先生瑞，为人清正，动以古道自律。家虽甚贫，容貌、词气不见一毫贫窘之状。藉受徒为生计，然来请业者，既较其旷日旷月之殊，又视其讲解文词之进益，有终岁不受一钱者。门人虽众，束修自少。家以屡空告，先生不恤也。其克志励行，苦于安贫，类如此。

灵山二事

琼山秀才张先觉，游学灵山县最久。谈镜川先生美政甚悉，今略纪其二事。

焦镜川先生以选贡授灵山令，县乃天涯海角之区，多丛篁密箐，群盗啸聚其中。督府檄节推刘往剿之。贼执刘，将加害。镜川先生率众往援。贼见惊拜曰："此真吾父母，奈何犯之？"遽敛众去，乃援节推还。竟不上功幕府，故赏亦不及焉。

县有叶龙、叶凤兄弟，争产相讼。先生谓二人曰："兄弟乃父母一体，其情何至切，其义何至重。今争财产之末，以伤手足之和，即所以伤父母也。尚得谓之人乎？"因涕泣以开谕之。二人不觉感动痛哭，相让而去。且归家，各戒其妻曰："此后再勿多言，以失我兄弟之好也。"其政尚德化如此。

草实

劫空和尚，太原人也。身长九尺，言论侃侃。自幼舍俗，比长，历参诸方，卒住长干寺以老。嘉靖戊午，丈室前有万年青草作实，大如梅子，色如珊瑚，数满百粒，人颇异之。和尚无病，但寡饮啖，朗然而化，年正百岁。人谓草实盖呈其岁之数，化之祥也。

两次割股

汪应乾，号怀冈，府军右卫指挥，事亲能孝。母病几危，医药无效，割股煎汤以进，遂尔顿愈。数年后，母复病如前，又割股以进之，又获愈焉。

此人情所难者，能两次行之，可谓孝也已矣。屯田御史方公最重其人，因表其门。

穷鬼

刘玺，字廷守，龙骧卫指挥。人呼为青菜刘，讥其不知肉味也。居官清苦，不受一钱。分阃江西时，巡按穆御史相特疏荐之，有"僚友比之学官，家人谓之穷鬼"等语，推总漕运。上识其名，是前穷鬼邪，亟可其奏。

恨打宸濠

阳明王公既擒宸濠，南昌太守郑公瓛一见宸濠，恨不能遏，连打十余拳。阳明公闻之，殊不喜焉。此举虽为失体，亦自快心。宸濠曾诬奏公，即令群校纽锁凌辱万端，械系小舟中饿十有九日，细嚼衣袂以充腹。数拳岂足以泄其恨哉？公之孙秀才名时选者与余谈。

官贫受徒

南坦刘公罢嘉兴太守，发蒙以自给。远庵李公罢江西副使，殊无活计，教授生徒于高淳、溧阳之间。夫官至太守矣、副使矣，位亦尊矣，尚一贫如此哉！人品可知也。

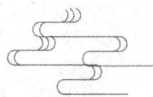

第四卷

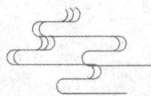

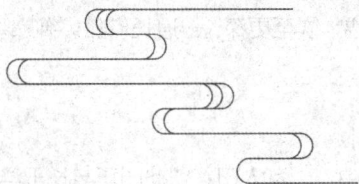

武宗钓鱼快园

《弇州山人四部稿》载金陵名园十余处，殊无艳羡语。当司寇宦游时，诸园半已荒芜，其无艳羡语者宜也。乃徐子仁之快园，未曾言及，何也？子仁诗才笔阵，丹青乐府，足称能品。如此园主，已自难得。况武宗幸其家，钓鱼于园池，得一金鱼，宦官高价争买之。武宗取笑而已，又失足落池中，衣服尽湿。此事古今罕闻，岂诸园之可同乎？园有宸幸堂、浴龙池，纪其实也。

驾到预知

松江南禅寺一僧访徐子仁，馆于快园，遂病疟，疟甚重。夜忽请子仁，语云："圣驾将到，幸速移床于僻静处以避之。我非病中语。"子仁依其言，移于祠堂中。天色一明，诸宦官拥驾至矣。盖圣天子之举动，非僧之能前知，鬼神有以告之也。

豪举

锦衣黄美之，冬日请十三道御史赏雪。饮至更深，一道长借狐裘御寒。美之遂取狐裘十三领，人各服之。

徐子仁快园落成，美之携酒饮于园中。一友人曰："此园正与长干浮图相对，惜为城隔，若起一楼对之，夜观塔灯，最是佳境。"美之曰："是不难。"诘旦送银二百两，与子仁造楼。美之乃黄太监侄，太监保养孝宗最有功，及登极，赐赉甚厚。故美之得以遂其豪侠之举。今世搬演陈琳《妆盒》戏文，乃影黄太监事耳。

颠不剌

万历四年，张江陵当国，将太祖所藏宝玩尽取上京。中有颠不剌宝石一块，重七分，老米色。若照日，只见石光，所以为宝也。笺崔莺莺戏文者，以颠不剌为美女名，不知何所据。

银火炉

张江陵取御器两厂，差两少监解送。兵部拨快船四十二只装载。中有银火炉一件，三丈围圆，乃抄没沈万三家物。夫火炉用银，又如此其大，僭妄甚矣。其全家远谪，岂得为过乎？

江防

太祖顺流，自采石取金陵。成祖逆流，自仪真入金陵。长江险矣，而江防为要。宋人之言曰：屯兵据要，虽在于江南，而挫敌取胜，多在于江北。

413

倭贼

《丛说》乙卯年，倭贼从浙江严衢过饶州，历徽州、宁国、太平，而至南京，才七十二人耳。南京兵与之相对两阵，杀二把总指挥，军士死者八九百。此七十二人，不折一人而去。南京十三门紧闭，倾城百姓皆点上城，堂上诸老与各司属分守各门。虽贼退，不敢解严。夫京城守备，不可谓不密。平日诸勋贵骑从呵拥，交驰于道。军卒月请粮八万，正为有事备耳。今以七十二暴客扣门，即张皇如此，宁不大为朝廷辱耶？

倭贼既杀败官兵，即日宿于板桥一农家。七十二人皆酣饮沉睡。此时若有探细人侦知其实，当夜遣一知事将官潜提三四百人而往，可以掩杀都尽。但诸公皆不知，兵闻贼至，则盛怒而出。一有败衄，则退然沮丧，遁迹匿形，唯恐不密。殊不知一胜一负，乃兵家之常。古人亦有因败为功者，此正用计之时也。而乃甘于自丧，何耶？且又不用细作，全无间谍。遇着便杀，杀败即退。不知是何等兵法也？

何元朗在南馆，倭寇之变，闻见既真，议论颇当。盖樱桃园之败，杀二指挥，一名朱湘，一名蒋钦。

《此君轩》

王介甫《此君轩》诗刻在府学。严子寅酷嗜书画，尝欲构一亭，种竹东西壁，重刻此石嵌之，未果。

414

葵忠

味淡何公遵，字孟循，母梦赤葵而生。方六岁时，见日食，即跪以护之。幼已不群。及在工部，谏武宗南巡，杖五十，越三日而死。杖者，故视贿为重轻。友人劝令用贿，味淡曰："囊既无钱，法不可枉。盖一念葵忠，已受之于父母，不可变矣。"

掷钱不拾

李公懋，字时勉，以字行，永乐甲申进士。宣德初在翰院，上怀金钱至史馆，掷于地，纵诸臣拾取，公独正立。上呼使前，以袖中余钱赐之。

太守出巡

自庵陈公钦，字谅之。南武选出知广平。广平为畿辅要郡，簿书填委。公洞达民隐，临事果决，至则踔厉风发，百废具兴。以时出巡，巡于九县中，问民所疾苦。廉有司贤不肖，而劝惩之。有望风解印去者，郡人号为陈母。

逐江陵丧

张江陵丧，过南京府县，搭一席舍，与科道府部诸官祭奠。魏国公徐邦瑞随例往祭。江陵之子令家奴答拜。魏国公怒，将祭物给军役，写牌一面，遣官逐之，谓军营非停丧地，即令开船。此举殊有大臣风。

如此江山

张濂滨御史，邀耿天台督学游栖霞寺。方入僧舍，张云："如此江山，有高人否？"住持兴善从旁对云："有。"张云："是何人？"兴善云："便是二公。"张云："如何援儒入墨？"兴善云："才有分别心，便不是。"

雪梅

雪梅和尚，嘉靖中来游金陵，踪迹奇异，饮酒食肉，寓报恩寺与丛桂庵中十余年。每见法师据高座讲经，便笑曰："乱说乱说。"间吐一转语，方袍皆服其透悟。且工诗，又不以诗名。有《秋兴》诗云："雨过池塘暑气消，山冈处处乱鸣蜩。侵衣树色摇空翠，绕户江声落晚潮。自笑疏慵忘礼乐，只将踪迹混渔樵。降心惟有诗魔在，时复临风写绿蕉。"《题海上三神山人卷》云："有客入门据我床，双瞳灼灼飞电光。紫髯飘飘连绿发，虎头高应七尺强。自言降谪出天庭，常向人间肮脏行。寄迹蓬莱东海上，金银台观餐琼英。闲来大叫吐胸臆，白凤翩跹游青冥。手攀秦汉踏晋魏，独怜年少成芳名。赫赫当路不肯谒，几欲上书上不得。镜湖谁有贺季真，召见玄宗奏奇特。天下名山已大半，闲里新诗应满翰。又将淡墨写烟霞，万壑千岩光灿烂。又与老衲谈空王，又与道士关瑶房。

打破幻相君不碍，心中如水常自在。逍遥肯信如浮云，即是神仙在天外。杨子抱奇迹亦孤，出世谁云不可图。眼前富贵君不愿，眼前笑傲谁与居。"后往苏州竹堂寺中住。忽大言曰："某月某日某时，老僧示寂矣。"众僧信之，为募银与雪梅治龛，将余羡悉付酒家。至期，僧俗云集来观，雪梅诘众檀越云："你们布施不过三分五分银子，要算功德，便来逼迫老僧性命，尚蚤尚早。"众乃失望散去。越数日，端坐龛中，令小行者呼曰："老雪梅，老雪梅，今日不归何日归？"雪梅自应曰："今日归矣。"少顷，鼻柱下垂，遂坐化。雪梅亦异僧哉。

❧ 玉芝

海盐资圣寺僧法聚，号玉芝，与董从吾谒阳明先生于会稽山中，问独知旨，持诗为贽。先生器之，答以诗。至金陵，参梦居禅师于碧峰寺，问如何不落人圈套。梦居与一掌，师遂大悟。因韵梦居云："大地何人不梦居，梦中休问梦何如。煮茶消得闲风月，不向蒲团读梵书。"

❧ 远梦

远梦和尚，溧阳人，住金陵。俗名袁应魁。弃妻子、兄弟、田产，出游至雁荡灵岩谷，落发为僧，更名圆魁。然不甚礼诵讲解，常掩室静坐，冬夏衣一衲。万历丙戌，祭酒戴愚斋公游灵岩谷，因乞一疏化缘，造灵岩寺。寺成，且曰："有寺无经，佛法何明？"又乞祭酒公书，走南京化缘造经。

壬辰正月二十六日，在玄真观中，忽独语曰："印藏经自有时，今亦已矣。"遂坐化去。七日，须发渐生，都人瞻礼者甚众。玄真观主郭怀野惧多事，陈于礼部大宗伯王公，乃命具龛火之，烟皆西向云。遗一偈蓐间曰："自古原无死，无死亦无生。作一黄粱梦，亘古又亘今。"

刘渊然

刘渊然，徐之萧县人。洪武时马太后病，渴思雪，六月祈雪进之。永乐时，谪往云南三载。沐王宫中，白日群鬼迷人索命，众不能制。渊然驱之，鬼即号泣去。有七转丹一器，常曰："尚有两转，必大福大德人，又在名山方能成也。吾姑俟之。"宣德七年八月八日昧爽，沐浴更衣，集其徒告曰："吾将逝矣。"日中，遂引手作一圈曰："呵呵。"趺坐而化。讣闻敕赐祭葬，封长春真人。今朝天宫西山道院，是其住处。

焦姑

焦姑，名奉真，家住中和桥南。父以豆腐为业。姑有仙术，能祈阴晴。永乐时召入宫中，数年建玄真观于中和桥北以居之。有弟在神乐观为道士。一日召道士曰："吾不食数日，死期已近。"道士曰："吾当修醮，与姊禳解。"醮毕，道士来复。姑谓："醮无用，奏玉帝表文上有汗数点，玉帝未曾见也。"道士惊异，果是有汗，仓忙未及换过。又戒道士曰："吾死后不用龛与棺，只将芦席卷之，送江浦县定山上，吾愿足矣。"道士如其言，送于定山。忽雷雨骤作，遂失其尸所在。封妙惠仙姑。

沈野云

沈野云，名道宁，乌程人，住雨花台傍清源观中，行五雷法后仙去。

唐古峰

唐诗号古峰，应天府学秀才，事母极孝。遇一老叟，见唐有仙骨，约在天地坛前三更时，令撮土为香，拜叟为师，因授以内外丹。有道流劝之入名山修炼，古峰曰："家有老母，世无不孝神仙。"及母死，遍别亲邻文社诸友人，赠承银三钱，遂远去。

阎希言

阎希言，不知何许人，顶一髻，不巾帻，粗布，丰辅重颔，腰腹十围，得如来一相曰"马阴藏"。盛暑辄裸而暴日中不汗，穷冬间凿冰而浴，以故所至，人皆异之。奉之帻则帻，奉之衣则衣。予之金钱，则亦置袖中，转盼即付之何人手，不顾也。出则童子噪而从之。人有以为二百岁者，或云止可五六十，则亦随答之。问其所繇得及延年冲举之术，则不应。万历初年，尝过金陵土街口毛百户家，饭毕沐浴，趺坐而化。颜色如生，浃旬不变，盖尸解云。毛百户名俊，号华峰，能行闫之术，盖未可量也。

☁ 潘烂头

潘烂头，不知其名，朝天宫道士。能行掌心雷法。曾于东圃上召神取纸，神怒，雷火烧其头，头遂烂。后居骁骑仓营中。人有疾病，将头上脓书符焚化，用酒吞之，病辄愈。后仙去。

☁ 尹蓬头

尹蓬头，名从龙，华州人，囊有宋理宗时度牒。弘正年间来金陵，成国朱公供养之甚虔，请于上浮桥江东庙中住。每出庙门，从之者如市。能出阳神，分身数处赴斋。朱公问尹曰："我欲一见洞宾吕祖，可乎？"尹曰："可。公于朔日，出水西门外刘公庙拈香，当约洞宾来一会也。"及拈香归，寂无所见，乃责尹以说谎。尹曰："公曾见路上一道人，醉枕酒瓶而睡者乎？"公曰："诚有之。"尹曰："道人枕瓶，两口相对，分明吕字也。公自不悟，那敢说谎？"复遣人四路觅之，皆云才去片时耳。一贵人闺女，弱病，形容俱变。举城医人束手，无药可愈。母钟爱不能舍，偶邀尹蓬头，视之曰："有痨虫，尚可医。"请用何药，曰："药力不能治，只消与我同宿一夜便好也。"母信其仙术决无戏言，白之于父。父大怒云："胡说，胡说。岂有公侯家女与一风道士同宿之理？"后见女殊无生意，母又涕泣，言之恳切，不得已从之。尹令纸糊一小室，不许留钱大一孔，设一榻，不用帐。令女去其袒衣，用手摩足心，极热如火。抵女阴户，东西而睡。戒女云："喉中有虫出，可急叫我。"女不能合眼，而尹鼻息如雷。天将明，女报虫从口中飞出。尹起四顾觅之，不见虫形，曰："从何处钻去？不能除根，定要害一人也。"盖乳母不放心，因开一孔窥之。瘵虫出于女口，已入于乳母之腹。天明，父母视之，女之颜色已变。大笑而去。后数月，女方择婿，而乳母已死矣。上新河一经纪家取妇，令出拜尹，意在祈福于仙长也。尹见新妇，急走上前，抱咬其颈。方咬两口，被舅姑隔开，曰："风道人，不知敬重，如何咬我新妇？"尹且叹息曰："可恨只咬断两股，尚有一股未断。奈何？奈何？"皆不解为何说。后与丈夫斗口，遂自缢。三股绳仅有一股未断，遂缢死。方服其言之先见云。府厂因其仙迹太露，惑乱人心，遂押发使归华州。所遣军人对尹云："每押发，皆有常例安家。今你一风狂道人，料无银钱，妻子何以过活？"尹曰："汝家所需，不过柴米，有何难办乎？与你两符，一帖灶上，一帖米桶上，用时自足也。"验之果然。及华州归，要柴不得柴，要米不得米矣。蓬头住华州铁鹤观中，骑铁鹤飞升。

玉冠

长春刘真人，葬于凤台门外麻田七真观。营葬时，钦差行人吴公惠，与南营缮各用一堪舆。一云穴在五尺上，一云穴在五尺下，两人相争不决。吴公曰："葬者藏也，真人无子孙，何须风水？"遂酌两人之中而葬之。金井中得一石盒，盒盛一玉冠。盒盖刻"王真人玉冠"五字。若依堪舆之点穴，则玉冠不得见矣。真人葬地亦已前定，异矣哉。

ꙮ 邢有都

友人姚允吉云，邢有都太史，一凤公之犹子，不习举子业，好读奇书。一见郭忠恕《佩觿》，遂熟记其序。楚辞皆能背诵，兼为考校音韵，遂通切字法，尤喜星历算数。不由师傅，乃能独契其解，因自制漆球为浑天仪，及布算诸法，质之精于星历者，皆毫发无差，真所谓夙悟也。偶登予一楼，望见长干浮图，曰："此影可射而入也。"遂为闭窗户，涂塞诸窍隙，止留一指顶大隙，斜对日光处。塔影果宛然入焉，亦奇矣。每有巧思，惜三十余岁而卒。

ꙮ 蛇火

司马西虹，嘉靖二年入京会试。二月初旬，忽一大蛇，约长二丈余，盘据小厅中梁。投之以生物，食之无遗。及鸣锣鼓以驱之，觅僧道以禳之，皆不去。忽火焚其厅，遂不见。去之次日，西虹中进士之报至矣。此马少虹谈。

ꙮ 嘉靖来南场剩事

南场事，《弇州别集》载之甚详。但有一二剩事，聊纪之。

嘉靖元年壬午科，主试董公玘、翟公銮。《论语》程文出于董笔。作至三十次，每觉发挥题旨不透，便将笔头咬断，后得监生一破甚佳，遂用之。

嘉靖七年戊子科，主试张公潮、彭公泽，六十一名张诰，武学生。

嘉靖十年辛卯科，主试席公春、张公承恩。府尹扈公邕爱葛清文，极力荐之，甚至泣下，遂中七十七名。葛文怪僻，多用佛经语。扈公有兄，文笔大类于葛，久困科场，郁结而死。不觉伤感，殊无他意。

嘉靖十三年甲午科，主试伦公以训、张公治。《中庸》程文出于张笔。张公见解元郑维诚《中庸》墨卷，破题用两句成语冠场，乃批云："我以半月精神思之不得，此子于风檐寸晷中得之，殆神助哉。"

嘉靖十六年丁酉科，主试汪公汝璧、欧阳公衢。王讽一论冠场，取为第一人。甘节中三十四名，乃武学生。从此场中不中武学生。
上之谪两主试，提调监场房考皆提问，不许中式举人会试者，虽谓不宜问祀典大事，不当泄征安南之谋，乃圣意之未发者。只怪《易经》题"刚自外来而为主于内"一句，以为讥讪也。场中题目尚忌讳，自此科始。三场，一生策题纸被风卷入半空，落于国子监内。及一榜举人不许会试，送国子监肄业。此其验云。

嘉靖十九年庚子科，主试张公治、龚公用卿。初取一卷定为解元，见卷上皿字号，恐为他省监生，不可冠南畿，遂置之第二名。拆号，乃是名士归有光。
张公见万士和卷七篇中，多有见道语，及揭晓，知士和为翰林唐荆川门人，则曰："此家常饭耳。"

嘉靖二十二年癸卯科，主试华公察、闵公如霖。《论语》题"仁者先难而后获，可谓仁矣"。尤英在场中大言曰："过文中若用'先其所难，则易者可知，后其所获，则失亦勿恤'四句语，未有不中者。"开榜，尤为解元。程文墨卷皆有此语。

府尹王公学益，荐名士黄甲、马汝骄二人中式。

嘉靖二十八年己酉科，主试敖公铣、黄公廷用。所取解元无锡唐一麐。主试不识麐字，谓其字隐僻，欲以他卷易之。又爱其文，恐他卷不足以冠多士。方迟疑间，应天府礼房吏禀识麐字，遂定为解元。

嘉靖三十一年壬子科，主试尹公台、郭公盘。士子未入场时，预知《论语》题定是"君子不可小知而可大受也"。场中果是此题，盖因一大臣而发。
解元孙溥，年已七十岁。

嘉靖三十四年乙卯科，主试严公讷、潘公晟。《易经》房考教官阅卷更深，似梦非梦，见亡儿哀求云："望父中我。"开眼见案上一卷，乃初学之士，未可中。少刻，又梦如前，遂加圈点，勉强中之。揭晓，知是应天姚汝循。询其年庚，姚所生之年月日时，即亡儿死之年月日时也。其异如此。

嘉靖三十七年戊午科，主试瞿公景淳、陈公升。《论语》题"君子贞而不谅"。严分宜曾对诸翰林云："《论语》中如'君子贞而不谅'一题，

424

既不犯忌讳，又难发挥。"是年两京皆此题。解元佘毅中，尚未冠。

《诗经》房考已取李逢旸卷。主试批"清而弱"，置之备卷中。府尹喻公时极力荐之。又复批云："清而弱，终非俗笔也。"遂中之。

嘉靖四十年辛酉科，主试吴公情、胡公杰。未入场时，有人持字眼求售，且云："相公如不信，开榜中了周天经，方自悔也。"是场《论语》题"周有大赉，善人是富"。《中庸》题"天命之谓性，率性之谓道，修道之谓教。道也者，不可须臾离也。可离非道也"。《孟子》题"经德不回，非以干禄也。言语必信，非以正行也"。每题取首一字，恰是"周天经"。

吴公，无锡人。无锡预荐者十三人，士子为之语曰："胡杰元非杰，吴情却有情。"

嘉靖四十三年甲子科，主试汪公镗、孙公世芳。孙公方泊舟龙江关，忽一鬼入其鼻孔中说长说短，不数日，竟死场中。

隆庆元年丁卯科，主试王公希烈、孙公铤。南京督学耿公定向，条陈七事。上用其言。场中监生卷革去皿字号，仅中八人。揭晓后，主试与房考等至国学谒文庙。监生下第者数百人喧噪，语甚不逊。巡城御史操江都御史各使人呵止之。事闻，诏南京法司逮问其为首者沈应文数人，如法发遣。祭酒吕调阳莅任未久，姑勿论。守备魏国公徐鹏举，以闻变坐视夺禄米，司业金达以钤束不严夺俸，各二月。

监生之围主考辱骂，实赖巡逻都督徐珏家兵精壮，监生不敢动手。且巡城御史与操江都御史官衙去国学密迩，闻变易于遣人。乃守备魏国公大功坊，去国学颇远，责以闻变坐视夺禄米。武臣之易于得罪也如此。

隆庆四年庚午科，主试马公自强、陶公大临。《诗经》房考将吴汝伦卷涂抹不堪，弃之地上。他经房考拾起，阅之加以圈点，遂中解元。本房因无批语，不得认为门生。

《礼记》经房全椒县尹洪，令针工周万里持一字眼，售与麻城监生曾嘉秩。阅其卷，每到文理不通处，便批云："此必誊写所误。"中一百二十名，曾后竟不找银。洪全椒不得厚利，何苦坏朝廷之大典？

万历元年癸酉科，主试范公应期、何公洛文。是科搜出士子有用蜡烛中怀挟者，后遂用商人官卖烛票，场中给烛，遂为定例。

万历四年丙子科，主试戴公洵、陈公思育。戴入场便病，病中见鬼云："是嘉靖甲子科中允孙世芳，死于场中为厉。"令其不得阅卷。

万历七年己卯科，主试高公启愚、罗公万化。命经房取平正文章。士子清空好奇者，皆不中式。用"心斗奎张"四字为印。心字列前，斗字列后，奎为备卷，张字则落卷也。

上元陈舜仁，中八十八名。未入场时，梦廪米被人夺去七斗。及中后三场卷，每卷有一斗字，适符夺去七斗之梦。主试用"心斗奎张"四字，乃亦前定功名，可妄得乎？

张江陵堂中悬《舜禹授受图》一轴。主试出"舜亦以命禹"，正是迎合其意。御史丁此吕之追论，诚意伯刘世延之波及，又何怪乎？

万历十年壬午科，主试沈公鲤、沈公懋孝。主试取沈天启为解元。

临填榜时，副考沈公竟中王士骐为解元。正考不得已，乃置沈天启第六名。

御史张一鲲考满北上，面受权臣王篆之托，遂与篆子之鼎同舟而南。之鼎号房中，皆是《礼记》名士。三场惟束手高坐，他人代笔。饭食、床褥无异私家，且卷子比合场人独高三分，易于寻识。一鲲又择善书者另誊三卷，悉加圈点，置之袖中。恐内帘万一不中，便出其卷，好举荐也。及揭晓，之鼎怪其名仅在十五，愤愤不悦。不领公据，遂游滁州琅琊山去。

林应训为徽州监生怀挟，受银千两。监生不自怀挟，御史代之，大都主试、房考、提调监场，通同作弊，不止科臣所论五人而已。

万历十三年乙酉科，主试于公慎行、李公长春。

言官以主司作程文，有碍看卷，是科程文，点定士子之文为之。

万历十六年戊子科，主试刘公元震、刘公楚先。

南京兵科给事中杜糜参，中式应天一百三名王国昌，系徽州监生，乃前科余姚县生员，胡正随冒籍通州，中顺天乡试，已经黜革。奉旨着巡按衙门查明问革。

十月，应天府尹张槚等题，万历十六年九月初三日揭晓，将中式举人周应秋等一百三十五名姓名榜示外，随将中式举人文卷依式刊刻，试录进呈。随准考试官当涂知县章嘉祯呈称："查得四十九名朱卷，原系《诗经》荒字十号，职寻墨卷，误将《春秋》荒字十号拆名。曹祖正填榜，缘对卷之时，灯下忙迫，止见号数相同，失于查对经书，以致错误。本职罪不容辞，合应呈请等因。照得榜出四十九名，系填写姓名错误。未经题请，奉旨改正。不敢擅刊成录，恭候命下之日，方敢刊刻进呈。诚恐时日稽延，臣等不胜罪惧等因。又该左庶子刘元震等检举事，又该南京四川道等御史孙鸣治等，题为科举失错事，又该南京科臣朱维藩奏为科场巨典将成，经房对号差误，乞圣明俯赐查处，以全盛举事因。""俱奉圣旨，礼部知道。该部看得科场巨典，法至严密，所取朱卷，必查墨卷，比对相同，方可拆名填榜，此定例也。今当涂知县始不辩经书，漫查字号，已失之周章，既而不加磨勘，辄行拆卷，又失之怠忽，虽心本无他，而责实难逭。考试刘元震，提调官张榵等，惟据本房之呈送，不问经义之异同，固属仓忙，亦欠精密。合候命下，将章嘉祯重加罚治，以为科场不谨之戒。其考试提调等官，刘元震职在统理，似与专司其事者不同。既行检举，相应量加罚治。惟复别赐定夺，再查照填榜刊录，原属一事。今榜出已久，而录尚迁延，未呈御览，甚非慎重大典之意。合无行令各该府官，将原刊试录星夜进呈。其误中四十九名曹祖正相应查革，复学肄业。仍将本生并原取《诗经》荒字十号朱墨二卷解部复阅，以凭上裁。奉圣旨是章嘉祯罚俸五个月，刘元震等二个月。"

万历十九年辛卯科，主试陆公可教、余公继登。

监试御史林公方，点名时执笔而死，舆出场中。

中六十名何天申，湖广黄冈监生，习《诗经》。初场文少两篇经文。誊录者乃芜湖人，誊完五篇，方知为不全之卷。因空费工夫，遂伏几而睡。忽见金甲神呼曰："用心誊此卷。"连云："自天申之，自天申之。"乃惊醒，又复睡，又梦如前。遂将他卷文誊足其数，及中后，以五十金酬其人。

万历二十五年丁酉科，主试朱公国祚、叶公向高。

解元吕克孝，乃叶中允所定。"御倭"一策，与河南试录雷同。言官劾之。二公上疏认罪，俱罚俸。

万历二十八年庚子科，主试黄公汝良、庄公天合。

《易经》"有夫妇，然后有父子"，程文乃上海县知县徐可求笔。

提调官府丞徐公申，长洲县人。将苏、松、常三府卷杂于卢、凤、淮、扬卷中，先入内帘。俟取士几半，方将应天、镇江、徽宁、池太卷送入。

应天陈一治二场已交卷，将出贡院，因思表中误处，恳求掌卷官治中夏公尚金。夏命书手从二千卷中捡出，陈一治得以改正，中五十七名。

万历三十四年丙午科，主试冯公有经、傅公新德。

两主试泊舟江干弘济寺观音阁旁，候期入城。有秀才据阁对舟，大声连呼曰："今科我中在一百三十五名。"主试已闻此语。及填榜写至一百三十五名，主试述其事于提调监试诸公。遂另取一卷，乃苏州府学生朱贞一。中后，朱来谒主试，又述其事，朱贞一曰："观音阁上大呼者就是门生耳。"

书手作弊，与江西一监生、无锡一监生多印出三场卷子六个。场外逸名士代作文字。三场传递进场，又换出原卷。此通天大弊，提调徐公最号精明，亦不能觉察。

万历三十七年己酉科，主试何公宗彦、南公师仲。

秀才方逢明，三场已选中，将填榜，见卷面是皿字号，遂以他卷易之。

监生孙起都，主试批："笔有奇锋，谈多胜理。因纷飞与去住字，不典。”遂尔不中。

闫君殿春联

友人谈阴司数十事，大都非病人昏乱之语，则傅会之说，皆不足信。独闫君殿春联云："是是非非地，明明白白天。"此十字，非常人思虑所能及。

奖拔

龙厓何公极寡交游，却好奖拔后进。如濮州之冯禄、冀州之李再命，皆于垂髫之年而识之，为之延师训教，买田供给，且逢人说项斯也，卒之皆成名士。李与子公露进士同榜。冯闻龙厓夫人死，偕妻南来，斩衰哭于墓下。其感知遇之恩也，深矣。

玉皇绦环

守备太监刘琅贪惏异常，造玉皇阁，延方士炼丹。一方士有瘦银法，刘有玉绦环，价百镒。诳言丹成以谢玉皇，遂以法取去。好事者嘲之云："堆金积玉已如山，又向仙门学炼丹。巧里得来空里去，玉皇元不系绦环。"

冰霜兆水灾

万历丁未年冬，双桥门外地上霜，有花鸟之形者三日。城中河及各处池塘，冰纹有如花木者。至次年戊申夏，遂有异常水灾。城中水高三尺，撑船入市。盖霜冰之纹，阴气之变，其水灾之先兆乎？

建庙鹊异

正德四年，建晋献武谢公玄庙，方上梁时，忽灵鹊四集，接翅而飞，旋绕不休，及人之肩，人不敢伤。异哉鹊也！此岂偶然而已乎？

一言丧七命

指挥白鹤龄，中万历辛丑武进士，工于刀笔。一日忽鬼使召去见阎君。阎君曰："白鹤龄，汝曾以一言而丧七命。汝知此罪乎？"鹤龄因事实不敢饰词。阎君云："适有他事，不暇究理，汝且去。"鹤龄醒来，不数月，得一恶病而死。将死时，七窍中皆有蛆喂之。

腰有硬软

陈子野云："林某与人相揖，殊有轩轾。他人腰硬，自家却腰软；他人腰软，自家却腰硬。"言其揣有深浅，曲尽小人之情状矣。又有张尚举、聂灭秀、杨吃寺三人，金在衡皆作小曲嘲之，令人绝倒。

⚡痴绝

顾今庶，宝幢居士长子，不解世事，不问生产。宝幢遗以千金，三四年用尽。一日特买纸糊金银锭数千，掘一坑埋之。每日清晨拜祝曰："变、变。"后视之，悉土矣。犹恨曰"没福没福"云。

府学掌教周用斋汝砺，名进士也。秀才赘见，积银五十两，倾十锭收之。一日取出，检验数少十两，呼诸奴惩治。一长髯黠奴乃诳之曰："每锭五两，五八四十，原止此数。"用斋惑其语，遂不复问。

秀才王楫，上元请用斋赏灯。次年上元日偶从书中见去年之帖，呼门子看轿："今日王秀才请赏灯。"门子明知其误，遂造王处。王秀才只得具酒食饮之。

魏国公子徐桐冈者，家有合抱大柳树一株。偶过邻家，见树影成阴。归家遂伐其树，曰："我家树乃影落邻家乎？"

王三槐新造一楼，将所乘骏马牵上赏之。马不肯下，鞭之不从，因缚其四蹄舁之下楼。

一极品贵人，目不识字，又不谙练。一日家谯，搬演郑元和戏文。有丑角刘淮者，最能发笑感动人。演至杀五花马卖来兴保儿，来兴保哭泣恋主。贵人呼至席前，满斟酒一金杯赏之，且劝曰："汝主人既要卖你，不必苦苦恋他了。"来兴保喏喏而退。此乃戏中之戏，梦中之梦也。贵人所以为贵人乎？

嘲戏

一士人好客而不甚设酒食。一日，诸词客坐久之，士人具水浸藕两盘而已，诸人举手而尽。一客因诵"客到但知留一醉，盘中惟有水晶盐"之句，云太白此诗，若删去四字，只云"客到但知留，盘中惟有水"，便合今日雅会矣。宾主皆大笑。

黄挥使六十诞日，白挥使戏之曰："黄耇无疆。"黄即应声曰："正好对'白圭有玷'。"

郑仕与金鱼交而好戏。郑之庭前蓄金鱼一缸，中有绿毛小龟。两人偶凭栏玩之，郑忽戏呼云："金鱼乌龟，金鱼乌龟。"金云："金鱼不过是乌龟朋友耳。"

陈泰华拜客于北门桥，主人留陈饭。泰华戏之曰："人说城南奢，城北俭，殊不然也。城南，肉中也用些菜；君家，菜中也用些肉。何可谓城南奢乎？"

余与程孺文、汪子宁同行，见乞儿牵狗衔瓢化钱。孺文云："此狗亦知瓢乎？"盖戏子宁也。子宁曰："此狗只解口瓢耳。"

打油

诗至于打油，恶道也。就而论之，刺之不入骨，听之不绝倒者，弗工也。若施半邨、王吉山、陈秋碧、郑玉山、金幕桢、王次山、朱企斋、杨万壑、段钟石，皆擅此长。

壁墨阶草

横厓陈子野云："人家壁上无墨，阶前无草者，不可与之往来。"

《雨花台诗集序》

高座寺去金陵城南二里，据冈阜高处。昔天竺吉友尊者，让王位西晋惠帝末。永嘉中游建康，止建初寺。王导一见，先呼为我辈人。当时名流，如庾亮、周颢、谢鲲、桓寻等，无不欢洽，常以高座孤坐，故时呼为高座。法师卒，葬兹山。元帝初为树刹表识。后沙门造寺于冢，谢鲲即以其座名名寺。梁天监二年，宝志公来居，与五百大士，俱有云光，延坐冈说法。

天花乱坠，因号其冈曰“雨花”台。台俯瞰城闉，有江山之胜。自唐李太白、卢贵元而下，俱有题咏。今主寺寂庵上人，澄心面壁，以正法眼藏观，破南北宗旨，犹有诗书结习未忘，恐见存之诗久亦湮灭，乃欲绣梓以广其传。刑科给舍、溧阳史君巽仲，与上人有诗坛之契，恒捐薪米以助其费。梓刻既成，巽仲求予言以为序。予熟游金陵，兹台屡登焉。每一送目，诗景满前。然景物一致，而态度屡变，诗亦随之。钟山云抹，衔日半规，其诗黯以净；黄屋擎天，紫气陆离，其诗壮以丽；江暗浪喧，风帆摇曳，其诗哄以激。长于繁华，凤台嵯峨，秋高气清，长空烟缕。凡三国六朝，兴亡萧飒之意，与夫王谢周庾诸公风流蕴藉之态，无不暗画于中。其诗抗之而行，蒙之而明，平之崚层，其冥冥、其澄澄，孰能尽暴其形，传其声？是知其有余不尽之景，虽尽经骚人墨客之所品评者，又安能俾其精英，有所亏成也哉？予恒默坐台端，吾心窅然以深，吾思洒然以凝，静与溟漠居，动与玄造并，方能与是诗会于太虚寥廓之庭。呜呼！是可以易知耶？诗自唐至国朝，凡若干首，读之光彩烂然，是知天之所雨之珠玉，夥于花当万倍也。寺有八景，除台之外，有七：曰聚宝山，曰手植松，曰中孚塔，曰掞秀堂，曰永宁泉，曰铜钟碑，曰白石庵。各有故事，不能尽述。雨花台旧有志，寺僧毁其板，偶见桑民。悦此序，遂录之。

茶有肥瘦

云泉沈道人云：“凡茶肥者甘，甘则不香。茶瘦者苦，苦则香。”此又《茶经》《茶诀》《茶品》《茶谱》之所未发。

夫如何

戴斋主人《独鉴录》云："论诗贵美恶不相掩，如杜少陵'岱宗夫如何'，'夫如何'三语，头巾气甚矣。注诗者反目为跌荡，何也？段虎臣云：'夫如何，果是头巾气。细思之，夫字当是大字之误。上云大如何，下云青未了，正见其大也。'"此论似得之。

王陈优劣

王大成侍坐唐荆川先生于高座寺，因问王阳明、陈白沙二先生，亦有优劣乎？荆川曰："吾人于二先生，且学他好处，未可优劣。"少间曰："白沙久在林下，所养较纯。"

增减字法

友人案头有绣佛斋刻本诗一册，乃朱姓妓诗也。咏雪，用"玉楼寒起粟，银海眩生花"之句。余因曰："今之诗人，若知增减字法，只须取古人之作点定之，便可成名。如'镂月为歌扇，裁云作舞衣'，李义府句也。张怀庆增'生情出性'四字。'水田飞白鹭，夏木啭黄鹂'，李嘉祐句也。王摩诘增'漠漠阴阴'四字。此非古人增字之良规乎？东坡'冻合玉楼寒起粟，光摇银海眩生花'，今减去'冻合、光摇'四字，何等浑成。"一山人在座，曰："可偶一为之。"不知余之出于戏也。

旗帜

太祖令军营旗帜用旧，送光禄寺，供厨役之用。其精密如此。

未沾一命

开国功臣常怀远、李临淮、邓定远、汤灵壁、刘诚意，嘉靖中续封，甚惬人情。但李太师之后，未沾一命，殊为缺典。太师之后，皆在南都，甚微而甚贫。

谋馆背义

杨朝宗，字见卿，别号朴庵。性狷介，谨矩矱，不差尺寸。非其义弗取。聚徒糊口之外，一无所缁焉。尝馆于大姓徐氏。有同门生易某相友善，贫无以自存，将往投故知于汴。朴庵曰："道路远，人情叵测，能得所欲邪？"曰："计弗获已耳。"慰之曰："即有馆谷之便，可少留乎？"易唯唯，喜溢颜面。时徐姻属杜兵部，将以其子就帷下，朴庵遂以让易，而托徐氏纵臾焉。易以是识于徐氏，而阴欲得朴庵之馆也。则暇日与徐氏子商经史课文义，若授弟子者。自是亹亹靡倦。退复语人曰："徐君德我，必移子见托矣。"闻者甚不直易，咸奋臂来告，且图与报之。朴庵笑曰："故人情厚，宁有是耶？"固止之。明日遂以故辞徐，徐再四留，再四不可。则曰："吾举一自代者。"询其人，即易某也。后易官于朝，议者犹籍籍病之。正德间，诸公修郡志，将列其事，朴庵复闻而惧曰："扬友之过，以成己之名，君子弗处也。况彼为贫所累耳，亦何过哉？"因遣门下生沮之。嗟夫，谋馆背义，如易君者，众也。朴庵诚古人哉！

盛唐匡廓

段虎臣云："李于鳞、王元美、宗子相、吴明卿、徐子与、梁公实、谢茂秦，嘉隆间七子也。诗学盛唐，不过盛唐之匡廓耳。至于深沉之思，隽永之味，超脱之趣，尚未入室。"

诗社

有一人，目不识字，好邀人结诗社。且饮食甚菲，而又愆期。好事者嘲之云："纽穿肠肚诗难就，叫破喉咙酒不来。"道其实也。虽然，诗社不愈于斗鸡呼卢之场乎？嘲之者过矣。

节料

教坊司每于岁首五日内，或四人，或五六人，往富贵人家奏乐一套，谓之"送春"，又谓之"节料"。主人皆有以赏之。此事不行已五十余年。

石榴笑冷官

姑苏蔡羽，字九逵，才高倚马，誉重南金，但赋性鄙啬之甚。以岁贡为南院孔目，同乡文司城送弓兵二名应役，终日奔走不暇。人摘两石榴与之充饥，曾署院壁云："草色常留上客马，花枝不笑冷官衙。"王子新云："花枝不笑冷官矣。石榴非充饥之物也，有不笑冷官者乎？"

《原治》二篇

西涯王公銮，中正德辛未进士，观政吏部。太宰邃庵杨公令观政者各以所业进，欲观其才也。西涯作《原治》二篇，切中时弊。邃庵大奇之，即补文选主事。往文选必他司调，补无径授者。盖异数也。

还银生子

豹韬卫千户高仲光，大司马差往北京上疏。行至山东界，投一野店。见店有遗银一囊，约三百余两。遂问主人："早有何人寓此？"答以远客两人，行且五六十里矣。高曰："此一囊银，定是客人所遗。若暗携去，人虽不知，鬼神知之。我四十无子，不爱此非义之财以损人也。"因解鞍秣马，以待失银之人。次日早，有客寻至，且泣且诉。高取银与之，各问其姓名而别。仲光后生子四人，中万历辛丑武进士。高居仁乃其长子。

天眼开

俭庵梁公,以户书考满,解职家居。廷臣上议,言:"司徒乃国计大臣,总领财赋,得人实难。窃见材,操心廉直,终始不渝。且综理既闲,出纳有执,实清朝人才之望。及今未衰,尚堪任使,乞亟召用,以尽其材。"上俞之。起公原官,加太子少保。崔公铣称之曰:"自公召还司徒,涂人丐子相语云:'今天眼开,召回梁公矣。'此与司马公入朝何异?"

救娄

自庵陈公钦在南武选主事,会武库郎娄性被诬下狱,取勘同部人,皆摇手避,莫敢暴白。公奋身疏其冤状,诏并逮公,同系者二年。娄病日浸,赖公周旋之,得不死。久之,娄乃获免,而自庵以此名闻天下。

诗学

嘉靖中,司寇顾公华玉以浙辖在告,倡诗学于清溪之上。门下士若陈羽伯凤、谢应午少南、许仲贻谷、金子有大车、金子坤大舆、高近思远,相从以游,讲艺论学,绰有古风。

三似

华亭平泉陆公树声，称秋溟殷公迈云："坐镇雅俗似房次律，急流勇退似钱宣靖，洞明宗要，则似杨次公晁太傅也。"

仙官入室

杨道南先生之母陈孺人，怀孕未诞之夕，梦笙簫满耳，闾里走视。须臾，有羽盖霓幢从南来，拥一仙官入其室。翌日，遂生先生焉。盖先生文名道誉卓绝一时，岂偶然而已乎？

小刘祠

南坦刘公麟以刑部郎中擢守绍兴，汉刘宠故处也。在郡精核廉敏，甫五十日，郡声大治。逆瑾衔公出守不修谒，犹掇郎中时琐细，废为编氓，郡人争致赆。公曰："勤苦诸君，吾治不建前刘，敢蒙一钱惠耶？"既去，越人肖其像，为小刘祠。

埋刀

南坦刘公夫人，乃王南原公之姊。刘有一宝刀，南原心欲之，南坦亦心许之，皆未曾明言。及南原死，南坦自湖州来观葬，取宝刀埋之于墓中，宛然季札之风。

预作墓铭

南坦公早参玄理，兼达天命。尝请王公廷相预作墓铭。

夫妇伦绝

秀才陈舜胄，万历庚子科三场文，房考主试已高取。将填榜时，主试复阅其《易经》"有夫妇然后有父子"文中，不喜"夫妇之伦绝"五字，遂尔不中。盖舜胄曾逐其三十年之妻，并逐其子，使母子乞食他方，存亡难保。仅留一妾，又剪其发，打骂莫堪，怨恨入骨。夫妇之伦绝也久矣。主试之涂此一句，乃鬼神使之也。

剪刀诗

《升庵诗话》补遗云："古廉李公时勉《咏剪刀》诗：'吴绫剪处鱼吞浪，蜀锦裁时燕掠霞。深院响传春昼静，小楼工罢夕阳斜。'公之直节清声，而诗妩媚如此。"

花练黄

杭州花纶、黄观，榜及第三人。初，读卷官进卷，以花纶第一，练子宁第二，黄观第三。太祖改定，以黄第一，练第二，花第三。故南京谚有"花练黄、黄练花"之语。

斗南

斗南老人泊舟采石江上，遇李太白，与之联诗，童尚书作传，载其全诗。今在《枕肱集》中。

亲书考案

矩庵陈公镐提学山东，为人明敏有吏干，校阅精核，公廉详慎，终始如一。诸生登降之序，皆自书之，不假手吏人。齐鲁间称名督学，必首推之。

读《汉书》

谢与槐公督学广西，喜临桂县童生张鸣凤文笔奇古，因进而训之曰："吾子不患不成名，患胸中无全书耳。"乃取两汉书，亲为之句读，令五日进院一背。虽出巡亦携之行。与槐公转官，两汉书已完矣。其造就后学如此。鸣凤，字羽王，后来南都，拜于墓下，立一碑而去。

✿ 医案

御史陈公，忽小儿闭目，口不出声，手足俱软，急延医治之。独孟友荆一见便云："公子无病，乃饮酒乳过多沉醉耳。浓煎六安茶，饮数匙便醒。"御史抚掌大笑曰："得之矣，可谓良医。"

余内人，幼年病血山崩，诸医皆危之。刘春斋用当归一两、荆芥一两、酒一钟、水一钟煎服，立止如神。

冯益斋给谏每发言，腹中辄有声应之。此应声虫病也。遂告病，卜居南京。杨守极用小蓝煎饮之，即吐出其虫。

抚州铜客，病痢甚危，悬五十金酬医。太学生倪士实授一方，用当归末、阿魏丸之，白滚汤送下，三服而愈。

胡竹亭授一治痢方，采黄花、地丁草，捣取自然汁一酒钟，加蜂蜜少许，服之神验。

邻有一贫人病，湿痰肿痛，经年不能行。遇乞食道人授一方，用蒿莶草、水红花、萝卜英、白金凤花、水龙骨、花椒、槐条、甘草、苍术、金银花共十味，煎水蒸患处，水稍温即洗之。此方已医好数人。

张白门治小肠气秘方，用乌药六钱、天门冬五钱，白水煎服神效。

黄氏小便不通，陈雁麓用芒硝一钱研细，龙圆肉包之，细嚼咽下立愈。

孟望湖，淮安人，耳中闻人声，悉是祖考谈其家事，扰扰不休。邀刘春斋医治，春斋诊视之曰："暴病之谓火，怪病之谓痰。"用滚痰丸下之而痊。

余兄奇峰生两瘤大如拳。僧传一方，用竹刺将瘤顶上稍稍拨开油皮，勿令见血。细研铜绿少许，放于拨开处，以膏药贴之。数日即溃，出粉而愈。

🐚 接鹤胫

李克斋公在兵部正坐堂，忽空中飞下一鹤，驯熟不去。对医人刘春斋云："家曾有鹤飞来，第二小儿举进士。今又有鹤飞来，大小儿定中进士矣。"未几，而鹤折其胫，私心殊不喜。因问有能接其胫骨者乎？一人对曰："家藏接骨秘方，想人禽一理，或可接也。"急命修制之，方用土鳖，新瓦焙干半，两钱醋淬七次。自然铜、乳香、没药、菜瓜子仁，各等分为细末。每服一分半，酒调嚯之。鹤胫如故。但人上体伤，食后服之；下体伤，空心服之。李公乃以其方传之于刘春斋。

雷异

太学生陈居业家楼上有磁器两厨。忽夏日雷震一声，两厨皆打钱大一孔，将厨中磁器布列于楼板上，大小皆相配。其异如此。俗云："雷神极巧极戏。"信夫！

代族偿银

碧山，齐王孙，邀里中富客饮，乃其设谋专在于武橙墩。橙墩有族人负碧山千金，半本半利，贫不能偿，锁于空室中。俟橙墩赴席，佯令仆泄之，乃武之仆耳语于橙墩。橙墩出席曰："族人负债，囚锁空室。小人高坐，欢饮堂上。尚得谓之人乎？即令武属代偿，亦非难事。何见辱之深也？"碧山遂纵其族人去，乃揖橙墩曰："烦公一处。"橙墩唯唯，虽饮终席，殊不乐也。越数日，碧山又送礼来，促其处。橙墩谋于妻妾曰："生平未曾求人，今且求你二人，乞将首饰借我，以全其言。他日当倍偿焉。"妻与妾置首饰于几，乃数之曰："人负己者，不能取，痴也。人负人者，代偿之，痴之痴也。饮数杯酒，出银千两，其痴不可言，而贫可立至矣。"橙墩估其价，携以偿碧山曰："此首饰作银八百两，尚欠二百两，容四年偿之。"橙墩此举，真丈夫哉！真丈夫哉！

死同谥异

正统己巳秋，北虏犯顺。英庙震怒，亲率六师征之。时内阁重臣扈跸者二人，吾乡张公益与曹公鼐也。师次土木，败绩，二公死之。既而朝廷录死事之臣，曹公得谥"文忠"，而张公仅谥"文僖"。夫忠之与僖，相去远矣。不知何以死同而谥异也。

钱宁后身

织罗俞四老，名鉴。富而忠信可托。钱宁喜其人，将银二三万与之织造，又曾寄物数厢于其家。钱宁得罪抄没，未尝波及焉。后梦钱宁入室，生一子名弘泽，用银如粪土。四老与其妻私语云："弘泽分明钱宁后身，若抄没，是恶去也。今任其花费，犹为善去矣。又何较焉？"

尼觉清诗

湛霍二公拆毁庵观淫祠。豹韬卫营中一庵，有尼觉清题一诗于壁云："急忙检点破袈裟，收拾行囊没一些。袖拂白云归洞口，肩挑明月绕天涯。可怜松顶新巢鹤，却负篱根旧种花。再四叮咛猫与犬，休教流落俗人家。"世传其诗而已，余特拈出其名。

陆卒

澹泉郑公云："南都水军胜于陆卒，营马壮于江舟。"此论非也，盖兵无强弱，若操练之极其精，赏罚之极其明，虽弱必强矣，何可以一言悬断之乎？

梦孔雀

龙厓何公宦濮州时，梦孔雀入室，遂生次子仲雅，因作《孔雀赋》以纪其事。后仲雅御史巡按福建，子森如梦一孔雀冲天而去。不数日，闽中之讣至矣。

金丝金箔

最不可伪者，金也。二十年来，金丝有银心者，金箔有银里者。工人日巧一日，物价日贱一日，人情日薄一日，可慨也夫！

乳母裂书

与槐谢公极喜收书。有一乳母，凡儿啼，走书房中，裂书声引诱之，以止其啼焉。昔人谓藏书有八厄，今添此一厄而九矣。

陈南塘

南塘陈忠行六，人以陈六呼之。府军卫中所军补役，验新江口。操家极贫，目不识字，有胆力、有机谋。能于江面浮游百里不倦云。

高都督新任，驭军严刻，夸家丁拳棒冠于北边，一可敌十。坐营闻言，预选陈忠数人，以俟比艺。及下营演武，陈忠连打倒三人。高都督顿尔短气，思以中伤之。

高都督苛求陈忠小过，捆一索打一百，墩锁营中。且诘之曰："陈忠好武艺，今日如何？"意在致之死也。入夜扭断铁锁，归家送祖母于叔，送妻于岳父。半夜渡江逃命，而功名已兆于此。

江右李公开府淮扬，偶宿庙湾场关王庙。忠宿于三里外。方就枕，忽梦襆头牙笏一神将，笏写一火字，仍指点其去路。惊醒时，漏下二鼓，唤起众兵，巡至关王庙，见倭奴庙前放火。兵少，不敢战，乃从庙旁拆墙，救出李公。即传四路兵，蜂拥而至。夜杀真倭首级七十二颗。李公大喜，方重用忠。

牛王河与倭奴大战，胜败在顷刻。忽倭奴奇兵袭于后。忠禀曰："事急矣。"乃负李公渡河。公感之爱之，遂结忠为义子。两家各画一渡河图，以纪其事。

曾在胡总制幕下。一日，与倭对阵，见其耀武扬威之甚。梅林曰："若得一猛将冲之，以挫其锋可也。"忠禀曰："陈忠愿往。"梅林公即以所乘马与乘之。人雄马壮，白袍双刀，舞入阵中，如无人焉。缓缓策马而归。梅林公大喜，挥兵继进，遂获大胜。

曾在通州逐三倭，一枪锭一倭奴于墙，两倭奴惧其勇猛，不敢救而去。

神烈山两次打两虎，府厂花红鼓乐，送归以荣之。

陈忠起于市人，与倭奴百战，斩真倭头数十颗。官至游击参将，在小教场中军坐营。忠亦武弁中豪杰也。忠死，子世文袭指挥佥事。

陈夫人拒盗

陈南塘卜居仓巷中，半生拮据，所得贮在一楼。强盗窥南塘他往，四五十人劈门而入。欲将登楼，夫人沈氏，持一铁枪守楼门。众不敢登，皆云"枪紧枪紧"。盗不得意，放火烧楼。乃沈氏见火逼身，从后窗挟枪投于邻家，竟免焚如之患，可谓女中将军，不愧南塘之夫人也。

两义士传

宋景濂先生有《义士杜环传》，杨道南先生有《义士赵善继传》。二公之义不同，均之足以风世而振俗。

江宁三张

南户部侍郎张公志淳，号南园，云南金齿司籍，江宁县人。有《南园先生集》行于世。二子，曰含，曰合，皆以风雅论著声名，昭昭在士林。含字愈光，杨升庵先生有《千里面谈》两卷，乃与愈光谈诗者。

韫庵长者

沈生予云："予任奉新时，未敢求荐于人。韫庵吴公自浙移书，荐之于抚台按院，多溢美之词。若非抚台按院言之，余终于不知也。其乡曲之情真，怜才之意切。吴公诚君子，长者哉！至今感之。"

韫庵自赞

韫庵吴公自赞其小像云："入道德之门，而不谭道德；处功名之地，而不竞功名；探仙佛之源，而不宗仙佛；博诗文之趣，而不习诗文。世方赫赫，我独冥冥；世方矫矫，我独平平。寓形轩冕，寄兴烟云。闲中风月，静里乾坤。斯柴桑处士所称无怀氏，而安乐先生所记无名公者欤。"即此一赞，可以觇公之素矣。

四苦役

卫军有快船与运粮，县民有坊厢，若铺行又军民共之，此四役乃役之至苦者也。迩来虽稍稍息肩，但财尽力穷，人不堪命。饥寒所迫，或有他虞，未有甚于此时也。尝读太祖高皇帝免租之诏，有曰："子孙百世，无忘江左之民。岂独以兵费所资，特宜优恤，而亦以居重驭轻之良图，强干弱枝之要策也。仁人君子，宜念之哉！"

🌫 草茅鸾凤

杨道南先生，数岁时受诸经子史读之。目数行下，且了其微义。甫十四岁，部使者胡公，试孔子惜繁缨论，辞辩川涌，意其为宿学。批其卷云："草茅中鸾凤已见。"大奇之。

🌫 童年却金

督学象岗胡公既奇道南先生之才，又惜其贫，遣就海虞钱公有威学，因师友陈公原习、唐公应德，无不忘年礼敬之。馆于学士梁溪华公。华公尤器重，尝遗金百两，弗受。比归，潜置书囊中。登舟检书见之，则回舟力却乃去。他日，钱以告胡公，公为却立咨嗟，以为一童子能抗志乃尔。

🌫 会元三梦

石城许公，嘉靖乙酉举于乡。三会试，三不利。乙未复当上春官渡江。夜梦巨神自天而下，授以龙墨一笏，有"皇明大魁"四字。甫入京，宿于旅舍，梦有持二轴索画者。先生援笔一挥，成苍龙形，牙爪向人，云气腾涌。寤后，复梦人授以牙刻图书，有"不负所学"四字。是年有此三梦，果中会试第一人。

✿ 古语

古语云："金陵市合月光里。"今饮虹桥、武定桥尚有夜市。又云："金陵人好醉妆。"此事目所未睹。又云："金陵以鼎镬相高。"此风殊未泯。又云："金陵人好解字。"但字被王金陵解过一番，人尚以穿凿目之。秀才不作此伎俩也久矣。

捧读文化
触及身心的阅读

全国总经销

出 品 人　张进步　程　碧

特约编辑　林香云

装帧设计　MM末末美书
　　　　　QQ:3218619296

京东专营店

淘宝自营店

法律顾问　天津益清（北京）律师事务所　王彦玲

出版投稿、合作交流，请发邮件至：innearth@foxmail.com

了解新书，图书邮购、团购、采购等，请联系发行电话：010-85805570